经典课文多重阐释

接受美学与中小学文学教育

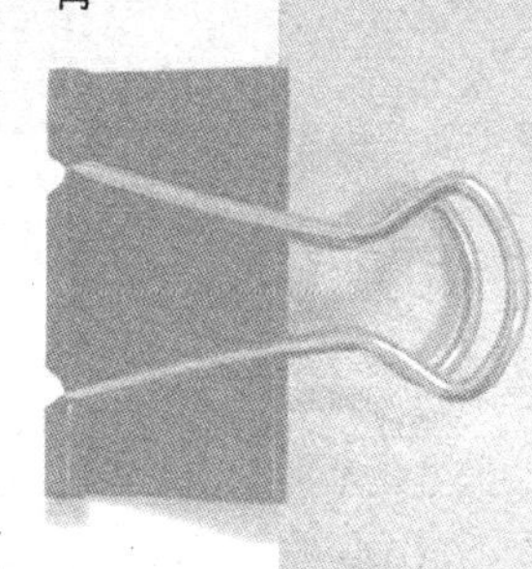

张心科◎著

华东师范大学出版社

丛书总序

2007年，心科来到北京师范大学攻读博士学位。其实，早在2005年，他就已经出版学术专著《接受美学与中学文学教育》，其中的很多篇章在那以前就以单篇论文的形式面世，受到了一些学者和一线教师的重视。到北师大后，心科一头扎进了师大图书馆的书库，因为这里有全国首屈一指的历代教科书馆藏，清末民国的部分尤其蔚为大观。如今回想起来，心科在读博的这些年里，和这些教科书打交道的时间恐怕要远多于和我这个导师打交道的时间。

心科的勤奋很快得到了回报。2011年，心科的博士论文经过打磨后以《清末民国儿童文学教育发展史论》为名在北京师范大学出版社出版。书甫一出版，便得到诸多儿童文学和教育学专家的好评。更多的读者知道心科，多半也有赖于这本书。事实上，当初在审定他的博士论文原稿时，很多专家都已经预见到了，这份博士论文材料翔实、考辨精审、视野开阔，出版之后势必成为后来人绕不开的一部作品。如果读者朋友尚未读到心科的那本书，我倒是很建议您找来翻一翻，看看一篇优秀的博士论文能将史料挖掘到何种程度。

不过，勤奋是学者的本分，但一个好的学者从来不能够只骄傲于自己的勤奋。史料好比砖块，即便贪婪地占有了满地的砖，但如果不经过独具匠心的层层拼搭，依然造就不出宏伟的建筑。博士论文完成之后，心科最迫切的问题，就是要从他极为熟稔的大量史料之中，抽绎出一些更具学术旨趣的线索，进行一些更有学术深度的反思。

毕业之后，心科来到华东师范大学任教。相隔京沪两地之后，除了一些学术会议的机缘之外，我和心科见面的次数并不算多。但是，心科写成的论文越来越多地出现在各类颇具影响力的学术刊物上。我基本上都会在第一时间读完心科的论文，关注他在更多领域进行的各类研究。我明显感觉到，心科在深入爬梳史料的同时，还在进行一些更艰难的探索性学术工作。

今天，他将自己这些年来的部分成果汇为这套五卷本的“接受美学与中小学文学教育”丛书，使更多的读者可以借此综览他这些年来在这一领域付出的努力和结出的果实。对此，我感到由衷的高兴。

首先值得一提的是这本再版的《接受美学与中学文学教育》。如前所述，这本书初版于十多年前，但今天读来并无陈旧的感觉。在某种程度上，这本书也是这套丛书的灵魂所在。接受美学是德国人开创出来的文学理论流派，如同心科在书里所言，这套理论极大地扭转了我们关注的重心。过去是“知人论世”，想要把握作家在创作时的“原意”；后来变为了“以意逆志”，要从文本细读中挖掘出深刻的意味；而到了接受美学这里，关注的目光投向了“读者”。确实如德国学者所注意到的那样，任何一部作品，倘若不经过读者的阅读，就无异于沉默在纸张上的油墨符号。不过，不同的读者是带着不同的审美眼光和阅读期待在阅读一部作品的，这就给文学作品的阐释留出了巨大的空间和难以准确估量的多样性。在某种意义上，可以说，我们过去的阅读教学，很像是“作家论”和“文本论”强扭在一起的结合，而要让“接受美学”顺利地被语文教学界“接受”，似乎还有很长的路要走。正如心科当时就认识到的那样，接受美学的背后，要牵动教学目标的设定、教材的编写、教学过程模式的调整以及考评方式的变化，可谓错综复杂。近些年来的语文课程改革实践在一定程度上和心科当初的设想是一致的，读者朋友如果仔细读读心科的这本书，会对这些年的语文课程改革工作背后的学术理念有更多的理解。

《经典课文多重阐释》则是一部典型的、贯彻了“史论结合”这一原则的著作。以接受美学为理论基础，心科用丰富的教科书史料呈现了一些经典课文在不同时代教材编选者眼中呈现出的不同面貌。一个很简单但又常常被人们所忽视的道理是，即便是同一篇作品，也会因为时代的流转变迁而在读者那里呈现出不同的面貌，甚至对它的褒贬都可能会发生剧烈的变化。譬如，这本书里谈及白居易《卖炭翁》的一章就颇给人以启发。在今天，《卖炭翁》固然被视作白居易“新乐府”中的名篇，但在晚清民初，这首诗却一直未能被选入教材。晚清颁定的《奏定学堂章程》偏重“经”和“文”，“诗”的部分明显不受重视。及至民国初年，“诗”在教材中的比重稍有抬头，但白居易却是以“嘲风月，弄花草”的《画竹歌》等诗作入选。心科敏锐地发现，这背后有一个俗雅的转换问题。在当时人看来，教材诗文的选择务求“清真雅正”，这四个字的背后其实还是所谓文言与白话、雅与俗的理念对峙。白居易是大诗人，教材里不选说不过去，那么对当时人而言，要选也应当选择其文辞雅驯之作。在心科看来，要到1917年，胡适的《文学改良刍议》和陈独秀的《文学革命论》分别发表后，教材编选的标准才发生了根本性的变化：俗文学，又或者说，白话文学，开始登上了大雅之堂。尤其在推翻文言文的绝对正统地位之后，为了创造新文学，胡适等人创造性地利用传统资源，将《新乐府》理解作“很好的短篇小说”搬了出来。1919年，戴季陶将白居易的文学评价为“平民的、写实的、现代的”，这几乎就像是在说，《卖炭翁》是唐人白居易比照着近人胡适《文学改良刍议》的标准写出来的。随着这种雅俗认识的变化，1920年，《卖炭翁》的篇名才开始出现在了教科书中，并且逐渐和我们今天对白居易的普遍认知靠拢了。对《卖炭翁》命运的这一认识，是不可能完全从陈旧的教科书里窥得的，心科还需要对当时整体社会氛围和学术思潮的变迁有敏锐的洞察才能够捕捉到。我认为，这些地方就是心科的创见所在。

任何一个读者在阅读《经典课文多重阐释》一书时都会感觉到，为了阐明教材编写者在选编《卖炭翁》等知名选文时的考量，心科需要综合考察整套教材的“序言”、“编辑大意”、选文所在单元的结构安排、课后的“指点、发问”等，并且时时和课堂外的社会氛围、历史发展进程、学术史上的一些公案进行对话。我几乎可以想象，心科一定是一边在图书馆里反复琢磨着整套教材，玩味其中旨趣，一边写下这些论文的。扎实的史料功夫和敏锐的思考合于一处，才能推动心科的研究。

《近代文学与语文教育互动》与前一本书当属姊妹篇，但似乎又要更精巧一些。心科在这本书里只选取了九篇（部）大家耳熟能详的作品，考察它们在清末民国教科书中的呈现，但是每篇（部）其实都指向了某一类特定的文体、语体、题材抑或主题，讨论一个甚至两三个语文教育的重大问题，乃是一种以小窥大、见微知著的写法。心科自己最看重这一本。

其实我更希望读者朋友们关注的，是心科为这本书所写的前言。这篇前言比心科别处的文字都多了一些“夫子自道”的意味。心科想要追求的不是一些故弄玄虚的“上位”，而是一种更扎实，但同时又更精巧的“方法”：“绣女绣了一幅织锦，木匠造了一个小亭，除了要绣得美、造得巧可供人观赏、歇息外，如果再告诉别人这么做的目的，并示人以自己所用的‘金针’和‘规矩’，也许更有价值。”这种宗旨其实贯穿在《近代文学与语文教育互动》的整个写作过程之中，盼望读者朋友能够仔细体察。

在这方面，我倒是很愿意提及一本对我们语文教育圈子刺激不小的日本学者的著述，那就是东京大学藤井省三教授的《鲁迅〈故乡〉阅读史》。这本书的日文版是1997年出版的，2002年就被译为了中文出版，2013年又再版了，可见来自读者的反馈是不错的。藤井省三的书开创了一种研究"范式"，用一篇课文，以及围绕在这篇课文周边的讲解、习题、问答等阅读史材料，来窥视"近代中国的文学空间"。应当承认，这一范式是成功的，带动了日后众多的模仿者，也多多少少形成了一种"影响的焦虑"。心科自己也坦承，藤井省三"别开生面的立体视角，扎实的文献功夫，让人顿生敬意"。但心科更坚定地认识到，照搬藤井省三的阅读史研究方法，不可能给研究带来任何真正的突破。因此，虽然心科可以在某些方面搜集到比藤井省三更多的材料，但他并没有简单地在"量"上和藤井省三的研究进行碰撞，而是力图在"质"上有所超越。如果说藤井省三着眼的是"文学空间"，那么心科所着眼的明显是"教育空间"。我现在尚不能决然判断心科的这种尝试是否完全成功，但是他这种研究姿态是我所欣赏的。

《经典翻译文学与中小学语文教育》是这套丛书里读来很有趣的一本。很多我们从小听到大的域外故事，往往因为我们太过熟悉，而不会留意到它们传播到中国来的具体过程。心科以教科书为渠道，将这条原本若隐若现的"文化丝绸之路"展现了出来。我们可以借心科的研究增进很多具体的认识。譬如说，教科书编纂者对《皇帝的新衣》的认识就有一个渐进的过程。最早向中国介绍安徒生的孙毓修，就认为这篇童话的主旨乃是"赞新装之奇异"，而且明显是对照着中国传统的《聊斋志异》去理解它的；之后的《新学制国语教授书》则认为这篇童话"旨趣在做国王容易受人蒙蔽，不如做平民的好"，和"五四"之后文化界盛行的反对封建统治、追求平民教育、宣传劳工神圣等思潮形成了有趣的呼应；再往后，叶圣陶通过续写这个故事来"批皇帝之虚荣"；到了1937年的《高小国语读本》，对这个童话的阐释就相对比较完整了，并且突出了赞颂孩子率真的一面。

相较于用本民族母语写成的作品，翻译文学要经由更复杂的甄选、翻译、剪裁、诠释的过程，换言之，教材编选者在其中发挥的直接影响会更为突出，这其实可以给我们的研究工作带来更多的、亟待发掘的亮点。心科写《最后一课》《项链》等经典篇目在教科书中的呈现，其实是找准了很多近代教育史上的亮点，这就使得整本书变得有趣起来。

《〈红楼梦〉与百年中国语文教育》与前几本书又稍有些不同，不是对几篇不同文本的分述，而是将笔墨集中于一部分量足够的大书，考察其在百年语文教育史中的呈现面貌。我相信，这本书的出版会带动不少同类型研究的相继出现。

众所周知，曹雪芹的《红楼梦》是一部尚在创作过程中就被人们竞相传抄的文学经典。然而，或许出乎很多人意料的是，这么一部妇孺皆知的小说要经历一个非常曲折的过程，一直到1924年才进入中小学教科书之中。这当中涉及到实用文言散文一度的统治地位、白话文的崛起、统一国语的进程等多个方面。即便进入了教科书，不同的时代对《红楼梦》的解读也是有很大差异的。心科将这个过程细致梳理了出来，我认为这加深了我们对文学和语文教育的关系的认识。这就是心科所总结的"一篇文学文本只是自然文本，一旦进入教科书就变成了教学文本。作为自然文本，可能仅是供获取信息的文本或作文学研究的对象，作为教学文本又因为不同学段的教学目的不同、不同编者对其认识不同，所以编者所呈现出来的解读结果不同；又因为经典文本本身是一个充满着空白点和未定性的空框结构，而文本所承担的教学功能以及编者的知识水平、解读角度的不同，所以解读结果也不同"。

心科这套书是高度成熟的作品，但也绝非十全十美。因为很多章节过去都是以单篇论文的形式出现的，诸如介绍《奏定学堂章程》、新文化运动的部分往往需要作为背景资料出现。现如今结集成书，这些部分反复出现的次数较多，整套书读下来会觉得稍欠整饬。我想，心科也一定对此有过顾虑，但全书的体例似乎又决定了倘若不如此处理，很多问题不容易解释清楚，这实属无奈。

不过，从没有哪项研究会是十全十美的。心科还这么年轻，未来还有着更多的可能性。我希望他能沿着自己开辟出来的这条道路，继续走得更远，走得更深。目送着自己的学生在学术道路上不断地往前走，是作为一个老师最幸福的事情。

郑国民
2018.06.01

目　录

引言

一部文学作品，并不是一个自身独立、向每一时代的每一读者均提供同样的观点的客体。它不是一尊纪念碑，形而上学地展示其超时代的本质。它更多地象一部管弦乐谱，在其演奏中不断获得读者新的反响，使本文从词的物质形态中解放出来，成为一种当代的存在。①

一

接受美学，发轫于20世纪60年代末、70年代初的德国，其创立者为康斯坦茨大学的姚斯和伊瑟尔等。创立者们将文学研究的重心由作者和文本转向读者，提倡读者中心论，反对以往的作者中心论和文本中心论。

接受美学理论认为，作者创作出一个“文本”，如果未经读者阅读，就不能成为(称为)“作品”，它只能算是一堆白纸黑字而并无任何“意义”，就像工厂里生产出来的“产品”一样，如果没有经过流通渠道而被消费者购买、使用，就不能变成“商品”，也没什么“价值”。那么，作品的“意义”到底是怎样生成的呢？我认为有以下两条基本途径。

一是作品的意义生成于读者的“期待视野”与文本的“召唤结构”的相互作用之中。作者创造的文学文本是一个由不同层次和维面构成的“召唤结构”，其中的

① ［西德］H·R·姚斯、R·C·霍拉勃著，周宁、金元浦译《接受美学与接受理论》，沈阳：辽宁人民出版社1987年版，第26页。

语义、句法、结构和意境等存在的未定性和空白点星罗棋布，给读者预留了多处想象和联想的空间。读者的“期待视野”又千差万别，如处在不同的民族、时代、时节、环境，有着不同知识水平、阅读态度，等等。当文本向读者发出召唤、吁求，当读者去确定文本中的未定、填补文本中的空白，在读者与文本之间展开交流、对话时，就产生了连作者也意想不到且无法控制的结果，就出现了见仁见智、歧义百出的现象，“文本”也由此变身为“作品”。

在21世纪初的语文课程改革中，因为要反对此前阅读教学中强调探寻作者的本意、确定文本语义，而主张发挥学生的主体性和创造性，所以接受美学理论引起我国学者、教师们的普遍关注，而被广泛宣传并运用到语文教育中，如课程标准强调学生的独特体验，课堂阅读教学追求多元解读，“一千个读者有一千个哈姆雷特”一度成为最时髦的语文阅读学话语，因提倡“误读”而产生“无中生有式阅读”，由提倡“创造性阅读”而产生“自说自话式的个人阅读”，等等。不过，如果阅读失去了对他人阅读成果的参照，那么多数只能流于表层、低级，不可能深入；多数只能是重复，不可能有创新。所以，现在需要对作品的意义生成作如下更进一步地理解。

二是作品的意义生成于对当代的“水平接受”与历代的“垂直接受”的全面参照之后。“水平接受”指一个文本的意义生成于同一时代的不同读者的阅读，“垂直接受”指其意义又生成于不同时代的不同读者的阅读。个体的阅读，只有参照了同一时代和不同时代的不同读者的阅读结果，才可能深入下去，才可能取得创造性的成果。如姚斯曾称：“就当代读者而言，《烦厌》一诗可以满足何种期待？否定何种期待？本文与之发生联系的文学传统是什么？历史、社会条件是什么？作者本人是如何理解这首诗的？第一次接受赋予这首诗的意义是什么？在今后的接受史中，其中哪一种意义被具体化了？”① 可见，读者对某一作品的理解、阐释，要参照已阅的作品、传统的作品、创作背景、作者本意、不同时代的不同读者及同一时代的不同读者的读解成果等。不过，因为时空的关系，人们多关注当下的不同读者对某一文本的解读结果，而有意无意地忽视历史上不同读者对其所作的解读。然而，历史上的解读又可为当下解读的深入提供基础、为创新提供前提，所以显得更为关键。如果某个文本是一部经典，那么历代读者必然会对其主旨、思想、感情、形象、语言、结构、技巧等方面进行过多种阐释。当然，他们常各执一端，故得一隅之见。

---

① ［西德］H·R·姚斯、R·C·霍拉勃著，周宁、金元浦译《接受美学与接受理论》，沈阳：辽宁人民出版社1987年版，第211—212页。

如果我们能对其进行对比、综合，就会对作品的意义理解得更全面、更深刻。姚斯又说："前人遗留下来的问题，为后继阐释者创造了机会。后来的阐释者不能完全抹杀前人在本文中找到的对他的问题的回答。阐释历史中问题与回答的内聚力首先由丰富理解的范畴所决定（不管是取代还是发展，重点的转移还是重新解释）；其次才是可证伪性逻辑。如果前人的阐释可以证伪，那这种阐释大多不是历史或客观的'错误'，而是阐释者提出的问题错谬或不合情理。"[①] 在读解时，我们发现别人解释的不合情理是一种创新，回答了别人的提问也是一种创新，发现并回答了别人未曾发现、阐释的问题更是一种创新。不过，目前我们在读解某一文本时，只对其"水平接受"关注得较多，而对其"垂直接受"关注不够。

二

接受美学理论在20世纪80年代初被译介到我国后，被国内学者移植到文学理论、文学史、翻译、影视、教育等理论研究和实践运用中。在国内，我较早地将接受美学引入了文学教育研究[②]。在拙著《接受美学与中学文学教育》[③] 中，我引进了接受美学的理论方法，并参照其他阅读理论，结合教育学、心理学原理及自己的教学实践，对中学生文学阅读鉴赏能力的培养、中学文学教学目标的设定、文学教材的选材编写、文学教学的过程模式、读法指导、媒体选用、师生关系、教学方式、评估和考查方式、文学类作品研究性学习等一系列问题进行了阐述；并进行了四种文学体裁的阅读教学设计和一些初步的阅读实验研究。在此后发表的几篇相关论文[④] 中，我运用接受美学理论，对当时出现的完全脱离文本的所谓"无中生有式的创造性阅读"提出了批评，对争议较大的"生平"、"背景"的介绍时机问题进行了辩证的分析。在早先的论著中，我认为，文学作品研究性学习，可从研究作品的接受史入手。作品的接受史又包括效果史[⑤]（作品声誉的高低、读者反映的强弱）、阐释史（历代不同读者对其内容和形式所作的不同阐释）和影响史（其后作家对其所进行的模仿、借鉴、超越、改造等）。不过，当时因受限于资料而未能就某些具体作品的接受史展开研究。

① ［西德］H·R·姚斯、R·C·霍拉勃著，周宁、金元浦译《接受美学与接受理论》，沈阳：辽宁人民出版社1987年版，第229页。

② 马大康《接受美学在中国》，《东方丛刊》，2009年月4期。

③ 张心科著《接受美学与中学文学教育》，合肥：合肥工业大学出版社2005年版。

④ 张心科《从接受美学看"无中生有式的创造性阅读"》，《中学语文教学》，2006年第2期；戴元枝、张心科《从接受美学看阅读教学中"生平""背景"的介绍时机》，《语文教学之友》，2006年第6期。

⑤ 有时直接用"接受史"指代"效果史"，并与"效果史"相对。本书题名中的"接受"与"阐释"的用法就是如此。

后来，在研究清末民国文学教育发展史的过程中，因为接触到大量这一期间的教科书和论著，我又觉得应该更多地考察某一作品在教育界的接受史。尤其是因为教科书是一种特殊的传媒，它的接受对象是心性正在发育、人格正在形成中的学生而非成年人；它的传播形式带有一定的强制性，收录至教科书的课文是每个学生必须阅读的，而非自由阅读时可凭自己的好恶作出选择；它的传播范围比一般的出版物更广。而且，在教育者，尤其是在编者和教师看来，作家笔下的文本只是自然文本。是否要将这个文本选作课文，作为教学文本？如果要，那么如何呈现，作何阐释？面对这些，除了考虑这个文本是否适合用来完成一定的教学目标外，还要考虑其接受对象的知识、能力水平和心理、生理发育水平。如果能对某个文本在整个语文教育发展史中的显隐、编者和师生们对其所作的不同阐释、某一编者和师生对其的态度及阐释、对其他编者和师生对其的态度及阐释的影响等进行系统考察，那么我们就不仅知道历史上人们是如何阐释某个文本的，还可以进一步了解语文教育的发展，甚至是某一阶段政治、经济、文化等领域的发展。

当我发现目前的研究者和师生们对作品的"垂直接受"关注不够或所知甚少，而已有的研究很少将上限定于1949年，而几乎涉及清末民国时[①]，我便决定开始这项研究。我选择了20余篇（部）至今仍常出现在语文教科书中的篇目作为研究对象，然后对每个文本的接受史进行梳理、辨析，最终形成了这三本书——《近代文学与语文教育互动》、《经典课文多重阐释》、《经典翻译文学与中小学语文教育》。

① 郑国民等著《当代语文教育论争》，广州：广东教育出版社2006年版；闫苹编著《中学语文名篇的时代解读》，广州：广东教育出版社2007年版。

第一章

《古代英雄的石像》的多重主旨

1929年9月5日，叶圣陶创作了童话《古代英雄的石像》。1930年1月，他将其发表在自己与夏丏尊共同创办的《中学生》杂志的创刊号上。1931年6月，他将该文与其他8篇童话结集并以《古代英雄的石像》为名出版。1935年他将其编入自己与夏丏尊合编的《国文百八课》中。可见，作者对其之珍视。这篇童话很有趣味，也富含哲理。

为了纪念一位古代的英雄，大家请雕刻家给这位英雄雕一个石像。雕刻家通过多日的构思、雕琢，终于用一块整石雕出一尊“光荣尊贵的、受全体市民崇拜的雕像”，并用敲下来的碎石做了石像的台基。后来，石像骄傲起来，蔑视这些小石块。小石块们威胁要将他扔下来。石像哀求，小石块们才停歇。不久，这个石像又自认为是“英雄”而在小石块们面前炫耀。于是，小石块们便讥笑石像。有的说，历史是靠不住的，不能全信。有的说：“尤其是英雄，也许是个庸人，也许是个坏东西，给写历史的人高兴这么一写，就变成英雄了；反正谁也不能倒过年代来对证。更有趣的，并没有这个人，明明是空虚，也会成为英雄。哪吒，孙行者，武二郎武松，不都是英雄么？这些虽说是小说里的人物，然而却已生存在人们的心里，这就小说和历史相差不了多少。”还有的说：“市民最大的本领就是纪念空虚，崇敬空虚。”有石块对自己“一辈子堆叠在空虚的底下”表示不满。石像无语，怀疑自己上了当；石块沉默，想着接下来应该做的事。半夜里，石像忽然倒下来，碎成了大大小小的石块，和做台基的小石块混合在一起。后来，有市民嫌乱石块堆在空场中碍事，于是提议用它筑马路。新路筑成之后，块块石头都露出笑脸。他们都赞美自己说:“我们真个平等!”“我们毫不空虚!”“我们集合在一块,铺成真实的路,让人们行走!”

有研究者称,《古代英雄的石像》发表以后,出现了对其寓意解读纷歧的现象[①]:

《古代英雄的石像》发表后,影响很大,但见智见仁,解说纷呈。有的说“叶先生有显示骄傲者自悔的寓意”。有的说其现实的意义尤其值得“大人物”们警惕。像小石块说的“你不但忘了从前,也忘了现在”;“现在你其实也并没跟我们分开。咱们还是一整块,不过改了个样式。你看,从你的头顶到我们最下层,不是粘在一起吗?并且,正因为改成现在的样式,你的地位倒不安稳了。你在我们身上站着,只要我们一摇动,你就不能高高地”;“一跤摔下去,碎成千万块,跟我们毫无分别”,这些惊心动魄的言语,还是可以作为某些人的座右铭。这些评述都有一定的道理。至于牵强附会的说法可就多了。

1949年至今,《古代英雄的石像》仍是初中语文教科书中的常选篇目,相配套的教学参考书等对其主旨的解读多为该文宣传了应有为人民默默奉献的精神,并揭示了骄傲自大、脱离群众者的可耻下场,等等。那么其在1949年之前的语文教科书中接受的情形如何?当时教科书的编者是如何阐释其主旨的?本文试对此作出梳理。

一、叶圣陶创作儿童文学的动机及目的

清末,孙毓修在商务印书馆出版的《童话》,多译编自外国作品;民国初,茅盾入商务印书馆后帮助孙毓修继续编辑的《童话》,多改编自古代典籍。“五四”时期,在周作人等人译介安徒生童话及《新青年》鼓吹创作儿童文学的影响下,儿童文学被作家们视为一种独立的文学样式,并被作家们有意识地去创作。于是,儿童文学创作及其教育呈现一派繁荣的景象:以发表儿童文学为主的《儿童世界》、《小朋友》相继创刊,儿童文学成为新学制小学国语课程标准的中心及小学国语教科书的主体,师生们纷纷地阅读、讨论儿童文学。时任小学教员的叶圣陶也因此萌发了创作儿童文学的欲望,他后来回忆说:“五四前后,格林、安徒生、王尔德的童话陆续介绍过来了。我是个小学教员,对这种适宜给儿童阅读的文学形式当然会注意,于是有了自己来试一试的想头。还有个促使我试一试的人,就是郑振铎先生,他主编《儿童世界》,要我供给稿子。《儿童世界》每个星期出一期,他拉稿拉得勤,

① 商金林著《叶圣陶传论》,合肥:安徽教育出版社1995年版,第534页。

我也就写得勤了。"[1] 从1921到1931年，他创作出或结集出版的儿童文学作品有童话集《稻草人》、《古代英雄的石像》和童话歌剧《蜜蜂》、《风浪》。1935年，鲁迅曾称赞叶圣陶的《稻草人》"给中国的童话开了一条自己创作的路"。(《表·译者的话》)[2] 之所以如此称赞他的作品，可能是因为除其作品的艺术水准较高之外，其内容还反映了现实生活而契合了鲁迅的"为人生"的文学创作主张。如叶圣陶在1920年左右写的《文艺谈》系列文章中一再提出，要利用文艺创作改造社会、改善人生("借文艺以启导民众"[3])，真正好的文艺作品是"可以使群众从迷梦中跳将起来，急欲求索人之所以为人"的[4]。

1932年，叶圣陶花了一整年的时间编写了初小6册、高小4册的《开明小学国语课本》。书中400多篇课文，"大约有一半可以说是创作，另外一半是有所依据的再创作，总之没有一篇是现成的，是抄来的"，之所以花这么大力气自己编写课文，是因为在他看来，"给孩子们编写语文课本，当然要着眼于培养他们的阅读能力和写作能力，因而教材必须符合语文训练的规律和程序。但是这还不够。小学生既是儿童，他们的语文课本必得是儿童文学，才能引起他们的兴趣，使他们乐于阅读，从而发展他们多方面的智慧"。[5]

可见，无论是创作儿童文学作品，还是编写儿童文学课文，叶圣陶均很重视作品对读者的"启发"作用。

正因为其儿童文学创作和儿童文学教育思想中都强调这种"启发"，而且这篇寓言式的童话文本中的多处文字存在着"未定性"，所以就出现了对其主旨的多重解读。

二、《古代英雄的石像》在教科书中的接受与对其主旨的阐发

这篇童话发表仅两年，便于1932年1月首次被北平文化学社编入《初中一年级国文读本》。民国期间，总共有如下4套教科书选人该文。

编　者	教科书名称	册次	出版社	时间、版次
北平文化学社	《初中一年级国文读本》	第4册	北平文化学社	1932年1月出版
王伯祥	初级中学学生用《开明国文读本》	第1册	开明书店	1932年7月初版

① 叶圣陶等著《我和儿童文学》，上海：少年儿童出版社1980年版，第3—4页。

② 鲁迅著《鲁迅全集 编年版 第9卷》，北京：人民文学出版社2014年版，第66页。

③ 叶圣陶著、叶至善等编《叶圣陶集 第9卷 文艺谈、创作论》，南京：江苏教育出版社1990年版，第40页。

④ 商金林著《叶圣陶传论》，合肥：安徽教育出版社1995年版，第229页。

⑤ 叶圣陶等著《我和儿童文学》，上海：少年儿童出版社1980年版，第9页。

（续表）

编　者	教科书名称	册次	出版社	时间、版次
罗根泽	《初中国文选本》	第2册	立达书局	1933年8月初版
夏丏尊、叶绍钧	《国文百八课》	第2册	开明书店	1935年版

该文自1937年之后又突然从教科书中消失了，为什么？ 1935年作者将其编入自己与夏丏尊合编的《国文百八课》中，他在1947—1948年出版的、与他人合编的《开明新编国文读本甲种》、《开明新编国文读本乙种》及二书的注释本等教科书中又将其弃置不用，为什么？作为一篇寓言式的童话，它的寓意是什么？作为一篇课文，所要达到的学习目的，除了用来培养学生的“阅读能力和写作能力”之外，还要“发展他们多方面的智慧”，那么它到底可以给学生什么启发？下面，我们通过对上述4套教科书的编者对本文主旨的阐释的辨析来初步回答上述问题。

(一) 赞颂朋友之爱

《初中一年级国文读本》没有编辑大意，不过每单元在组织选文时，均是将主题或题材一致的几篇课文归为一组。如第1册第1—4课为《新生活》(胡适)、《我的新生活观》(蔡元培)、《劳工神圣》(蔡元培) 和《说自由》(章炳麟)，第5—8课为《我的学校生活一断片》(节录鲁迅译文，[俄国] 爱罗先珂)、《王冕传》(宋濂)、《王冕的少年时代》(节吴敬梓《儒林外史》) 和《伟人纳尔逊轶事》(梁启超)。其第4册第37—42课为《陶然亭的雪》(俞平伯)、《超人》(冰心)、《古代英雄的石像》(叶绍钧)、《雪》(鲁迅)、《小雨点》(陈衡哲) 和《责己重而责人轻》(蔡元培)。《陶然亭的雪》回忆了“我”和小孩、姊姊等在江亭玩雪的乐趣。《超人》写了名叫“何彬”的“一个冷心

古代英雄的石像　葉紹鈞

因爲紀念一位古代的英雄，大家請雕刻家給這位英雄雕一個石像。

雕刻家答應下來，先去翻看有關於這位英雄的歷史，想像他的狀貌，更想像他的性情和志概。雕刻家的意思，隨隨便便雕一個石像不如不雕，要雕就得把這位英雄活活地雕出來，讓看見石像的人認識這位英雄，明白這位英雄，因而更崇敬這位英雄。

成功往往跟在專心的背後。雕刻家一壁參攷，一壁想像，心裏頭石像的模型漸漸完成了。他決定石像的姿態應該怎樣，面目應該怎樣，小到一個小指應該怎樣，細到一絲頭髮應該怎樣。惟有依照這決定的雕出來，纔是有活氣的這位英雄本身，不只是死的石像。

雕刻家到山中采了一塊大石，就動手工作。他心裏有完成的模型在，望到那塊大石，什麼地方要留着，什麼地方要鑿去，都清楚明白。鐵鑿一

古代英雄的石像　（葉紹鈞）　一　共五頁

《初中一年级国文读本》(1932)

肠的青年，从来没有人看见他和人有什么来往”，一天他突然怜悯住在对面的病人禄儿，并掏钱为其治病。不过，他不愿接受禄儿和房东程姥姥的道谢。有一天他决定搬家，他让禄儿帮他买一些绳子。可能是受了禄儿竭力报答他的行为的感化，他想起了现已无法报答的母亲，于是“十几年来隐藏起来的爱的神情，又呈露在何彬的脸上；十几年来不见点滴的泪儿，也珍珠般散落了下来”。最后，他以写信的形式和禄儿告别。《雪》写了七八个小孩在江南的雪地里快乐玩耍、共堆雪人的情形。《小雨点》写小雨点在从天空滑落的过程中和风伯伯、红鸟、泥淖、涧水哥哥、河伯伯、海公公一道行走、交谈。在重新升空的过程中，他偶然看到了青莲花。快要枯萎的青莲花向他求救，他答应青莲花将自己吸进花的液管里去。但是，青莲花最终还是死去了。睡在草地上的小雨点第二年被太阳公公送上了天空，“小雨点见了他的哥哥姊姊，自然喜欢得说不出话来。他又把他在地上的经历一一的告诉了他们。后来他还约了他们，要在明年春间，同他到地上去看那复活的青莲花哩”。《责己重而责人轻》则明确告诉读者应严格要求自己，善待他人。编者将《古代英雄的石像》置于这一组宣传朋友之间互助互爱的课文之间，显然是关注了石像与其下面那些大大小小的石块由一个整体到分离再到一个整体的过程，写了他们从对立到和解再对立终和平共处的过程。可见，编者认为该文宣扬了赞颂朋友之爱的主旨。更何况课文确实写了这些“彼此是朋友，混和在一起胶黏在一起的朋友”在平等共处之后“每一个石块露出一个笑脸”！

（二）传授科学知识

《开明国文读本》(1932) 的编辑大意称：“本书选材，第一二册注重于文章之体裁，凡记叙、抒情、解释、议论以及应用文等，无不具备，期使读者习得叙说事理及表达情意之技能。”“本书另有参考书六册，专供读者自习及

西有佛籟閣扁，寺東有碧霞洞、雲深處朱廷翰等石刻，皆漫漶單簡，不足爲典要。以故龍門造像，宇內知名，武州石窟言者蓋寡。同人因爲題名而返。余歸而神往者久之。

古代英雄的石像　葉紹鈞

因爲紀念一位古代的英雄，大家請雕刻家給這位英雄雕一個石像。雕刻家答應下來，先去翻看有關於這位英雄的歷史，想像他的狀貌，更想像他的性情和志概。雕刻家的意思，隨隨便便雕一個石像不如不雕，要雕就得把這位英雄活活地雕出來，讓看見石像的人認識這位英雄，明白這位英雄，因而更崇敬這位英雄。

成功往往跟在專心的背後。雕刻家一壁參攷，一壁想像，心裏頭石像的模型漸漸完成了。他決定石像的姿態應該怎樣，面目應該怎樣，小到一個指應該

開明國文讀本（一）　古代英雄的石像　三三

《开明国文读本》(1932)

教师参考之用，除说明文章之内容、体裁，选集之来历，作者之生平及诠释疑难之字义、语句外，更特别注重于文法之词性、词位，造句、作文之方式，文言文与语体文之比较，修辞学上之组织法，藻饰法，文体之分类、比较及文学批评概略，文学史概略等，均就已读各文采取例证，详为指陈，兼多列习问以为实习之材料。”可见，该书主要以训练学生的写作能力为主的，但并非不关注选文的内容对学生的启发，如其编辑大意又称：“本书排列前后为有机的联络，期适合于学习进行之程序，一面并顾及授读期间之时令气候，使读者得以低徊景物，启发灵感。”该书的第1册第12—15课分别为《记大同武州石窟寺》(陈垣)、《古代英雄的石像》(叶绍钧)、《核工记》(宋起凤) 和《雕刻》(蔡元培)。这四篇课文的体裁不一，分别为游记、童话、小品、论文，内容与学习的“时令气候”也关系不大。不过，其题材颇为一致，均涉及雕刻，其中前两篇为石像的雕刻。可见，这种不寻常安排的目的是，除了训练学生的写作能力外，还为了让学生了解雕刻的科学知识，而且这篇童话的第1段“因为纪念一位古代的英雄，大家请雕刻家给这位英雄雕一个石像”至第7段“雕刻家从此成了名。他能够给古代英雄雕一个石像，满大家的意”，确实也完整、详细地呈现了一个雕刻家雕刻石像的缘由、经过 (构思、选材、雕刻、安放) 和成果。

五四运动前夕，“赛先生”(Science) 和“德先生”(Democracy) 被邀请至中国，但从1923年《新学制课程标准》颁布始至1929年暂行课程标准颁布前，小学教科书课文绝大部分是纯趣味性的儿童文学，摒除了此前教科书中常见的用以介绍各种常识的说明文；中学教科书中的课文绝大部分是纯文学作品 (白话新文学和文学性强的文言文学)，还有一些是用以讨论“问题”和“主义”的政论文，就像《基本教科书国文》(陈望道等编，1932年商务印书馆) 的编辑大意所说的，“例如科学的文字 (如第一册之《鱼的游泳》) 及普通的应用文字 (如第一册之《汽车》，及以后各册之新闻社论、通讯、以至书简公文等等) 均为从前国文教本所不取”。可见，在中小学语文教科书中，除了有些关于“德先生”的课文外，并无有关“赛先生”的课文。这不能不说是一个巨大的遗憾。尤其是在国难当头的时代，教育除了使民众具有积极的精神外，还应该让他们拥有科学的知识。随着时间的推移、形势的变化，到1930年左右，人们对纯文学教育提出了批评，再次主张灌输实用知识。如有人认为，“自五四新文化运动以来，藉思想革命之名，又产生一批洋八股的先生们，终日以谈文学，谈哲学，谈社会科学为高，而鄙视自然科学，许多有为的青年也不知不觉受了这种洋八股潮流的影响，仍走入咬文嚼字的旧圈套”，所以要从学校教育改革入手，“提倡‘物质的教育’，打倒‘文雅的教育’，才有起死回生的可能。”[①] 之所以再次强调实用，还与国民政府提倡的三民主义教育方针中的民生主义直接相关。1930年，在国民党第三次全国代表大会上通过《确定教育宗旨及其实施方针案》所指出的“过去教育之弊害”中就指出学校教育与人民之实际生活分离，教育之设计不为大多数不能升学青年着想，各级教育，偏重于高玄虚薄之理论，未能之实用科学，促进生产发展，以裕国计民生，等等[②]。所以，教材中加入实用性的科学知识成为当务之急。

相应地，1929年之后，小学教科书中出现了大量的以儿童文学的形式来介绍各种科学知识的儿童文学化课文；而中学则出现了许多介绍科学知识的说明文和论述科学价值、方法等的议论文。如仅属后一类在20世纪30年代中学国文教科书中出现的就有《科学精神》（梁启超）、《何为科学家》（任鸿隽）、《科学精神与东西文化》（梁启超）、《美术与科学的关系》（蔡元培）、《科学方法之分析》（任鸿隽）、《科学的起源和效果》（王星拱）、《科学周报发刊语》（吴稚晖）、《为何研究科学如何研究科学》（翁文灏）、《科学与国粹》（吴敬恒）、《科学与病态之关系》（蔡元培）、《科学的头脑》（任鸿隽）、《沪战与科学》（林继庸）、《科学名词跟科学观念》（赵元任）等课文，推荐阅读的还有《科学概论》（王星拱，商务版）、《世界科学新谈》（孟寿椿，亚东版）、《科学概论》（黄昌谷作，民智版）、《科学方法论》（王星拱作，北新版）等著作。而针对以介绍各种科学知识为主的说明文，则除了让学生学习写作这类说明文的方法外，就是让其掌握内容所含的科学知识。如《初级中学国语教科书》（戴叔清编，1933年上海文艺书局）的第1册第2“课”包含了《五十年后》（胡化鲁）、《火星上的人类》（孟寿椿）和《蚁斗》（孟寿椿）3篇科学说明文。这一“课”的教学提要称：“这一课目计三分课，一述五十年后的理想世界，一述火星上的人类，一述英伦的蚁斗始末，这三篇所展开的，都是有趣味的科学智识；所以，作为本课目主要的目的的，是提供关于科学的说明文的范作，提示关于科学的说明文写作的一般方法。这样的关于科学的说明文，不仅可以丰富读者的新智识，也可以使读者了解科学的说明文，是如何忠实的，科学的，展开了事物的真实性。”

由以上分析可知，《开明国文读本》（1932）将《古代英雄的石像》放置于《记大同武州石窟寺》、《核工记》、《雕刻》之间，编者可能并非将其当作一篇寓言式的童

① 常燕生《世界教育的新趋势与中国目前教育的出路》，《中华教育界》，1931年第十九卷第三期第45页。

② 《确定教育宗旨及其实施方针案》，《中华教育界》，1930年第十八卷第五期“附录”第1页。

话，来让学生探讨暗含其中的道理，而是因其前半部分叙述了雕刻石像的过程而将其当作一般的记叙文，用来让学生了解雕刻等方面的科学知识，进而培养他们的科学精神。与之配套的《开明国文读本参考书》(1932) 并没对其主旨作明确的解说，只是提及：这是一个意义深长的故事。从开雕说到完成，只是这故事的序幕；从石像自觉特殊说到伙伴拆台与另筑道路，乃是这故事的正本①。行文之中，捎带批判石像自觉特殊的倾向性。

（三）鼓动团结抗暴

1927年4月18日，南京国民政府成立后，为了实行专政统治，便着手推行党化教育，加强对教育的控制。1928年5月，中华民国大学院（教育部）召开第一次全国教育会议，会议通过了"废止'党化教育'代以'三民主义'"的议案，并确定了"三民主义"为中华民国的教育宗旨②。9月，国民政府认可了这个议案，并正式通告全国，称"中国国民党，以三民主义建国，应以三民主义施教"③。1929年3月25日，《确定教育宗旨及其实施方针案》在国民党第三次全国代表大会上通过，议案所确立的"教育宗旨"为"中华民国之教育根据三民主义，以充实人民生活，扶植社会生存，发展国民生计，延续民族生命为目的，务期民族独立，民权普遍，民生发展，以促进世界于大同"④。1927年10月，国民政府大学院（教育部）颁布了《教科书审查规程》、《教科书审查标准》和《小学教科书审查暂行标准》等，规定小学"教材实质"应符合"革命化"、"社会化"和"心理化"三个标准⑤。1929年，颁布《审查教科图书规程和标准》，规定未经国民政府教育部审定或已审定但有效期限已过的教科书，书局不得发行，学校不得采用。1929年，为了给新编教科书提供指导，教育部还召集各科专家在一个月内起草、整理、审查了各科课程标准。其中的《小学课程暂行标准小学国语》在教科书选择注意事项中提到，应"不背本党主义，或足以奋兴民族精神，启发民权思想，养成民生观念的"。⑥

《古代英雄的石像》创作于1929年9月5日，而叶圣陶又主张创作反映现实生活、启发民众思想，所以，从知人论世的角度来说，读者很容易将其视为反抗高高

① 王伯祥编《开明国文读本参考书》，上海：开明书店1932年版，第1册第80页。

②《国民政府下之第一次全国教育会议·取消"党化教育"名词，确定"三民主义教育"案》，《教育杂志》，1928年第二十卷第六号"教育界消息"栏第3页。

③ 杜佐周《中国教育的改造和建设》，《教育杂志》，1929年第二十一卷第二号第8页。

④《确定教育宗旨及其实施方针案》，《中华教育界》，1930年第十八卷第五期"附录"栏第1页。

⑤《教科书审查标准》，《教育杂志》，1927年第十九卷第十号"教育界消息"栏第5～6页。

⑥ 课程教材研究所编《20世纪中国中小学课程标准·教学大纲汇编·语文卷》，北京：人民教育出版社2001年版，第19页。

在上的统治者的威权压迫；更何况，原文写了台基中的垫石们对英雄石像的不满，甚至石像的碎裂、倒塌也很有可能是其怀疑上当而自悔后自己作出的行为，当然也可能是垫石们协力所致，所以，从以意逆志的角度来说，也可能表达了上述反抗的主旨。

古代英雄的石像

葉紹鈞

因爲紀念一位古代的英雄，大家請雕刻家給這位英雄雕一個石像。

雕刻家答應下來，先去翻看有關於這位英雄的歷史想像他的狀貌，更想像他的性情和志概。雕刻家的意思，隨隨便便雕一個石像不如不雕，要雕就得把這位英雄活活地雕出來，讓看見石像的人認識這位英雄，明白這位英雄，因而更崇敬這位英雄。

成功往往跟在專心的背後。雕刻家一壁參考，一壁想像，心裏頭石像的模型漸漸完成了。他決定石像的姿態應該怎樣，面目應該怎樣，小

古代英雄的石像　一

《初中国文选本》(1933)

《初中国文选本》(1933) 的编辑大意称："本书编者为引起学习兴趣，提高学习效率起见，按各篇之体裁或性质，将每册划为若干单元。" 其第2册第16单元由《池边》([俄] 爱罗先珂著，鲁迅译)、《古代英雄的石像》(叶绍钧)、《威权》(胡适) 和《乐观》(胡适) 组成。前两篇的体裁一致，是寓言式童话，后两篇的体裁也一致，是白话新诗。这四篇课文的"性质"是否一致呢？《池边》叙述两只刚在庙前池边孵化出来的蝴蝶，因不忍目睹被黑暗所笼罩的世界，而约定各自分头向东西奋力飞去寻找光明。次日早上，其中一只蝴蝶的尸体被海浪冲上沙滩。这时来了三位老师，他们围绕着蝴蝶的结局和学生们谈论着人生的经验、自由等问题。童话结尾写道："但是两只蝴蝶，其实只因为不忍目睹世界的黑暗，想救世界想恢复太阳罢了，这却没一个知道的人。""革命诗人"爱罗先珂显然是以死去的蝴蝶来比喻为光明事业而献身的革命先驱，并对其予以赞颂；以这几个保守的教师代表看客们和那些正统意识形态的代言人，并对其予以抨击。童话并没有交代另一只蝴蝶的下落，这也给人们留下了遐想的空间。《威权》写了一个坐在山顶上的"威权"，指挥一班铁索锁着的奴隶替他开矿，在蹂躏之余还不时地辱骂他们。诗的最后两节写道："奴隶们做了一万年的工，头颈上的铁索渐渐的磨断了。他们说：'等到铁索断时，我们要造反了！' 奴隶们同心合力，一锄一锄的掘到山脚底。山脚底挖空了，'威权' 倒撞下来活活的跌死！" 其旨意十分明确，即奴隶们应通过合力造反来推翻压在自己身上的、大山顶上的"威权"。

《乐观》写一棵可恶大树阻碍了人们前进的路。树被砍倒了，根也烂掉了。后来，树的种子发芽长成新树，人们在下面乘凉，鸟儿在上面歌唱。不过，人们也不知道当初替他们砍树的那个人了。其主旨即只有斫除旧制，才能获得新生，同时表达了对先驱者的怀念。既然这三篇课文的主旨都是有关反抗“黑暗”、“威权”统治而鼓动追求“光明”、获得“新生”的，那么由此可以推知，编者对被置于其间的《古代英雄的石像》的主旨解读，也必然如此，即只有像垫基的小石块们那样团结抗暴，才能获得最终的胜利。

正因为不少人将《古代英雄的石像》的主旨解读为鼓动团结抗暴，所以自然会让人猜想作者是在借“英雄的石像”及其结局来影射最高统治者蒋介石及其结局，而且认为此文有鼓动共产革命的嫌疑。1931年九一八事变爆发，1932年一·二八事变爆发，日本对华侵略加剧。1937年七七事变爆发，日本发动全面侵华战争。在国家民族危亡时刻，必须团结互助、一致对外，为了凝聚人心、团结力量，必须推选一个领袖作为这个国家、民族的代表，而且应竭力地去维护其威严。教育也不例外，如抗日战争爆发时，就有人提出，“抗战建国的目的及最高原则，为一般抗战行动与建国工作的准绳，凡属国民，都应深切了解。小学儿童既为国民之一，亦应澈底明瞭，使其尽忠政府，并在最高领袖领导之下，就其力之所及，一致负起抗战建国的责任，尽其小国民的天职”。[①] 相应地，教科书中应有赞颂甚至神化领袖的课文。1939年5月由生活书店出版的《抗战建国读本》的编辑大意就称：其编写的第一原则即为“以三民主义，抗战建国纲领，最高领袖言行，新生活运动为中心”。所以，在抗战期间，有影射领袖嫌疑的《古代英雄的石像》自然不能入选教科书。内战期间，国共两党出于建立各自所主张的民族国家，其教科书也是竭力赞颂本党的领袖。所以，这两个党派所出版的教科书不可能选择《古代英雄的石像》作为课文。甚至可能为了避嫌，叶圣陶在与他人合编的、1947—1948年出版的《开明新编国文读本甲种》、《开明新编国文读本乙种》及二书的注释本等教科书中也均将其弃置不用。

正因为有影射领袖的嫌疑，所以1950年《古代英雄的石像》收入初中《语文》第5册时，编者直接指出其讽刺国民政府的统治者。在“提示”、“思考”和“讨论”中反复提及。有研究者认为，这些提示的表述和问题的设置，是为了“引导读者刻意强求作品的思想性和政治意义，并暗示‘石像’就是蒋介石”。[②]

① 黄竞白《小学抗战建国教育实施法》，《教与学》，1938年第三卷第六期第28页。

② 商金林著《叶圣陶传论》，合肥：安徽教育出版社1995年版，第535页。

(四) 探寻人生真义

《国文百八课》(1935) 的编辑大意称:"本书选文……内容方面亦务取旨趣纯正有益于青年的身心修养的。惟运用上注重于形式，对于文章体制、文句格式、写作技术、鉴赏方法等，讨究不厌详细。"① 编者在《关于〈国文百八课〉》一文中称:"这是一部侧重文章形式的书，所选取的文章虽也顾到内容的纯正和性质的变化，但文章的处置全从形式上着眼。"② 可见，虽然该书选文的标准侧重作品的形式，但内容、旨趣的纯正也是其入选的基本标准。侧重形式的目的是培养学生的阅读能力和写作能力，兼顾内容、旨趣的纯正的目的是要发展他们多方面的智慧，尤其是有益于青年的身心修养。《古代英雄的石像》和《西门豹治邺》是该书第2册第8课中的文选十五、十六。其前的文话是"第三人称的立脚点"。文话分析了第三人称立足点写事物所采取的"客观的态度"和"全知的态度"。前者写亲眼所见、亲耳所闻，"不说任何想象揣测的话"，相当于现在叙事学中所说的"受限视角"和"客观视角"。后者是在前者的基础上，"更凭着想象和揣测立言，表示他无所不知"，相当于现在叙事学中所说的"全知视角"。《古代英雄的石像》和《西门豹治邺》(《史记 · 滑稽列传》) 就是用来证明小说和史传都可以采取全知视角来叙事的。其后的习问一、二分别为"文选十五、十六都是第三人称立脚点的文章，所取的是全知的态度呢，还是客观的态度?"和"从前读过的文章，哪几篇是以第三人称为立脚点的? 有用客观的态度写的没有?"习问三则单就《古代英雄的石像》的主旨发问:"文选十五，作者借了石像的故事告诉我们什么?"它到底告诉我们什么? 此处引而不发。因为《国文百八课》不是以主题而是以"作法"组织单元的，将《古代英雄的石像》和《西门豹治邺》放置在一起主要考虑其叙述视角一致而非主题一致，所以虽然编者在此书并未作答，但不可能认为其主旨和《西门豹治邺》一样是鼓动"抗暴"(《西门豹治邺》文中的三老、廷掾和巫祝)。关于这篇文章的主旨叶圣陶本人分别于1956和1980年作过解说:

我当时认为，主要的意思放在这篇东西的末了儿。无论大石块小石块，彼此集合在一块儿，铺成实实在在的路，让人们在上边走，这是石块最有意义的生活。在铺路以前，大石块被雕成英雄像，小石块垫在石像底下做台基，都没有多大的意义。至于大石块被雕成英雄像就骄傲起来，自以为与众不同，瞧不起人: 我这么写，只

① 夏丏尊，叶圣陶《初中国文科教学自修用〈国文百八课〉编辑大意》，中央教育科学研究所编《叶圣陶语文教育论集 (上)》，北京，教育科学出版社1980年版，第172页。

② 夏丏尊，叶圣陶《关于〈国文百八课〉》，中央教育科学研究所编《叶圣陶语文教育论集 (上)》，北京: 教育科学出版社1980年版，第177页。

是揣摩大石块当时的“心理”而已。这原是一种不太容易抵抗的毛病，过去时代犯这种毛病的挺多，当前时代也得好好地锻炼才能不犯。我写小石块看见大石块骄傲以后怎么想，也无非按照它们当时的“心理”①。

《〈叶圣陶童话选〉后记》(1956)

一九二九年秋天，我写了《古代英雄的石像》。这篇童话引起好些误解，许多人来信问我，这个石像是不是影射某某某。我并无这个意思，只是说就石头来说，铺在路上让大家走，比作一个偶像，代表一个实际上并不存在的英雄有意义得多②。

《我和儿童文学》(1980)

叶圣陶在1956年的解说主要是针对主旨的三种说法而发的：一是影射蒋介石，二是揭露骄傲者自悔，三是宣传民众团结抗暴。在当时的严酷的政治环境中，他不便说该文不是影射蒋介石，但他明确地否定了后两种说法，即只是按照作品中“人物”的真实“心理”发展来推进情节发展，并非有意借此表述“我”的某种“旨意”。而“我”写这篇童话的旨意就在于揭示一种人生的真义：石块无论是做英雄的雕像（自我虚妄）还是做台基的垫石（盲目崇拜）都没意义，只有做铺路石让人们走（脚踏实地）才有意义；同理，无论是做骄傲的主人还是做侍奉的奴隶都没意义，做一个普普通通、实实在在的为他人有所贡献的人才真正实现了人生的价值。1980年的时候，因为政治环境相对宽松，所以他除了重复上述反驳观点外，还正面明确回应称这篇童话并没有影射任何人。

乐　观

胡　适

“这棵大树很可恶，
它碍着我的路！

① 刘增人、冯光廉编《叶圣陶研究资料（上）》，北京：知识产权出版社2010年版，第214—215页。
② 叶至善、叶至美、叶至诚编《叶圣陶集（第九卷）》，南京：江苏教育出版社1990年版，第386页。

来！
快把它斫倒了，
把树根也掘去——
哈哈！好了！”

大树被斫做柴烧，
树根不久也烂完了。
斫树的人很得意，
他觉得很平安了。

但是那树还有许多种子——
很小的种子，裹在有刺的壳里——
上面盖着枯叶，
叶上堆着白雪，
很小的东西，谁也不注意。

雪消了，
枯叶被春风吹跑了。
那有刺的壳都裂开了，
每个上面长出两瓣嫩叶，
笑迷迷的，好像是说：
“我们又来了！”

过了许多年，
壩上田边，都是大树了。
辛苦的工人，在树下乘凉，
聪明的小鸟，在树上歌唱——
那斫树的人到那里去了？

选自《初中国文选本》1933年版第2册。

池　边

[俄] 爱罗先珂　鲁迅　译

黄昏一到，寺钟悲哀的发响了，和尚们冷清清的唪着经。从厨房里，沙弥拿着剩饭到池塘这边来。许多鲤鱼和赤鲤鱼，吃些饭粒，浮在傍晚的幽静的水面上，听着和尚所念的经文。太阳如紫色的船，沉到远处的金色的海里去。寒蝉一见这，更凄凉的哭起来了。

有今朝才生的金色和银色的两只蝴蝶。这两只蝴蝶，看见太阳沉下海底去，即刻嚷了起来。

"我们没有太阳，是活不成的。这究竟是怎么一回事呢？"

"呵，已经冷起来了；没有怎么使那太阳不要沉下去的法子么？"

这近旁的草丛中住着一匹有了年纪的蟋蟀。蟋蟀听得这年青的蝴蝶们的话，禁不住失笑了。

"真会有说些无聊的事的呵！一到明天，又有新的太阳出来的。"

"这也许如此罢，但这太阳沉了岂不可惜么？"金色的蝴蝶说。

"不可惜的，因为每天都这样。"

"然而每天这样的太阳沉下海里去，第一岂非不经济么？还是想些什么法子罢。"

"不要做这些无聊的事罢。这怎么能行呢，况且明天太阳又出来的。"

但是今朝才生的年青的蝴蝶，不能领会那富于常识与经验的蟋蟀的心情。

"我无论如何，总不能眼看着太阳沉下去。"金色的蝴蝶说。

"大约未必有益罢，总之先飞到那边去，竭力的做一番看。"于是金色的蝴蝶对那银色的说："成不成虽然料不定，但总之我们两个努力一试罢，要使这世界上没有一分时看不见太阳。你向东去，竭力的使太阳明天早些上来；我飞到西边，竭力地请今天的太阳再回去。我们两面，也不见得竟没有一面成功的。"

有一匹听到了蝴蝶的这些话的蛙，他正走出潮湿的阴地，要到池塘里寻吃的东西去。

"讲着这样的无聊的话的是谁呀？我吃掉他！世界上有一个太阳，已经很够了。热得受不住。池塘里早没有水，还不知道么？今天的太阳再回来，明天的太阳早些上来。要这世界有两个太阳，是什么意思呢？其中也保不定没有想要三四个太阳的东西。这正是对于池塘国民的阴谋。吃掉！谁呀，讲着这样的话的是谁呀？”

蟋蟀从草丛里露出脸来说：

“并不是我呵。我的意思是以为什么太阳之类便没有一个也很好，因为这倒是于池塘国民有益处的。”

然而蝴蝶说一声“再会”，一只向东，一只向西的飞去了。

寺钟悲哀的发了响，太阳如紫色的船，沉到金色的海里去。寒蝉一见这，便凄凉的哭起来了。

老而且大的松树根上，两三匹大蛙在那里大声的嚷嚷。这松树上有衙门，猫头鹰是那时候的官长。

“禀见，禀见。”蛙们放开声音的喊。“祸事到了。请快点起来罢！”

“岂不是早得很么？究竟为的是什么事呢？”猫头鹰带着一副睡不够的脸相，从高的枝条的深处走了出来。

“不是还早么？”

“那里那里，已经迟了。已经太迟，怕要难于探出踪迹了。”那蛙气喘吁吁的说，“树林里有了造反，有了不得的造反了。”

“什么？又是造反？蜜蜂小子们又闹着同盟罢工了么？”

“不不，是更其可怕的事。是要教今天夜里出太阳的造反。”

“什么？怎么说？”猫头鹰这才吓人的睁开了他的圆眼睛。“这是与衙门的存在有直接关系的问题了。这就是想要根本的推翻衙门。这就是想要蒙了一切官长的眼。这乱党是谁呢？”

“喳，乱党是那蝴蝶。一个向西去寻太阳，一个向东去寻太阳早些上来。”

于是猫头鹰大吃一惊了。

“来！”他拍着翅子叫蝙蝠，“来，蝙蝠快来！闹出了大乱子来了。赶快来！”

蝙蝠带一副渴睡的脸，打着呵欠，走出松树黑暗的深处来。

“有什么吩咐呢？大人！”

“现在说是有一只向东，一只向西飞去了的蝴蝶，赶紧捉了来。”

“喳，遵命。但是，大人，怎能知道是这蝴蝶呢？”

“一只金色，一只银色的。”

“而且是四扇翅子的。”蛙们早就插嘴说。

“你们,不是早有研究,只要一看见无论是脸,是翅子,是脚,便立刻知道是否乱党的么?”猫头鹰因为蝙蝠的质问,很有些生气了。“还拖延些什么呢,赶紧去,要迟了!”他怒吼的说。

两匹蝙蝠当出发之前,因为要略略商量,便进到树林里。

“不快去是不行的;我们要辨不出蝴蝶的踪迹的。”

“你以为现在去便辨得出来么?哼。”

“但是造反的乱党岂不是须得捉住么?”

“阿呀,你也是新脚(角)色呵。一到明天,蝴蝶不是出来的很多么?便在这些里面随便捉两只,那不就好么?用不着远远的到远地方去。”

“只是捉了别的蝴蝶,也许说道我们不知情罢。”

“唉唉,你真怪了。便是捉了有罪的那个,也总是决不说自己有罪的。这是一定的事。倘若这么办去,即使小题大做的嚷,这嚷也就是损失了。走呀,山里去罢。”

明天,小学校的学生们被教师领到海边来了。在沙滩上,看见被海波打上来的一只金色蝴蝶的死尸。学生们问教师道:

“蝴蝶死在这里。淹死的罢?”

“是罢。所以我对你们也常常说,不要到太深的地方去。”先生说。

“但是我们要学游水呢。”孩子们都说。

“倘要游水,在浅处游泳就是了。用不着到深地方去。游水不过是一样玩意儿。在这样文明的世界上,无论到那里去,河上面都有桥,即使没有桥,也有船的。”教师擎起手来说,似乎要打断孩子们的话。

这时那寺里的沙弥走过了。

“船若翻了,又怎么好呢?”沙弥向教师这样问。然而教师不对答他的话。(这教师受了校长的褒奖,成为模范教师了。)

中学校的学生们也走过这岸边。中学的教师看见了这蝴蝶的死尸。

“这蝴蝶大约是不耐烦住在这岛上,想飞到对面的陆地去的。现在便是这样的一个死法。所以人们中无论任何人,高兴他自己的地位,满足于他自己的所有,是第一要紧的事。”

然而那寺的沙弥,不能满意于这教训了。

“倘是没有地位,也毫无所有的,又应该满足于什么呢?”沙弥这样问。站在近旁的学生们,都嘻嘻的失了笑。但教师装作并不听到似的,重复说:

"只要能够如此,便可以得到自己的幸福与国家的幸福。使人们满足于他自己的地位,这是教育的目的。"(这教师不久升了中学校长了。)

同日的早上,大学生们也经过这地方。教授的博士说:

"所谓本能这件东西,不能说是没有错。看这蝴蝶罢,他一生中,除却一些小沟呀小流呀之外,没有见过别的。于是见了这样的大海,也以为不过一点小沟,想飞到对面去了。这结果,就在诸君的眼前。人生最要紧的是经验。现在的青年们跑出了学校,用自己的狭小的经验去弄政治运动和社会运动,正与这个很有相像的地方。"

"但青年如果什么也不做,又怎么能有经验呢?"沙弥又开了一回口。然而博士单是冷笑着说道:

"虽说自由是人类的本能,而不能说本能便没有错。"(听说这博士不远就要受学士院赏的表彰了,恭喜,恭喜。)

沙弥在这夜里,成了衙门的憎厌人物了。

但是两只蝴蝶,其实只因为不忍目睹世界上的黑暗,想救世界想恢复太阳罢了,这却没一个知道的人。

选自《初中国文选本》1933年版第2册。

第二章

《一件小事》的"平庸"与"高超"

鲁迅的《一件小事》，发表于1919年12月1日《晨报》的"周年纪念增刊"，后收录其小说集《呐喊》。文章写"我"几年前在城里遇到过的"一件小事"：1917年冬天的一个早晨，我因为赶路而坐上一辆人力车前往S门。快到时，车把将一个老女人带着倒下了。女人头发花白、衣服破旧，伏在地上不动。车夫停下来之后，"我"认为女人并没有受伤，此事也无他人看见，便怪车夫多事，不如干脆径直离开。但是车夫仍上前询问伤情。当女人说自己摔坏了后，"我"怀疑她是装腔作势，而且责怪车夫自讨苦吃，但是车夫竟扶着女人朝巡警分所走去。刹那间，我觉得车夫的背影很高大而自己很渺小。巡警出来让我自己雇车，我让巡警转交车费给车夫。现在回想起来，"这一件小事，却总是浮在我眼前，有时反更分明，教我惭愧，催我自新，并且增长我的勇气和希望"。

这篇作品在鲁迅的作品中被视为"另类"，而且自发表以来一直引发了人们对其毁誉不一的整体评价及对其中某些问题的纷纭聚讼。关于前者，如王朔在《我看鲁迅》中就说："《一件小事》从立意到行文都很容易被小学生模仿，这篇东西也确实作为范文收入过小学课本，像小说结尾那句'他的背影高大起来'，我那个不学无术的女儿在她的作文中就写过。"[①] 对此，有人便提出反驳称："看到有人讲，《一件小事》相当于小学生作文，我有不同的看法。"[②] 其"不同的看法"就是认为该文思想深刻、艺术高超。如李国文在《小事不小》中写道："说它是名篇，因为它

① 高旭东编《世纪末的鲁迅论争》，北京：东方出版社2001年版，第4页。

②《对〈一件小事〉的解读》，http://tieba.baidu.com/f？ kz=721499806.

只用了1 300字，就讲了一个过程，写了四个人物，用了五句对话，留下那冬日寒风里的一段人间温情。全文含蓄隽永，简洁明净，无一字多余，无一字可易，而且，余韵悠长，耐人寻味，那'愈走愈大，须仰视才见'的'满身灰尘的后影'，能让人想得很多很多……说的是一件小事，但小事未必就小，以小见大，见微知著，因此，小事也照样能写出文学的不朽。""也许正因为这篇作品的精致，精短，精蕴和精彩，才被一代一代的学童在课堂上琅琅诵读吧？"①

这篇作品之所以引起关注、引发争论，可能是因为：1949年至1980年代初它一直是初中语文教科书中的常选篇目，如人教社1952年版第5册、1956年版第1册、1958年版第3册、1963年版第2册、1978年版第3册、1982年版第3册等均选入该文，现在出版的一些教科书也收入此文。因为有教科书的传播，所以许多人即便不熟悉鲁迅其他的作品，也不可能不知道这篇作品的存在；多年来教育界习惯性地运用阶级分析法来分析这篇课文，认为这篇课文表达了作者对普通劳动人民的赞颂和对小资产阶级知识分子的批判，如1956年颁布的《初级中学文学教学大纲》称：这篇小说写了"车夫对老妇人的关怀和对自己行为的责任感。作者对车夫的崇敬，对自己的思想感情的批判。作品赞扬劳动人民的高贵品质，表现革命知识分子自我批评的精神"②。不过，评论界认为这种流行多年的解读方式过于单一和机械。那么，《一件小事》在民国期间的接受和阐释情形如何呢？下面，我们从作者的解读、学者的评论和编者的阐释三方面来看。

一、作者的解读

1924年上半年，鲁迅在女师大兼课讲授小说创作。课上他盛赞契诃夫短篇小说的思想内容和莫泊桑短篇小说的艺术技巧。这时，一名学生突然发问："周先生，你的《一件小事》，和《两个朋友》(莫泊桑著——引者) 是否属于同一类型呢？"他回答道："构思或许出于同一契机，但主题思想却不大一样。我写《一件小事》，是在读《两个朋友》之前，倒也并不是受了它的影响；我是真的遇见了那件事，当时没想到一个微不足道的洋车夫，竟有那样崇高的品德，他确实使我受了深刻的教育，才写那篇东西的。其实，读了别人的作品，受了影响，得到

① 李国文著《李国文千字文》，北京：人民文学出版社2010年版，第358、359页。

② 课程教材研究所编《20世纪中国中小学课程标准·教学大纲汇编 (语文卷)》，北京：人民教育出版社2001年版，第350页。

启发，就来进行写作，只要不是抄袭、模仿，也没有什么关系，但选材要严，立意要新，然后好好运用技巧，这就大有可为了。话要说回来，契诃夫的思想表现，莫泊桑的技巧运用，都是我们特别值得向他们学习的；如果能达到双美具备，或者更进而向其他的大家、名家学习，而达到众美毕具，那就更其是大好而特好了。"[①] 从鲁迅的学生孙席珍在此处对当时课堂教学的回忆来看，鲁迅是比较看重自己的这篇作品的思想内容和艺术技巧的：他在谈论自己的这篇作品时，称创作时选材严谨、立意新颖、技巧高超，其用意不言而喻；号召大家不仅要学习契诃夫和莫泊桑，还要超越他们集众家之长，其用意也不言而喻；而且将其收录自己的第一本小说集《呐喊》(1923年8月，北京新潮出版社)之中，在编选《鲁迅自选集》(1933年3月，上海天马书店)时又将其选录，可见他自己十分看重这篇作品。

二、学者的评论

鲁迅自1918年发表《狂人日记》以来就已是新文学运动的旗手了，不过对他作品的非议也随之产生。1924年2月，创造社成员成仿吾在《创造季刊》上发表《〈呐喊〉的评论》，对《呐喊》中的作品逐一评说，其中对《一件小事》的评价尤低，他说："《狂人日记》为自然派所极主张的记录(Document)，固不待说;《孔乙己》、《阿Q正传》为浅薄的纪实的传记，亦不待说；即前期中最好的《风波》，亦不外是事实的记录，所以这前期的几篇，可以概括为自然主义的作品。……前期的作品之中，《狂人日记》很平凡;《阿Q正传》的描写虽佳，而结构极坏;《孔乙己》，《药》，《明天》皆未免庸俗;《一件小事》是一篇拙劣的随笔。"《狂人日记》、《孔乙己》、《阿Q正传》、《风波》"这几篇自然主义的作品，除了那篇不能说是小说的，并且即称为随笔都很拙劣的《一件小事》之外，在它们自己的王国里大都是成绩很不坏，而且作者的手腕是很值得欣赏的"。[②] 可见，他认为，鲁迅前期的作品因受了自然主义的影响，故注重内容的真实而忽视艺术的经营。之所以称《一件小事》是一篇拙劣的随笔，并非因为其内容不真实、思想不高尚，而实在是因为其行文是随事而记显得技法普通而已。换句话说，这仅是一篇可归入普通文章的"记叙文"而非文学作品中的"小说"。

---

① 孙席珍《鲁迅先生怎样教导我们的》,《鲁迅诞辰百年纪念集》,长沙：湖南人民出版社1981年版,第98—99页。

② 子通主编《鲁迅评说八十年》,北京：中国华侨出版社2005年版,第303—304、303页。

三、编者的阐释

（一）思想内容一般，艺术形式不足

1922年实行新学制，1923年叶圣陶草拟的《新学制课程标准初级中学国语课程纲要》将尚未出版的《呐喊》纳入了学生的略读书目——“小说集。(尚未出版)(鲁迅)”[①]。可见，纲要的制订者对鲁迅作品的珍视。不过，同年出版的、叶圣陶参编的初级中学用《新学制国语教科书》并没有选择《一件小事》。书中歌颂普通劳工的课文有蔡元培的《劳工神圣》(第1册第1课)，鲁迅的作品有小说《鸭的喜剧》(第2册第44课)和《故乡》(第5册第4课)。新学制时期，教育界所热衷的是讨论“问题”和“主义”。然而，就赞颂劳工神圣来说，作为小说的《一件小事》显然没有演讲词《劳工神圣》那样观点鲜明、论述深刻且很有鼓动性。新学制时期的国语教育，强调提高学生的白话文读写能力。《新学制国语教科书》的编辑大意也称：“本书的选辑，以具有真见解、真感情、真艺术，不违反现代精神，而又适合于学生的领受为标准，至于高深的学术文，以非初中学生能力所胜，概不加入。”就提高学生的白话文读写能力来说，《一件小事》理解起来并不难，仿写起来也容易。不过，编者就是不选，其原因大概是，在他们看来，《一件小事》虽然学习起来较易，而且有真见解、真感情，但是同鲁迅的《鸭的喜剧》和《故乡》等相比，尚不够“真艺术”的标准。

（二）思想内容深刻，艺术形式高超

《一件小事》正式进入语文教科书是在20世纪30年代。这期间，民国两大中小学教科书出版机构商务印书馆和中华书局出版的两套初中国文均分别对此予

初中國文教本　第二冊　五一　一件小事　　二百二十六

五一　一件小事　　魯迅

我從鄉下跑到京城裏，一轉眼已經六年了。其間耳聞目覩的所謂國家大事，算起來也很不少；但在我心裏，都不留甚麼痕迹，倘要我尋出這些事的影響來說，便只是增長了我的壞脾氣，——老實說，便是教我一天比一天的看不起人。

但有一件小事，却於我有意義，將我從壞脾氣裏拖開，使我至今忘記不得。

這是民國六年的冬天，大北風刮得正猛，我因爲生計關係，不得不一早在路上走。一路幾乎遇不見人，好容易纔僱定了一輛人力車，教他拉到S門去。不一會，北風小了，路上浮塵早已刮淨，剩下一條潔白的大道來，車夫也跑得更快。剛近S門，忽而車把上帶着一個人，慢慢地倒了。

跌倒的是一個女人，花白頭髮，衣服都很破爛。伊從馬路邊上突然向車前橫截過來；車夫已經讓開道，但伊的破棉背心沒有上釦，微風吹着，向外展開，所以終

《基本教科书国文教本》(1932)

① 课程教材研究所编《20世纪中国中小学课程标准·教学大纲汇编（语文卷）》，北京：人民教育出版社2001年版，第276页。

以选入。20世纪40年代末，中小学教科书出版界的后起之秀开明书店又将其选入其所编的初中国文教科书中。

编者	教科书名称	册次	出版社	时间、版次
周颐甫	初级中学学生用《基本教科书国文教本》	第2册	商务印书馆	1932年10月初版
朱文叔	新课程标准适用《初中国文读本》	第2册	世界书局	1933年12月5版
叶圣陶、郭绍虞等	《开明新编国文读本（甲种）》	第4册	开明书店	1947年4月初版

这三套教科书之所以选录这篇作品作为课文，可能在编者看来，这是一篇思想内容深刻、艺术形式高超的作品。

《基本教科书国文教本》的编辑大意直接说明了该书选文标准和此前教科书的不同："教材方面。我们觉得普通易犯的毛病是或者偏重形式，或者偏重内容；或者侧重美文，或者侧重应用。偏重形式的，竟或不顾思想之是否健全；偏重内容的，竟或不问文辞之是否无疵。只取美文，便无益于学生日常生活所需的文字，只讲应用，则又无以培成学生欣赏文学的根基：凡此诸点，都是我们所力求避免的。"所以，就文体类别来说，课文既要有文学作品，又要有普通文章；就形式和内容标准来说，既要思想内容好，又要艺术形式高，即现在所说的"文质兼美"。编者接着写道：因为"我们相信以思想迁就文词或以文词迁就思想的办法都不正当"。该书的第2册第50—53课分别为《东京某晚的事》（丰子恺）、《一件小事》（鲁迅）、《游日本五浦记》（唐廷耀）和《卜来敦记》（黎庶昌）。显然，在编者看来，这是一篇记人叙事的典范之文，应该让学生学习。《一件小事》入选该书，自然要符合编辑大意中所确立的标准。不

新課程標準適用　初中國文讀本　第二冊　一〇〇

一件小事　魯迅

這是民國六年的冬天，大北風刮得正猛，我因爲生計關係，不得不一早在路上走。一路幾乎遇不見人，好容易纔僱定了一輛人力車，教他拉到S門去。不一會，北風小了，路上浮塵早已刮淨，剩下一條潔白的大道來，車夫也跑得更快。剛近S門，忽而車把上帶着一個人，慢慢地倒了。

跌倒的是一個女人，花白頭髮，衣服都很破爛。伊從馬路邊上突然向車前橫截過來；車夫已經讓開道，但伊的破棉背心沒有上鈕，微風吹着，向外展開，所以終於兜着車把。幸而車夫早有點停步，否則伊定要栽一個大觔斗，跌到頭破血出了。

伊伏在地上；車夫便也立住腳。我料定這老女人並沒有傷，又沒有別人看見，便很怪車夫多事，要自己惹出是非，也誤

《初中国文读本》(1933)

仅如此，甚至可能编者认为《一件小事》是鲁迅作品中最符合他们所设定的标准的作品，因为在全套6册教科书中，除第5册目前没有见到外，在其他几册中并没有见到鲁迅的另外作品。

《初中国文读本》的编辑大意称："本书编选主旨，一方面顾到文学本身，一方面更注重民族精神之陶冶、现代文化之理解，故除选录成文外，又特约多人，按照初中学生程度，分别撰述既富兴味，又有内容之文字，编入各册，藉矫从来偏重文艺文之趋向。"可见，编者选文不以作品是否具有文学性为第一标准，而是以适合教学为第一标准，所以，宁可特意请人撰写课文，也不随意选那些作家创作的艺术水准很高而难以模仿的作品。正因为如此，所以在全套6册教科书之中，只选了《一件小事》这一篇阅读理解、写作模仿起来均不困难的鲁迅作品。该文放在其第2册第7组：《一件小事》（鲁迅）、《往事》（冰心）、《与佩弦》（叶绍钧）、《学者的态度与精神》（宗白华）、《给徐蔚南的信》（刘大白）、《论毅力》（梁启超）。该书第2册前的"教材支配表"分别从"内容"和"体裁"两方面分别对这6课作了说明。关于"内容"，支配表写道："本组首课忏悔自己对人之错误，第二课表白自己处世之理想，以下四课，皆论述治事、处世之正当的态度及应有的精神。寓公民训练于文艺欣赏之中，为本组主旨。"可见，编者认为此文主旨并非歌颂他人而是反省自己。

与《初中国文读本》相配套的《初中国文读本参考书》（张文治等编，中华书局1933年9月初版）在该课的"内容概要"中也称："本文系自述对人态度之错误。"在其"文章体制"中又称："本篇是记忏悔自己对人错误的记叙文。"其所设置的"练习"为"你有自认为对人抱歉的事么？老老实实的把它写出来"。但是，在分析作品时，编者也提到了车夫很具有承认错误的责任心和敬老扶弱的同情心，不过他又认为这只不过是为了便于与"我"的行为作对比从而突出此后所生的忏悔之情。关于体裁，支配表列出了和课文对应的记叙、抒情、应用、说明、议论等。可见，编者认为这是一篇记叙文。

不过《初中国文读本参考书》在该课的"内容概要"中也指出了其和一般记叙文的不同之处："虽为记叙文，而富有抒情的成分。"然后从取材、结构和描写三方面对此特色作了说明。如在谈该文的取材时，编者写道："本篇记着一件小事，只把'车夫'和'我'对待那'老女人'态度的不同作为主材，又加以自己忏悔的心理。全篇绝无教训的话，却能给与人们以很深刻的教训。"在谈该文的结构时，编者写道："这篇的结构，是事实和心理两方面的夹写，而就时间上说，又是回忆的写法。"

在谈该文的描写时，编者写道："本篇大半是写复杂的心理，同时又兼顾到当时事实的进展。这种描写，很能给与读者以深刻的印象……用笔深刻，是作者特有的作风，读此文后可以知之。"如"作者究竟忏悔的是甚么？都隐藏在字里行间，不十分明显的说出来，要使读者自己去体味。这种写法，是很含蓄的，含蓄是作文中描写条件之一，尤其在写心理变动的文字。本篇中所给与读者的暗示，只有'觉得满身灰尘的后影刹时高大了……藏着的小来'的一小节。从这一小节中，就可以看出作者所忏悔的是甚么了"。可见，在编者看来，这篇《一件小事》的思想内容深刻、艺术形式高超，而学生理解、仿写起来也并不困难。

《开明新编国文读本（甲种）》的"序"称："我们编这部读本，第一，希望切合读者的生活与程度。就积极方面说，足以表现现代精神的，与现代青年生活有关涉的，为现代青年所能了解，所能接受的，那些文篇才入选……第三，既称读本，文字形式上应当相当的完整，所选文篇如有疏漏之处，我们都加上修润的工夫。"其第4册第1课《"努力事春耕"》（开明少年）是主编所拟的课文。课文鼓励学生珍惜春天和青春。第2、3课分别为《一件小事》和《怀念振黄》（子冈）。将《一件小事》收入书中，且并未对其作文字方面的润饰，这说明在编者看来，这是一篇原本就是文质兼美而无需改动的作品。"序"又称："在每篇文字之后，我们写了短短的几句，或是指点，或是发问，意在请读者读过以后，再用些思索的工夫。"[①] 课后的指点、发问有二：

［一］为什么作者觉得车夫对他的威压，"甚而至于要榨出皮袍下面藏着的'小'来"？

［二］"我还能裁判车夫吗？"意思就是我未必配裁判车夫。为什么作者自己觉得未必配裁判车夫？[②]

从这两处带有指点方向、预设答案意味的发问来看，编者认为课文所写主要是对"我"的行为和人格的反省。与之配套的"注释本"对此做了两段较为详尽的解说，兹录于下[③]：

作者觉得车夫"的后影刹时高大了，而且愈走愈大"，这个"大"是人格的"大"。车夫撞倒了老女人，巡警并没有看见这回事，他要不理尽可以不理。可是他不愿意溜走，搀着她往巡警分驻所报告去，这是他负责的精神。报告之后的情形

① 叶圣陶、郭绍虞、周予同等编《开明新编国文读本 甲种本 下》，武汉：武汉出版社2011年版，第6页。
② 叶圣陶、郭绍虞、周予同等编《开明新编国文读本 甲种本 下》，武汉：武汉出版社2011年版，第6页。
③ 叶圣陶等编《开明新编国文读本（注释本甲种）》，上海：开明书店1947年版，第4册第87—88页。

是可以料到的，不是拘禁，就是罚款，总之对于他有不利。可是他不愿这些，只知道自己犯了错自己就得负责，这是他的公而忘私的精神。作者从这些处所见出了车夫人格的“大”。至于作者自己，心里想着没人看见，怪车夫自惹是非，对车夫说“走你的罢”，这些都是出于自私的心理。又认定老女人“没有什么的”，她是“装腔作势罢了”，而且“真可憎恶”，这非但缺乏同情心，并且用恶意对人，是最不好的生活态度。作者从这些处所见出了自己人格的“小”。一“大”一“小”，彼此相对，“小”的就感觉受威胁了。“皮袍下面藏着的‘小’”几乎要被榨出来，这是形容那威胁极度利害的说法。

这里的“裁判”是品评优劣的意思。当初作者给车夫一大把铜元，无意之中含有奖励他的意味。但是作者对于这件小事的看法和处置，刚同车夫相反。车夫既该奖励，作者就该受惩罚了。该受惩罚的人怎么配品评人家的优劣呢?

1947年，孙起孟在《国文班·第三回〈一件小事〉》中认为这篇“不能算是小说”的“故事”突出之处，首先是首尾照应但毫不重复；其次是三个人物的叙述和描写详略得当；最后是用了高超的对比手法。①

人力车夫

胡适

“车子！车子！”

车来如飞。

客看车夫，忽然中心酸悲。

客问车夫：“你今年几岁？拉车拉了几多时？”

车夫答客：“今年十六岁，拉过三年车了，你老别多疑。”

客告车夫：“你年纪太小，我不坐你车。我坐你车，我心惨凄！”

车夫告客：“我半日没有生意；我又寒又饥。你老的好心肠，饱不了我的饿肚皮。

① 孙起孟《国文班·第三回〈一件小事〉》，《读书与出版》，1947年第十一期第8—10页。

我年纪小拉车，警察还不管，你老又是谁？”
客人点首上车说：“拉到内务部西。”

原诗刊于1918年1月15日第四卷第一号《新青年》，此处选自初级中学用《基本教科书国文教本》1932年版第1册。

人力车夫

沈尹默

日光淡淡，
白云悠悠，
风吹薄冰，
河水不流。
出门去，
雇人力车。
街上行人，
往来很多；
车马纷纷，
不知干些甚么。
人力车上人，
个个穿棉衣，
个个袖手坐，
还觉风吹来，
身上冷不过。
车夫单衣已破，
他却汗珠儿颗颗往下堕。

原诗刊于1918年1月15日第四卷第一号《新青年》，此处选自新课程标准适用《初中国文读本》1933年版第1册。

第三章

《社戏》的功能与读法

鲁迅的小说《社戏》写于1922年，1923年被收入小说集《呐喊》。小说先写自己两次在北平看京戏的不快的经历，接着写由翻看日本书而想到故乡的社戏，最后写儿时在故乡看社戏的快乐的经历。目前，接受过中学教育的人对这篇小说的最后一部分的故事情节（村居生活、前去看戏、社戏演出、月夜归舟和煮罗汉豆及回味好戏和好豆）比较熟悉，这是因为1949年至今的中学语文教科书在选入此文时，多选其第三部分而略去第一、二部分[①]。不过，1949年之前的中学国文教科书在选入此文时，均全文照录，其目的正如曾收录此文的《初级中学国语教科书》（戴叔清编，文艺书局1933年版）的编辑大意所标示的，“本书所收文字，为适宜教学起见，有的采用原作全文，有的从长篇中节出，但决不损害原作的精神”。因原作的第一部分是第三部分的铺垫且与第三部分形成对照，而第二部分又是第一和第三部分之间的过渡，若略去第一、二部分显然损害了原作的精神，而且不利于读者对第三部分的理解，更何况第一、二部分本身写作的技法就很高超呢！如叶圣陶在1936年就专门选择《社戏》的第一、二部分并更名为《看戏》，然后撰文来分析这两部分因为依据作者自己的“感觉”依次写出而不用“分析整理的功夫”，所以容易“教人家感动，教人家欣赏”[②]。鉴于此，现不吝篇幅将1949年至今中学语文教科书所略去的这两部分抄录于下：[③]

我在倒数上去的二十年中，只看过两回中国戏。前十年是绝不看，因为没有看

① 郑国民等著《当代语文教育论争》（广州：广东教育出版社2006年版，第1—62页）第一章《当代语文教育文道关系的演变》，从《社戏》在1949年至今的接受过程，来考察其课后练习所体现的“文”和“道”的关系观念及其演变的过程。

② 叶圣陶著《文章例话》，沈阳：辽宁教育出版社，2005年版第126页。

③ 北平文化学社编《初中三年级国文读本（第6册）》，北平：北平文化学社1932年版第1—5页。

戏的意思和机会。那两回全在后十年，然而都没有看出什么来就走了。

第一回是民国元年我初到北京的时候，当时一个朋友对我说，北京戏最好，你不去见见世面么？我想，看戏是有味的，而况在北京呢。于是都兴致勃勃的跑到什么园，戏文已经开场了，在外面也早听到咚咚地响。我们挨进门，几个红的绿的在我的眼前一闪烁，便又看见戏台下满是许多头，再定神四面看，却见中间也还有几个空座，挤过去要坐时，又有人对我发议论，我因为耳朵已经喤喤的响着了，用了心，才听到他是说"有人，不行！"

我们退到后面，一个辫子很光的却来领我们到了侧面，指出一个地位来。这所谓地位者，原来是一条长凳，然而他那坐板比我的上腿要狭到四分之三，他的脚比我的下腿要长过三分之二。我先是没有爬上去的勇气，接着便联想到私刑拷打的刑具，不由的毛骨悚然的走出了。

走了许多路，忽听得我的朋友的声音道，"究竟怎的？"我回过脸去，原来他也被我带出来了。他很诧异的说，"怎么总是走，不答应？"我说，"朋友，对不起，我耳朵只在咚咚喤喤的响，并没有听到你的话。"

后来我每一想到，便很以为奇怪，似乎这戏太不好，——否则便是我近来在戏台下不适于生存了。

第二回忘记了那一年，总之是募集湖北水灾捐而谭叫天还没有死。捐法是两元钱买一张戏票，可以到第一舞台去看戏，扮演的多是名角，其一就是小叫天。我买了一张票，本是对于劝募人聊以塞责的，然而似乎又有好事家乘机对我说了些叫天不可不看的大法要了。我于是忘了前几年的咚咚喤喤之灾，竟到第一舞台去了，但大约一半也因为重价购来的宝票，总得使用了才舒服。我打听得叫天出台是迟的，而第一舞台却是新式构造，用不着争座位，便放了心，延宕到九点钟才出去，谁料照例，人都满了，连立足也难，我只得挤在远处的人丛中看一个老旦在台上唱。那老旦嘴边插着两个点火的纸捻子，旁边有一个鬼卒，我费尽思量，才疑心他或者是目连的母亲，因为后来又出来了一个和尚。然而我又不知道那名角是谁，就去问挤在我的左边的一位胖绅士。他很看不起似的斜瞥了我一眼，说道，"龚云甫！"我深愧浅陋而且粗疏，脸上一热，同时脑里也制出了决不再问的定章，于是看小旦唱，看花旦唱，看老生唱，看不知什么角色唱，看一大班人乱打，看两三个人互打，从九点多到十点，从十点到十一点，从十一点到十一点半，从十一点半到十二点，——然而叫天竟还没有来。

我向来没有这样忍耐的等候过什么事物，而况这身边的胖绅士的吁吁的喘气，这台上的咚咚喤喤的敲打，红红绿绿的晃荡，加之以十二点，忽而使我省悟到在这里不适于生存了。我同时便机械的拧转身子，用力往外只一挤，觉得背后便已满满的，大约那弹性的胖绅上（士）早在我的空处胖开了他的右半身了。我后无回路，自然挤而又挤，终于出了大门。街上除了专等看客的车辆之外，几乎没有什么行人了，大门口却还有十几个人昂着头看戏目，别有一堆人站着并不看什么，我想：他们大概是看散戏之后出来的女人们的，而叫天却还没有来……

然而夜气很清爽，真所"沁人心脾"，我在北京遇着这样的好空气，仿佛这是第一遭了。

这一夜，就是我对于中国戏告了别的一夜，此后再没有想到他，即使偶尔经过戏园，我们也漠不相关，精神上早已一在天之南一在地之北了。

但是前几天，我忽在无意之中看到一本日本文的书，可惜忘记了书名和著者，总之是关于中国戏的。其中有一篇，大意仿佛说，中国戏是大敲，大叫，大跳，使看客头昏脑眩，很不适于剧场，但若在野外散漫的所在，远远的看起来，也自有他的风致。我当时觉得这正是说了在我意中而未曾想到的话，因为我确记得在野外看过很好的好戏，到北京以后的连进两回戏园去，也许还是受了那时的影响哩。可惜我不知道怎么一来，竟将书名忘却了。

至于我看那好戏的时候，却实在已经是"远哉遥遥"的了，其时恐怕我还不过十一二岁。……

1922年新学制实行，1923年叶圣陶草拟的《新学制课程标准初级中学国语课程纲要》将尚未出版的《呐喊》纳入了学生的略读书目——"小说集。（尚未出版）（鲁迅）"[①]。不过，从1923年《新学制课程标准初级中学国语课程纲要》颁行后至1929年《初级中学国文暂行课程标准》颁行前，所出版的初中国文教科书多选自《呐喊》中的《故乡》而未选《社戏》，也就是说，在这期间，《社戏》一直是作为课外读物的形式进入学生的阅读视野的。1929年《初级中学国文暂行课程标准》颁行之后，《社戏》开始被中学国文教科书选作课文让学生学习。

编　者	教科书名称	册次	出 版 社	时间、版次
北平文化学社	《初中三年级国文读本》	第6册	北平文化学社	1932年6月出版
戴叔清	《初级中学国语教科书》	第2册	文艺书局	1933年1月出版
朱自清等	《开明新编高级国文读本》	第1册	开明书店	1948年8月初版

① 课程教材研究所编《20世纪中国中小学课程标准·教学大纲汇编（语文卷）》，北京：人民教育出版社2001年版，第276页。

上表中选入《社戏》的这3套教科书分别采用了不同的方式对此进行解读。下面,我们逐一予以分析。

一、运用欣赏法,欣赏社戏美景,借鉴描摹景物的写法

在1923年颁布的《新学制课程标准初级中学国语课程纲要》的课程目的中,除规定一般的语文读写技能的训练之外,只强调了审美情趣的培养,如指出应“引起学生研究中国文学的兴趣”①。课程目的并没有涉及思想道德教育的规定,也因此遭到国家主义教育提倡者的抨击。1927年,南京国民政府成立后,开始加强了对教育的控制。不过,胡适等一些学者对其推行的“党化教育”和“三民主义”教育心存疑虑,所以1929年颁布的《初级中学国文暂行课程标准》课程目的的确定仍然延续着1923年的思路,即除规定一般的语文读写技能训练之外,只强调审美情趣的培养,如指出应“养成阅读书报的习惯和欣赏文艺的兴趣”②。

目前,因收入《社戏》的《初中三年级国文读本》的第1册并未见到,故我们无法从编辑大意来窥探编者的编选旨趣。从目前所见的其他几册来看,多数课文的排列,既不按体裁,也不按主题、题材等,显得有点杂乱。不过,因为这套教科书是根据1929年颁布的《初级中学国文暂行课程标准》而编写的,而且其中的文学作品占绝大多数,所以我们可以认为,编者之所以选择《社戏》,是因为希望教师能用欣赏的教法教学对此进行教学,以培养学生欣赏文学作品的兴趣和能力。该书的第6册第1—9课分别是《社戏》(鲁迅)、《满井游记》(原书录作者为袁崇道)、《士会还晋》(《左传》)、《李斯论》(姚鼐)、《荷塘月色》(朱自清)、《端午节》(鲁迅)、《幸福的家庭》(鲁迅)、《复陈右铭太守书》(曾国藩)和《春天与其力量》(爱罗先珂)。可见,除了第1—3课体裁一致外,第6—9课则无论体裁还是题材均各不相同。第1—3课体裁一致,说明编者可能是希望教师在带领学生欣赏该文时,还学习记叙文的写法,尤其是从其后2篇课文《满井游记》和《士会还晋》一为记游一为记事来看,编者可能是希望教师带领学生学习《社戏》中景物描写的方法,如前去看戏、社戏演出、月夜归舟等情节中关于江南水乡月夜的景物描写等。

---

① 课程教材研究所编《20世纪中国中小学课程标准·教学大纲汇编(语文卷)》,北京:人民教育出版社2001年版,第274页。

② 课程教材研究所编《20世纪中国中小学课程标准·教学大纲汇编(语文卷)》,北京:人民教育出版社2001年版,第282页。

二、运用比较法，研究农民问题，学习同题异体的写法

1932年10月，教育部颁布了正式的课程标准——《初级中学国文课程标准》。在其课程目标中，出现了“使学生从本国语言文字上，了解固有的文化，以培养其民族精神”等要求①。可见，思想政治教育要求明显提高。其教材选择标准，已将1929年暂行标准中的“(1) 包含党的主义及策略，或不违背党义的。(2) 合于现实生活的；乐于社会生活的。(3) 含有改进社会现状的意味的”归并、修改、增加而为“(甲) 合于中国党国之体制及政策者。(乙) 含有振起民族精神，改进社会现状之意味者。(丙) 包含国民应具之普通知识思想而不违背时代潮流者”。② 从前者只要求不违背党义到后者明确要求符合党国的体制和政策可以看出，在国文科的实施过程中已明显要求加强三民主义教育。可见，国文科不仅要宣扬“民族”精神，灌输“民权”思想，还要关注“民生”问题，尤其是在1931年九一八事变和1932年一·二八事变爆发后，日本的侵略使中华民族处于灭亡、农村经济处于崩溃的边缘，出于教育救国的需求，国文教科书中选入一些宣扬民族精神、探讨民生问题的课文显得十分必要，也十分自然。

社戲 魯迅

我在倒數上去的二十年中，只看過兩回中國戲。前十年是絕不看，因爲沒有看戲的意思和機會。那兩回全在後十年，然而都沒有看出什麼來就走了。

第一回是民國元年我初到北京的時候，當時一個朋友對我說，北京戲最好，你不去見見世面麼？我想，看戲是有味的，而況在北京呢。於是都興致勃勃的跑到什麼園，戲文已經開場了，在外面也早聽到鼕鼕地響。我們挨進門，幾個紅的綠的在我的眼前一閃爍，便又看見戲臺下滿是許多頭，再定神四面看，却見中間也還有幾個空座，擠過去要坐時，又有人對我發議論，我因爲耳朵已經喤喤的響着了，用了心，纔聽到他是說『有人，不行！』

我們退到後面，一個辮子很光的却來領我們到了側面，指出一個地位

社戲 一

《初中三年级国文读本》(1932)

大概正因为课程标准要求国文教育应关注国计民生，所以“本书编辑，完全依照教育部最近颁行的二十二年度国文课程的新标准”(“编辑大意”)的《初级中学国语教科书》的第2册第1“课”选入了3篇与农村相关的课文《乡村里的戏班子》(周作

① 课程教材研究所编《20世纪中国中小学课程标准·教学大纲汇编(语文卷)》，北京：人民教育出版社2001年版，第289页。

② 课程教材研究所编《20世纪中国中小学课程标准·教学大纲汇编(语文卷)》，北京：人民教育出版社2001年版，第283、290页。

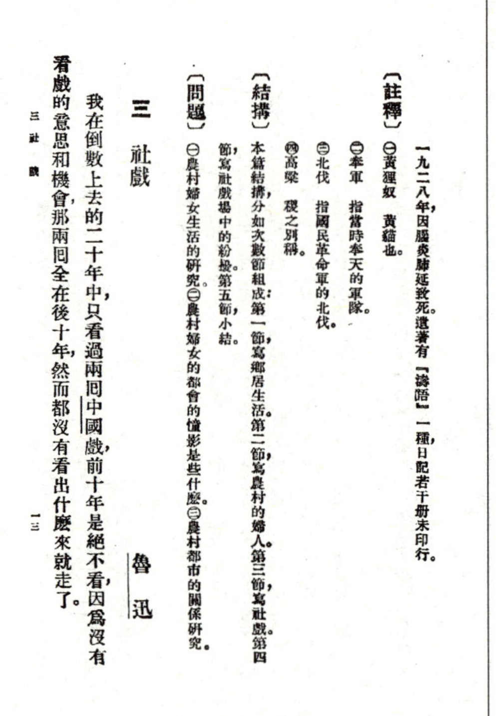

一九二八年，因腦炎肺延致死。遺著有『濤語』一種，日記若干冊未印行。

〔註釋〕㈠黃狸奴　黃貓也。㈡奉軍　指當時奉天的軍隊。㈢北伐　指國民革命軍的北伐。㈣高粱　稷之別稱。

〔結構〕本篇結構，分如次數節組成：第一節，寫鄉居生活。第二節，寫農村的婦人。第三節，寫社戲。第四節，寫社戲場中的紛擾。第五節，小結。

〔問題〕㈠農村婦女生活的研究。㈡農村婦女的都會的憧影是些什麼。㈢農村都市的關係研究。

三　社戲　　魯迅

我在倒數上去的二十年中，只看過兩回中國戲，前十年是絕不看，因爲沒有看戲的意思和機會，那兩回全在後十年，然而都沒有看出什麼來就走了。

三　社戲　　一三

《初级中学国语教科书》(1933)

人)、《社戏》(评梅)、《社戏》(鲁迅)。周作人的《乡村里的戏班子》写儿时到赵村看戏的经历：前去戏场、所见场景(戏场——香堂——戏场)、观后归家。(石)评梅的《社戏》写农村姑母邀我去看戏的经历：乡居生活、农村妇人、社戏表演和场中纷扰。正如这“课”之前的“教学提要”所说的，“这一课目，所收的两篇《社戏》，一篇《乡村里的戏班子》，都是以村戏作为描写的主题的文字”。但是，编者选入这3篇作品的主要目的却不在于让学生了解村戏这种艺术表演形式，这一点在每课之后所设置的“问题”中表现得很明显：

课　　题	问　　题
《乡村里的戏班子》(周作人)	(一)说出从这一篇里所看到的农民性格。(二)农民的娱乐的研究。(三)您看过社戏么？感想如何？
《社戏》(评梅)	(一)农村妇女生活的研究。(二)农村妇女的都会的憧影(憬)是些什么。(三)农村都市的关系研究。
《社戏》(鲁迅)	(一)农村的儿童生活的研究。(二)农村儿童的教育问题的研究。(三)关于本篇的技术的研究。

虽然编者在鲁迅的《社戏》后的“说明”中也指出了该文写了“我”对童年美好生活的追忆(“在三篇标题《社戏》的文字中，鲁迅的一篇，是很完整的小说，对于乡村社戏的风趣的描写，对于幼年生活的讴歌，美丽极了，动人极了。在回忆的气分(氛)之中，展开如此的生活片断，——可是失却了童年生活的人们，是难以再得了”)，但是，从上表所列的“问题”可以看出，编者侧重于让师生研究、探讨“三农”问题中的农村、农民(妇女、儿童)问题，就差没直接涉及农业问题，而对社戏本身以及其中的人情、人性等的鉴赏均忽略不顾。这显然是在研究“问题”，而不是欣赏“文学”。

1932年颁布的《初级中学国文课程标准》要求读、写教学结合，即在阅读中教写作。其"精读"教学要点的第一条就是"教员对于选文应抽绎其作法要项指示学生，使学生领悟文字之体式与其作法"[①]。为了达到此项目的，编者将同一题材或体裁的课文放置在一起，让师生在比较中理解同一题材，或同一体裁的不同写法。正如《初级中学国语教科书》的编辑大意所称的，"本书每册分为若干课目，每一课目内含若干篇。每课目或系同一问题，或系同一体裁。教学者于此，除从事一般的研究外，兼能收得比较研究的效果"。这3篇课文的题材相同，都是社戏，但体裁不一，其"教学提要"称："作为本课目的目的任务，是希望读者，能从三篇对比的研究中，去了解同一主题的不同写法，以及各个作家的个别特长，是怎样的在文字中发挥着。这三篇，很显然的，鲁迅的是小说，其他两篇只是散文。但他们描写的事实，是各有不同的，中心所在，也是各有不同的。如周作人的一篇，他的重心是写农民在这一期间内的精神，情绪；评梅的一篇，则侧重妇人；鲁迅的一篇，则是写在此时期里的农村儿童的生活。一切，很多地方是不同的，值得读者细加研究。"作文练习则是要求在比较完以上3篇课文的相同和不同的写法之后，再写一篇回忆自己童年生活的文字："写一篇关于自己的童年生活的回忆吧；每个人都有他的可宝贵的，值得写下来的童年生活，读者不妨挑选最重要的一些部分，将它们在纸上好好地保留起来。"紧随其后的第二"课"则由相同体裁的3篇课文组成，即周作人所写的3篇序言《司徒乔画引》、《雨天的书序》和《夜读钞序》。该"课"的"教学提要"称："这一课目所收的，是周作人的三篇序引，作者的序引一类的文字，写作得很是成功；所以，作为本课目的主要任务的，是提供序文的范作，使读者把握得如何的写作序引。"

三、运用提问法，讨论看戏经过，分析课文精妙的写法

全面抗战爆发前后，国民政府颁布了一系列中学课程标准，如初、高级《中学国文课程标准》(1936)、《修正中学国文课程标准》(1940)、《六年制中学国文课程标准草案》(1941)等。这些课程标准均强调思想政治教育，尤其是民族主义思想教育。抗战爆发前，国民政府准备实行教科书国定制，禁止民编教科书出版，但因为随后战争爆发，官编教科书未及时编竣，民编教科书仍继续出版。如果说在国语科加强思想政治教育，实行教科书国定制是抗战的现实形势需要而理所当然

① 课程教材研究所编《20世纪中国中小学课程标准·教学大纲汇编（语文卷）》，北京：人民教育出版社2001年版，第291页。

比亞？　〔三〕說說關於約翰生博士大字典的幾件事。　〔四〕濟慈的夜鶯歌是怎樣寫成的？
〔五〕他怎樣訂婚？訂婚的戒指什麼樣子？他到羅馬去的時候，送給他未婚妻什麼紀念品？
〔六〕他怎樣死的？——說說他的頭髮的故事。　〔七〕他的屋子裏還留着他的什麼筆蹟？
〔八〕加萊爾有些什麼怪脾氣？　〔九〕迭更斯怎樣成名的？　〔十〕他的屋子裏的紀念品有幾類？哪一類最足以紀念他？——爲什麼？

練習　〔一〕講講杜甫的兩句詩。　〔二〕「靜如隔世」怎樣講？「白美自的女孩子」怎樣講？
〔三〕怎樣叫「一屋子春風」？　〔四〕爲什麼說教堂「像戲臺上布景似的」？　〔五〕爲什麼作者看見老人想起「灌園叟」來？　〔六〕本文敍述四個文人宅，或詳或略，有一貫的原則嗎？

社戲

魯迅

我在倒數上去的二十年中，只看過兩回中國戲，前十年是絕不看，因爲沒有看戲的意思和機會，那兩回全在後十年，然而都沒有看出什麼來就走了。

第一回是民國元年我初到北平的時候，當時一個朋友對我說，北京戲最好，你不去見見世面麼？我想，看戲是有味的，而況在北京呢。於是都興致勃勃的跑到什

開明新編高級國文讀本　社戲　一一七

《开明新编高级国文读本》(1948)

的话，那么1945年抗战胜利后，就应该减轻国语科中的思想政治教育且实行教科书审定制，但是，国民政府并未及时颁布新的国文课程标准予以纠正，反而在1946年正式实行教科书国定制，而要求七家联合处出版官编的中学国文教科书。为了抵制国民政府这种倒行逆施的行为，叶圣陶、朱自清等开明人士，依托开明书店出版了一批和国民政府的官编教科书，及1929—1937年间民族主义高涨期间所出版的，民编教科书的志趣相对或相反的教科书，如初中使用的《开明新编国文读本注释本甲种》(叶圣陶、郭绍虞等编，1947年7月版)、高中使用的《开明文言读本》(朱自清、叶圣陶等编，1948年9月版) 和《开明新编高级国文读本》(朱自清、叶圣陶等编，1948年9月版)。其中《开明新编高级国文读本》就收入了《社戏》。书中该文之后的几篇课文是《活在谎话里的人们》(李广)、《我童年时的王国》(苏夫)、《离家》(苏金伞) 和《希望》(北原) 等。因为《开明新编高级国文读本》不再强调思想政治教育而关注语文教育本身，所以肯定不会像此前教科书那样将《社戏》等作为讨论农村、农民问题的材料，如该课之后的"篇题"称："本篇是随笔体的小说，叙述儿童时代看乡村野台戏的情景。"因为《社戏》是作为高中教学使用的课文，所以编者所设定的教学内容肯定会较以前要深得多，多得多，而且规定了所用的方法是提问，意在让师生围绕问题深入探讨。正如该书的"编辑例言"中所说的，"这部读本叫做《开明新编高级国文读本》，'高级'是就文篇里思想情感的性质和表现说的。这部读本里的文篇一般的要比头一部里的复杂些，在了解和欣赏上需要的经验和修养多些。如果头一部的对象是初中的青年，这一部的对象就是高中的青年"。每篇课后附"篇题"、"音义"、"讨论"和"练习"四项内容。前两项其实是注释，后两项其实是提问。"编辑例言"称："'讨论'全用发问的方式。读者从这些问题里

可以学习分析文篇的方法，知道怎样把握要点，贯穿脉络，怎样看字面，怎样看字里行间。这里其实要分析和综合并用才成。这样才能了解和欣赏，也才能学习怎样表现。‘练习’除了背诵或默写以及指出某一类特别的表现法外，也都用发问的方式。这里提出结构的分析，词语的讲解，句式和比喻的运用等。”我们看《社戏》后的“讨论”和“练习”：

讨论：[一] 作者在北京看了两回戏，看见的怎样？听到的怎样？想到的怎样？——为什么他愿意去看这两回戏？[二] 他怎样批评这两回的戏？[三] 从这两回看戏里看出作者的性格是怎样的？[四] 北京的人怎样爱看戏？[五] 作者怎样想到了社戏？——日本人的批评对吗？[六] 作者在平桥村的生活是怎样的？[七] 他不能去赵庄看戏，怎样表示他的失望？[八] 赵庄的戏台是怎样的？——戏是怎样的？——他欣赏些什么？讨厌些什么？[九] 土财主的家眷怎样看戏？——为什么他们这样？[十] 孩子们偷豆，他们的天真的态度从哪些处可以见出来？[十一] 六一公公是怎样的人？[十二] 为什么那夜的豆和那夜的戏那么好呢？——完全是豆好戏好吗？

练习：[一] 背诵或默写“两岸的豆麦”一段和以下的三段。[二] 作者怎样描写戏园里的挤？——怎样描写那条长凳？[三] 他怎样描写那在他身旁的绅士和他的胖？[四] 他怎样递进的描写他在第一舞台的不耐烦？[五] 他怎样描写在去赵庄看戏的时候的高兴和性急？[六] 怎样叫“自失”？他听到笛声怎样的“自失”？[七] 为什么有“神棚”？[八] 为什么他们的“白篷的航船本也不愿和乌篷的船在一处”？[九] 怎么“戏子的脸部渐渐的有些稀奇”呢？[十] 作者怎样写了母亲的爱？[十一] 为什么作者要写社戏却先从在北京看戏写起？这在全篇的效果上有什么作用？

从以上《社戏》课后的“讨论”和“练习”可以看出，“讨论”主要围绕作品的思想内容来设问，“练习”主要围绕艺术形式来设问。不过，正如“编辑例言”所指出的，“‘讨论’和‘练习’两栏里面的问题有时候并没有严格的分界”。编者在从以上所列的“讨论”和“练习”中设定系列、不同的问题，是在提示师生运用精读法，以问题为导引逐步、深入地理解课文的内容和形式。关于内容，侧重对看戏前后的所见、所闻、所感的等“字面”和“字里行间”的探究而非高谈农村儿童生活、教育等“题外”问题。关于形式，侧重对这篇作品所运用的最突出的艺术手段的分析，而且就景、物、人、心理等描写以及侧面、反面描写中的某些精妙之处（“某一类特别的表现法”）设问，以引导师生品味、鉴赏，而非只学习普通的景物描写方法。

乡村里的戏班子

周作人

去不去到里赵看戏文？七斤老捏住了照例的那四尺长的毛竹旱烟管站起来说。

好吧。我踌躇了一会才回答，晚饭后舅母叫表姊妹们都去做什么事去了，反正差不成马将。

我们出门往东走，面前的石版路朦胧地发白，河水黑黝黝的，里河小屋里"哦"的叹了一声，知道劣秀才家的黄牛正在休息。再走上去就是外赵，走过外赵才是里赵。从名字上可以知道这是赵氏聚族而居的两个村子。

戏台搭在五十叔的稻地上，台屁股在半河里，泊着班船，让戏子可以上下。台前站着五六十个看客，左边有两间露天看台，是赵氏搭了请客人坐的。我因了五十婶的招待坐了上去，台上都是些堂客，老是嗑着瓜子，鼻子里闻着猛烈的头油气，戏台上点了两盏乌黪黪的发烟的洋油灯，咚咚咚的打着破锣，不一会见有人出台来了，大家举眼一看，乃是多福纲司，镇塘殿的蛋船里的一位老大，头戴一顶灶司帽，大约是装着什么朝代的皇帝。他在正面半桌背后坐了一分钟之后，出来踱了一趟，随即有一个赤背赤脚，单系一条牛头水裤的汉子，手拿两张破旧的令旗，夹住了皇帝的腰胯，把他一直送进后台去了。接着出来两三个一样赤着背，挽着纽鬏头的人，起首乱跌，将他们的背脊向台板乱撞乱磕，碰得板都发跳，烟尘陡乱，据说是在"跌鲫鱼爆"，后来知道在旧戏的术语里叫作"摔壳子"。这一摔花了不少工夫，我渐渐有点忧虑，假如不是谁的脊梁或是台板摔断一块，大约这场跌打不会中止。好容易这两三个人都平安地进了台房，破锣又咚咚地开始敲打起来，加上了斗鼓的格答格答的声响，仿佛表示要有重要的事件出现了。忽然从后台唱起"呀"的一声，一位穿黄袍，手拿象鼻刀的人站在台口，台下起了喊声，似乎以小孩的呼笑为多：

"弯老，猪头多少钱一斤？……"

"阿九阿九，桥头吊酒……"

我认识这是桥头卖猪肉的阿九。他拿了象鼻刀在台上摆出好些架势，把眼睛轮来轮去的，可是在小孩们看了似乎很是好玩，呼号得更起劲了，其中夹着一两个大人的声音道：

"阿九，多卖点力气。"

一个穿白袍的撅着一枝两头枪奔出来，和阿九遇见就打，大家知道这是打更的长明，不过谁也和他不打招呼。

女客嗑着瓜子，头油气一阵阵地熏过来。七斤老靠了看台站着，打了两个呵欠，抬起头来对我说道，到那边去看看吧。

我也不知道那边是什么，就爬下台来，跟着他走。到神桌跟前，看见桌上供着五个纸牌位，其中一张绿的知道照例是火神菩萨。再往前走进了两扇大板门，即是五十叔的家里。堂前一顶八仙桌，四角点了洋脂灯，在差马将，四个人差不多都是认识的。我受了“麦镬烧”的供应，七斤老在拖他的旱烟——“湾奇”，站在人家背后看得有点入迷。胡里胡涂地过了好些时光，很有点儿倦怠，我催道，再到戏文台下溜一溜吧。

嗡，七斤老含着旱烟管的咬嘴答应。眼睛仍望着人家的牌，用力地喝了几口，把烟蒂头磕在地上，别转头往外走，我拉着他的烟鼻子，一起走到稻地上来。

戏台上乌黮黮的台亮还是发着烟，堂客和野小孩都已不见了，台上（下）还有些看客，零零落落地大约有十来个人。一个穿黑衣的人在台上踱着。原来这还是他，阿九，头戴昆庐帽，手执仙帚，小丑似的把脚一伸一伸地走路，恐怕是《合钵》里的法海和尚吧。

站了一会儿，阿九是踱着，拂着仙帚。我觉得烟鼻子在动，便也跟了移动，渐渐往外赵方面去，戏台留在后边了。

忽然听得远远地破锣咵咵地响，心想阿九这一出戏大约已做完了吧。路上记起儿童的一首俗歌来，觉得写得很好：

台上紫云班，台下都走散。

连连关庙门，东边墙壁都爬坍。

连连扯得住，只剩一担馄饨担。

选自《初级中学国语教科书》1933年版第2册。

社　戏

评　梅

临离北平了，许多朋友送了我不少的新书。回来后，这寂寞的山城，除了自然界的风景外，真没有可以消遣玩耍的事情。只有拿上几本爱读的书，到葡萄架下，老槐树底，小河堤上，茅菴门前，或是花荫蝉声，楼窗晚风里去寻求好梦。书又何曾看了多少，只凝望着晚霞和流云而沉思默想；想倦了，书扔在地上，我的身体就躺在落英绿茵中了。怎样醒来呢！快吃饭了，昆林抱着黄狸奴，用它的绒毛蹄来抚摸我的脸。惊醒后，我牵了昆林，黄狸奴跟在我们后边，一块儿走到母亲房里。桌上已放置了许多园中新鲜菜蔬烹调的佳肴，昆林坐在小椅子上，黄狸奴蹲在她旁边。那时一切的环境，都是温柔得和母亲的手一样。

读倦了书，母亲已派人送冰浸的鲜艳的瓜果给我吃。亲戚家也都把他们园地中的收获，大篮小筐的馈赠我，我真成了山城中幸福的娇客。黄昏后，晚风凉爽时，我披着罗衣，陪了父亲到山腰水涧去散步。

想起来，这真是短短地一个美满的神仙的梦呢！

有一天姑母来接我去看社戏。这正是一个清新的早晨。微雨初晴，旭日像一团火轮，我骑着小驴儿，得得得得走过了几个小村堡到了姑母家。姑母家，充满了欣喜的空气欢迎我。

早餐后，来了许多穿格子布，条儿布的村姑娘来看我，都梳着辫子，扎着鲜艳的头绳，粉白的脸儿衬着玫瑰腮，更现得十分俏丽，姑母介绍时我最喜欢梳双髻的兰篮；她既天真又活泼，而且很大方，不像别的女孩子那样怕生害羞。

今天村里的妇女们，衣饰都收拾的很新洁。一方面偷空和姑姑姨姨们畅叙衷怀，一方面还要张罗着招待客人看戏。比较城市中，那些辉煌华丽的舞台剧场中的阔老富翁们，拥伴侍候着的那些红粉骷髅，金钱美人，要幸福多了。这种可爱的纯真和朴素，使得她们灵魂是健康而且畅快呵！……

戏台在一块旷野地。前面那红墙高宇的就是关帝庙。这台戏，有的人说是谢神的，因为神的力量能保佑地面不会受奉军的蹂躏。有的人说是庆祝北伐成功的，特意来慰劳前敌归来的将士们。台前悬挂着两个煤气灯，交叉着国旗，两旁还挂着对联。我和兰篮她们坐在姑母家的席棚里，很清楚的看见这简陋剧场的周围，是青山碧水，瓜田菜畦，连绵不断翠色重重的高粱地。

集聚的观众，成个月牙形。小贩呼卖声，儿童哭闹声，妇女们的笑语声，刺耳的锣鼓声，种种嘈杂的声音喊成一片。望去呢，是闹哄哄一团人影，缓缓移动像云拥浪推。

二点钟时候，戏开演了。咿咿呀呀，唔唔呵呵，红的进去，黑的出来，我简直莫明其妙是做什么？回头问女伴，她们一样摇头不知。我遂将视线移在台下，觉得舞台下的活动影戏，比台上的傀儡还要有趣呢！

正凝视沉思时，东北角上忽然人影散动，观众们都转头向那方看去，隐隐听见哭喊求饶的声音。这时几声尖锐的啸笛吹起，人群中又拥出许多着灰色军服的军人，奔向那边去了。妇女们胆小的都呼儿携女的逃遁了，大胆些的站在板凳上伸头瞭望；蓦然间起了极大的纷扰。

一会儿姑母家派人来接我们。我向来人打听的结果，才知道这纷乱的原因。此地驻扎的军人来看戏时，无意中乡下一个农民践踏了他一足泥，这本来小的和芝麻一样大的事，却想不到竟因此引起双方的纷扰。

挤出来时，在山坡上，回头还能看见戏台上临风招展的旗。我轻轻舒放了一口气，才觉得我是生活在这样幸福的环境里。

选自《初级中学国语教科书》1933年版第2册。

第四章

《风筝》的内容与形式

鲁迅的散文《风筝》写于1925年，1927年收入散文集《野草》。文章回忆了"我"童年时发生的一件有关风筝的事：冬日里看到北京天空中浮动着的风筝，便想到早春二月时家乡的风景。不过，童年时，我总以为玩风筝没出息，所以禁止对风筝非常喜爱的弟弟去买和放。一天，弟弟背着我做风筝，结果被我发现了。于是，我粗暴地从惊惶不安的弟弟手中夺过风筝然后将其折断、踏扁。人到中年后，我才在一本外国书中得知游戏是儿童的天性，于是，我想劝弟弟放风筝，或者和他一起放，但我们均年岁已长。我只好想求他宽恕，便和他谈起这件旧事，但他惊异地笑着说："有过这样的事么？"

该文写作前，鲁迅曾写过一篇《我与弟弟的风筝》（又名《我的兄弟》）的短文，后收入《集外集拾遗补编·自言自语》。其中的情节与《风筝》近似，篇幅不长，兹录于下：

我是不喜欢放风筝的，我的一个小兄弟是喜欢放风筝的。

我的父亲死去之后，家里没有钱了。我的兄弟无论怎么热心，也得不到一个风筝了。

一天午后，我走到一间从来不用的屋子里，看见我的兄弟，正躲在里面糊风筝，有几支竹丝，是自己削的，几张皮纸，是自己买的，有四个风轮，已经糊好了。

我是不喜欢放风筝的，也最讨厌他放风筝，我便生气，踏碎了风轮，拆了竹丝，将纸也撕了。

我的兄弟哭着出去了，悄然的在廊下坐着，以后怎样，我那时没有理会，都不知道了。

我后来悟到我的错处。我的兄弟却将我这错处全忘了，他总是很要好的叫我“哥哥”。

我很抱歉，将这事说给他听，他却连影子都记不起了。他仍是很要好的叫我“哥哥”。

阿！我的兄弟。你没有记得我的错处，我能请你原谅么？

然而还是请你原谅罢！

《野草》是散文诗集，富含哲理，其中的《这样的战士》、《淡淡的血痕中》、《一觉》、《影的告别》、《死火》、《墓碣文》、《希望》、《死后》等理解起来并不容易，而《风筝》虽也在抒情、说理，但因在抒情、说理前有生动的写景、有趣的叙事，所以学生理解起来并不难，读起来并不乏味。正因为如此，该文发表后不久便于1929年被收入《新中华教科书国语与国文》，此后又被多套初中语文教科书收录作为课文。

编　　者	教科书名称	册次	出版社	时间、版次
朱文叔	初级中学用《新中华教科书国语与国文》	第2册	新国民图书社	1929年7月出版
赵景深	《初级中学混合国语教科书》	第1册	北新书局	1931年7月3版
王侃如等	《新学制中学国文教科书初中国文》	第2册	南京书店	1931年10月初版
陈望道、傅东华	《基本教科书初级中学用国文》	第2册	商务印书馆	1932年11月初版
罗根泽、高远公、黎锦熙	《初中国文选本》	第2册	立达书局	1933年8月初版
傅东华	《复兴初级中学教科书国文》	第2册	商务印书馆	1934年6月55版
孙怒潮	《初级中学国文教科书》	第2册	中华书局	1934年10月4版
江苏省教育厅修订中学国文科教学进度表委员会	初级中学适用《初中标准国文》	第4册	中学生书局	1935年1月出版
夏丏尊、叶绍钧	《国文百八课》	第2册	开明书店	1935年版
宋文翰	《新编初中国文》	第2册	中华书局	1937年7月初版
教育总署编审会	《初中国文》	第2册	著者自刊	1939年12月出版
叶圣陶、郭绍虞等	《开明新编国文读本(甲种)》	第2册	开明书店	1946年11月初版

注［一］黃酒 卽紹興酒 對白酒——燒酒——而言 ［二］在浙江紹興縣 相傳禹葬
此 後人稱其地爲禹陵 ［三］卽會稽山 在紹興縣東南 ［四］馬欄頭 野草名 一名馬
蘭 春日生苗 葉爲長卵形 可取爲蔬；入夏高二三尺 開紫花

六 風箏 魯迅

北京的冬季 地上還有積雪 灰黑色的禿樹枝椏叉於晴朗的天空中
而遠處有一二風箏浮動 在我是一種驚異和悲哀
故鄉的風箏時節 是春二月 倘聽到沙沙的風輪聲 仰頭便能看見一
個淡墨色的蟹風箏或嫩藍色的蜈蚣風箏 還有寂寞的瓦片風箏 沒有風輪
又放得很低 伶仃地顯出憔悴可憐模樣 但此時地上的楊柳已經發芽
早的山桃也多吐蕾 和孩子們的天上的點綴相照應 打成一片春日的溫和
我現在在那裏呢？四面都還是嚴冬的肅殺 而久經訣別的故鄉的久經逝
去的春天 卻就在這天空中蕩漾了。
但我是向來不愛放風箏的 不但不愛 並且嫌惡他 因爲我以爲這是

風箏 一七

《新中华教科书国语与国文》(1929)

这些教科书的编者通过在其前后选编其他课文或添加助读文字等形式对其进行了阐释。这些阐释的对象多数或偏重内容或偏重形式，阐释的结果也不相同。下面，试分别予以阐述。

一、对内容的阐释

教科书编者对该文内容的多种阐释，大致可以归纳为以下三类。

(一) 描写春天的场景

早在1910年有人在《教科书与时令》一文中就指出编排选文时必须考虑课文内容与时令的契合："于关涉时令之教材，务使排列得宜，与实地授课之时令相合。盖使学生于受课时，得与实地联想，则理会较易，观念较确也。"不能"冬季而讲剖瓜乘凉，夏季而讲披裘赏雪"[①]。1931年，宋文瀚在谈中学国文选材时也指出，"关于时令或受时间限止的教材，如写景和纪念日等的文字，须妥适地排在相当的季候或某一定的时间，视某大单元可告段落处插入，前者如《扫墓》、《大家都放起风筝来啊》之类，只合在清明前后讲，《苦旱行》、《严旱》诗只合于夏日讲，《桃花山》、《黄河上打冰》、《雪合战》、《雪球》只合于冬日讲的"[②]。大概课文内容和学生所处情境较为一致，这样既便于理解课文内容，更能引发学生学习的兴趣。所以，有不少教科书就是考虑到时令的问题，而将《风筝》作为描写春天的场景的课文来解读的。

《新中华教科书国语与国文》(1929) 的第2册将《我的学校生活的一个断片》(爱罗先珂著、胡愈之译) 与《扫墓》[③] (包公毅)、《大家都放起风筝来啊》(孙福熙)

① 浮邱《教科书与时令》，《教育杂志》，1910年第二卷第十二期第30页。

② 宋文翰《一个改良中学国文教科书的意见》，《中华教育界》，1931年第十九卷第四期第197页。

③ 包天笑在《钏影楼回忆录》(大华出版社1971年版) 中回忆早年翻译教育小说的经过时提到了《馨儿就学记》中的《扫墓》一节，他说："再说《馨儿就学记》，……后来夏丏尊先生所译的《爱的教育》一书，实与我同出一源。不过我是从日文本转译得来的，日本人当时翻译欧美小说，他们把书中的人名、习俗、文物、起居一切改成日本化。我又一切都改变为中国化……有数节，全是我的创作，写到我的家事了。如有一节写清明时节的'扫墓'，全以我家为蓝本，这都与《爱的教育》原书原文无关的。"胡从经著《晚清儿童文学钩沉》，上海：少年儿童出版社1982年版，第105页。

与《风筝》(鲁迅) 放置在一起。正如该书的编辑大意所说的，其选文的标准之一为“合于初中学生之心理及学力，实质与学生固有经验接近，而文字又平正通达，浅显生动者”。这4篇课文内容确实均与儿童生活相关。编辑大意又称，其选文的组织方式及目的是做到“各种文体交互错综，一方面斟酌文字之难易、思想之深浅、篇幅之长短，一方面又将教材内容性质相近者，连属排比，为有机的联络，期适合学习进行之自然顺序，并使学者有比较、判断之便利”。这4篇课文，前两篇是小说，后两篇是散文；前两篇重叙事，那么后两篇呢？后两篇都与风筝有关，都有抒情的成分。此外，孙福熙的《大家都放起风筝来啊》侧重对春天的景色、风筝的形态的描写，而鲁迅的《风筝》也写了景色和风筝，编者将二者放在一起，可能是认为二者的“内容”(风筝) 和“性质”(写景散文) 比较一致的缘故吧！

初中國文教科書　第二册　一六

周樹人　風箏

……故鄉的風箏時節，是春二月，倘聽到沙沙的風輪聲，仰頭便能看見一個淡黑色的蟹風箏，或嫩藍色的蜈蚣風箏。還有寂寞的瓦片風箏，沒有風輪，又放得很低，伶仃㊀地顯出憔悴可憐模樣。但此時地上的楊柳已經發芽，早的山桃也多吐蕾㊁，和孩子們的點綴相照應，打成一片春日的温和…………。

但我是向來不愛放風箏的，不但不愛，並且嫌惡他，因爲我以爲這是沒出息孩子所做的玩藝。和我相反的是我的小兄弟，他那時大概十歲內外吧，多病，瘦得不堪，然而最喜歡風箏，自己買不起，我又

《新学制中学国文教科书初中国文》(1931)

《新学制中学国文教科书初中国文》(1931) 的第2册将《风筝》(周树人)、《大家都放起风筝来啊》(孙福熙) 和《偶观放风筝》(孙原湘) 归为第2“组”。其编辑大意称：“务求连络：就内容或形式相近之文字，分为若干集团，各以类聚。”其编辑例言称，“本书所选各教材，用集团编制法，务求内容之联络，不拘牵于文体之形式，以期与初中学生固有之经验相适合，”“本书语文分配，以语体文为主，文言文为辅，俾学生有综合比较之研究”。这一组中的3篇课文，题材相近，均与风筝有关；前两篇体裁、语体相同，均为白话散文，后一篇是文言古诗。其目的是让学生比较不同体裁和语体的作品是怎样写相同题材的，但更主要的是让学生领会、欣赏作品中与其“固有之经验相适合”的内容。将这3篇作品作为第2学期的第2册第2组，就是为了切合早春的时令，切合学生的生活，以让学生在生活中观察、在作品中感受春天风筝满天的场景。正如其编辑例言所指出的，“本书

教材排列，特注意于时间性之适合，以收直观教学之效”。正因为编者只将其作为描写春天的场景的作品，所以并没有全文照录，而只是节录了其中的片段。如课文开头一段：

……故乡的风筝时节，是春二月，倘听到沙沙的风轮声，仰头便能看见一个淡黑色的蟹风筝，或嫩蓝色的蜈蚣风筝。还有寂寞的瓦片风筝，没有风轮，又放得很低，伶仃地显出憔悴可怜模样。但此时地上的杨柳已经发芽，早的山桃也多吐蕾，和孩子们的天上的点缀相照应。打成一片春日的温和……

又如课文结尾一段：

我也知道补过的方法的；送他风筝，赞成他放，劝他放，我和他一同放；我们嚷着，跑着，笑着。然而他其时已经和我一样，早已有了胡子了……

课文第一段第一个省略号省去的是原文中的“北京的冬季，地上还有积雪，灰黑色的秃树枝丫叉于晴朗的天空中，而远处有一二风筝浮动，在我是一种惊异和悲哀”几句，第二个省略号省去的是原文中的“我现在在那里呢？四面都还是严冬的肃杀，而久经诀别的故乡的久经逝去的春天，却就在这天空中荡漾了”几句。最后一段省略号省去的则是数段关于“精神的虐杀”等的议论。之所以作如此处理，正如其编辑大意所说的，只是为了切合学生的经验水平：“记叙文。初中选近人所记单纯的事实，部分的景物……抒情文。初中以新旧体诗及词曲书翰为止。”所以，针对《风筝》，不必选其抒情、说理部分，而只需选其中的侧重景物描写、单纯事实的片断；有关风筝的抒情、说理，只需选《偶观放风筝》这首篇幅较短、内容较浅的旧诗就足够了。

（二）追忆童年的美好

《初中国文选本》(1933) 的第2册将《为学》(彭端淑) 和《学问之趣味》(梁启超) 归为第1单元，将《风筝》(鲁迅) 和《大家都放起风筝来啊》(孙福熙) 归为第2单元。其编辑大意称：“本书编者为引起学习兴趣、提高学习效率起见，按各篇之体裁或性质，将每册划为若干单元。”在这两个单元中，每个单元中的两篇课文的题材和体裁均一致。如果说第一单元是在入学之初就告诉学生应努力学习的话，那么第二单元是在说珍惜美好的春景 (一年之计在于春)，还是说珍惜美好的童年呢？孙福熙的《大家都放起风筝来啊》开头便写道：“一样的懊闷，一样的乱世昏昏，走到露天下，我觉得有点两样。”在接下来的一段景色描写和感情抒发之后，作者便用大量的篇幅写童年放风筝时的经历和快乐。鲁迅的《风筝》写了什么呢？写了“我”厌恶风筝，也写了弟弟喜爱风筝。显然，在编者看来，鲁迅是主张人的童年是应该展露人的天性的，而该文就是在反省之中表达了对美好童年的祈求之情。之所以这么认为，是因为编者在《风筝》之后又附录了一则题为《故乡的蔬果》（“节《〈朝花夕拾〉小引》”）的“补白”：

我有一时，曾经屡次忆起儿时在故乡所吃的蔬果：菱角，罗汉豆，茭白，香瓜。凡这些，都是极其鲜美可口的；都曾是使我思乡的蛊惑。后来，我在久别之后尝到了，也不过如此；惟独在记忆上，还有旧来的意味留存。他们也许要哄骗我一生，使我时时反顾。

该书的编辑大意称：“本书补白以正篇著者译者之作品为限，俾可互相启发，极便精读或略读之用。”可见，将鲁迅的《故乡的蔬果》与《风筝》“相互启发”的目的，并不是让学生理解其中所反省的“精神的虐杀”等沉重的东西，而是“反顾”故乡、童年时所给“我”带来的不尽的愉悦“意味”。

（三）反省兄长的专制

《复兴初级中学教科书国文》（1934）的第2册第6—9课分别为《忆儿时》（丰子恺）、《寄小读者（通讯之十）》（冰心）、《闲情记趣》（沈复）和《风筝》（鲁迅）。这组课文所写多与童年回忆有关。编者在课后“暗示”中写道：

这篇作者带着沉重的心回忆从前的事，犹之《忆儿时》的作者用“神往”的态度叙述幼年的事一般。但性质有点不同。这篇的叙述只是用以说明现在的心所以沉重的缘故，《忆儿时》则说明幼时的种种何以使作者神往。前者注重在现在，因而抒情文的性质较多；后者注重在过去，因而叙述文的性质较多。

当作者折断他的小弟弟的风筝的时候，他心里也感着沉重吗？

可见，编者认为，和其他几组多忆童年趣事的愉悦不同，《风筝》所写更多的是对自己当年行为的一种沉重的反省。

《初级中学国文教科书》（1934）的编者的观点与之相同。该书的第2册第4“单程”（单元）的4篇课文（第13—16课）分别是《春的启示》（佚名）、《大家都放起风筝来啊》（孙福熙）、《风筝》（鲁迅）和《稼说送张琥》（苏轼）。编者在这一单元后的“教学做举要”中说：

这一单程是抒情文底调剂：如十三篇是春在启示我们，它要把沉醉的人群，从迷梦里唤回来；十四篇是作者把风筝来点缀春景和人们对春底表现；十五篇是作者回忆儿童时生活的不当，坦然地自贬其个性的偏急；十六篇以学问修养之要，作朋友临别之言。

可见，编者认为，同是写风筝，《大家都放起风筝来啊》重点写春天的场景，

初級中學混合國語教科書 第一册 七二

二 風箏 魯迅

北京的冬季，地上還有積雪，灰黑色的禿樹枝丫叉於晴朗的天空中，而遠處有一二風箏浮動，在我是一種驚異和悲哀。

故鄉的風箏時節，是春二月，倘聽到沙沙的風輪聲，仰頭便能看見一個淡墨色的蟹風箏或嫩藍色的蜈蚣風箏。還有寂寞的瓦片風箏，沒有風輪，又放得很低，伶仃地顯出憔悴可憐模樣。但此時地上的楊柳已經發芽，早的山桃也多吐蕾，和孩子們的天上的點綴相照應，打成一片春日的溫和。我現在在那裏呢？四面都還是嚴冬的肅殺，而久經訣別的故鄉的久經逝去的春天，却就在這天空中蕩漾了。

但我是向來不愛放風箏的，不但不愛，並且嫌惡他，因爲我以爲這是沒

《初级中学混合国语教科书》(1931)

而《风筝》侧重反省当年行为的不当：不应该以近乎成人（兄长）的威严虐杀儿童（弟弟）的天真之心。

《初中标准国文》(1935) 的编者也持“反省说”。其第4册第10—15课分别是《桃花几瓣》(刘大白)、《谒墓》(陈南士)、《风筝》(周树人)、《七歌》(郑燮)、《范县署中寄弟墨第二书》(郑燮)、《与澄侯温甫子植季弟洪书》(曾国藩)。其中《风筝》的课后“题解”称：“本篇为小品文体，著者因在异乡见风筝而回忆幼时虐弟之无当，今则欲悔莫及矣。文字极沉着婉挚。”

《开明新编国文读本（甲种）》的“序”称：“我们编这部读本，第一，希望切合读者的生活与程度。就积极方面说，足以表现现代精神的，与现代青年生活有关涉的，为现代青年所能了解，所能接受的，那些文篇才入选……”《风筝》为其第2册第4课。编者在其后所撰的“指点”有二：

[一] 做错了的事往往难以补救，因为人与事时时在那里变化，前后不会完全一个样儿。这一篇说的就是这层意思。

[二] 既知追悔，却无可补救，只有让心永远沉重着，所以作者说是“惩罚”。

从这两处指点来看，编者认为课文所写主要是“我”对早年不当行为的反省，及对其无法补救的追悔。又如该书的“注释本”在书后注释就文中“我倒不如躲到……寒威和冷气”也作类似的解释：这是说如果躲到肃杀的严冬中去，不要见春天，也就不至于想起风筝的故事，该可以减轻些悲哀。但是四面又明明是严冬，不待你躲去，你已经在严冬中了，而仍然感到悲哀。言外的意思是无处可躲，悲哀永远不能消释。[1]

① 叶圣陶等编《开明新编国文读本（注释本甲种）》，上海：开明书店1948年版，第2册第88页。

二、对形式的阐释

在上表收录该文的12套教科书中，只有少数几套完全将其作为文法、修辞、作法等形式知识的例证材料，或训练读写能力的凭借来使用的。

(一) 印证文法、修辞、作法知识的材料

《初级中学混合国语教科书》(1931) 的编辑大意称，其选文“注重于兴趣与修养两方面，务使无枯燥及有害身心”，但其选文并非用来培育学生的兴趣和修养，而是“尤注重文法与修辞，依照部定下列两项编辑，实为尝试之创举：‘每授一文，就文中选取可借文法或修辞法说明之点，详为指示。’‘就选文中摘取文法或修辞的习题，令学生练习。’”所以，该书的第1册第10—15课为《最后一课》(都德)、《送东阳马生序》(宋濂)、《风筝》(鲁迅)、《白种人——上帝之骄子》(朱自清)、《区寄》(柳宗元) 和《匆匆》(朱自清)。可见，该书既不按主题、题材，也不按体裁来组织选文，而主要看此选文是否能证明编者所要介绍的文法或修辞知识 (选文中某些表达方式符合了且可证明某种事先确定好了文法、修辞规则)。如《风筝》就是用来作解释“名词的目的格六——双格”(直接宾语和间接宾语) 的例证材料使用的。其课后的“文法”，不仅选择文中语句用以说明“双格”的规则，而且“练习”也全是如此：“试分别指出下面的直接目的格和间接目的格。(一) 春天给我久经逝去的儿时的回忆。(二) 严冬正给我非常的寒威和冷气。(三) 老妈妈送给哥儿两个山芋。——《花与少年》[①]”。

《基本教科书初级中学用国文》(1932) 的编辑大意称：“教材方面。我们觉得普通易犯的毛病是或者偏重形式，或者偏重内容；或者侧重美文，或者侧重应用。偏重形式的，竟或不顾思想之是否健全，偏重内容的，竟或不问文辞之是否无疵；只取美文，便无益于学生日常生活所需的文字，只讲应用，则又无以培成学生欣赏文学的根基。凡此诸点，都是我们所力求避免的。”可见，在编者看来，教科书中的课文，无论是作阅读之用还是作写作之用，都应该做到内容与形式兼顾。不过，其编辑大意又称：“我们相信以思想迁就文词或以文词迁就思想的办法都不正当。我们对于教材所含的思想，当然力求其有益于读者的身心，但觉得‘国文’教科书究与‘伦理’教科书有别，故有时所取教材，如果目的只在为某种文体或某种技艺示例，那么思想上但取消极的标准——就是以不致发生恶影响为标准。”可见，如果从内容和形式两方面来取舍选文，那么编者更倾向于选其形式符合某种标准

① 该书第1册第3课。

的文章作为课文。所以，和上述《初级中学混合国语教科书》不同，《初级中学混合国语教科书》因既不按题材也不按体裁选择、组织课文而显得杂乱，而该书的编者却考虑了选文的内容和体裁，所以该书的第2册第1—3课分别是《生机》(沈尹默)、《风筝》(鲁迅) 和《大家都放起风筝来啊》(孙福熙)。这3篇课文用了散文或散文诗的体裁来表现春景的题材。但是，采用这种编排方式的主要目的并非让学生欣赏课文的内容，而是让其学习课文形式方面所包含的规则。所以其编辑大意又称：在每一课的"注释与说明"介绍写作方法，这样一来"虽然散在各篇，合之自成系统，便是把一部文学概论和作文论分散开来，具体地灌输给学生知道"。在每一课之后附上"文法与修辞"知识，"将文法与修辞学混合在读本里的编制法……这样编法的好处，无非在能把文法和修辞的知识逐渐地具体地灌输给学生，免得太抽象和太枯燥的弊病"。全套教科书"保持文法和修辞学各个本身的系统，所以也同说明的部份 (分) 一样，虽然分散在各篇之后，合起来自能成为一部系统的文法和一部系统的修辞学"。这样一来，《风筝》中的某种表达方式只不过是用来说明这些写作方法、文法、修辞知识体系中的某一个点的例证。另外，从写作的角度来说，《风筝》也非常适合用来解说文学作品创作时选材的来源、方法、标准、性质等：

文学的材料有两种：一是眼前所见所闻的事，一是过去的记忆里面的事。对于眼前的事只消用观察察；对于过去的事须要用想像。这篇的材料是由眼前的事触起的想像的记录。

既属想像，便已具有主观的成份 (分)。但是为什么会触起想像来呢？想像的材料又凭什么标准取去呢？那末又都无非是情绪的关系。情绪就是作者写那文时及读者读那文时的心的状态。一篇文字包含情绪的分量愈多，它便愈是主观的性质。

这篇的作者有没有指出他的情绪来？它是什么？

接着，在课后的"文法与修辞"中，编者从课文中选取了相关语料来解释"身称"、"指示"、"疑问"和"复牒"等4种"代名词"。

(二) 训练阅读、写作能力的凭借

《国文百八课》的编者夏丏尊、叶圣陶在谈该书的编辑旨趣时说："本书是侧重文章形式的，从形式上着眼去处置现成的文章。"[①] 但和纯粹地介绍形式方面知识的教科书又有所不同，该书每"课"由文话、文选、文法或修辞、习问四部分组成，四

① 夏丏尊、叶圣陶《关于〈国文百八课〉》，中央教育科学研究所编《叶圣陶语文教育论集 (上)》，北京：教育科学出版社1980年版，第179页。

部分连成一片。课首置文话，介绍文章理法；次选列古今文章两篇为范例；再次列文法或修辞，就文选中取例；最后附列习问，结合文选，对本课的文话、文法或修辞进行复习考验。如果说文话是介绍写作知识而文法或修辞也是介绍相应的知识的话，那么习问就是以问题和练习的形式让学生运用所学的知识去阅读、分析文选，总结写作规律，进而提高其阅读和写作能力。《风筝》是该书第2册第3“课”中的文选六（文选五为巴金的《朋友》）。其前的文话是《随笔》。文话《随笔》先介绍了随笔和其他文章不同的地方是“形式上在不必拘泥于全篇的结构”和“题材上在发端于实际生活”，再介绍其发展简史和练习方法，最后指出别具“新鲜味”是其突出的特点。其后的文法选择了文中不少词句分析“名词语”的概念和用法。最后的习问均与文选《风筝》相关：

1. 从前读过的文章中，哪几篇是随笔？哪几篇不是随笔？为什么？

2. 文选五、六，在哪一点上有着新鲜味？在哪一点上关联着当前的生活？从前读过的各篇随笔呢？

3. 试就读过的文章中找寻例句，或自己造句，其中须含有下列各种名词语。

1) 在原来的名词上加着限制的

2) 他动词带被动词的

3) 整个的文句

4. 试就下列一段文章中，指出各种名词语来。

有一天，我忽然想起，似乎多日不很看见他了，但记得曾见他在后园拾枯竹……后来他怎样，我不知道，也没有留心。

若要完成习问1和2，则必须仔细阅读文话和文选，并且要用文话所介绍的知识作为工具来剖析文选，或者说是以问题为凭借、以文选为参照，通过相应的读写训练，最终将文话所介绍的读写知识转化为自己的读写技能。

以上就多套教科书编者对课文内容和形式作了不同的阐释。从以上教科书出版的时间的先后来看，编者最初倾向于阐释其内容，稍后侧重阐释其形式。阐释内容时，最初侧重阐释其中春天场景的描写和童年趣事的回忆，稍后侧重阐释其中的反省。阐释形式时，最初只关注其形式方面所含的文法、修辞和作法知识，稍后开始关注从形式将其作为训练读写能力的凭借。

最后要说明的是，全面抗战爆发前夕和之后所出版的收入该文的《新编初中国文》和《初中国文》对该文的阐释和此前的不太相同（收入此文的宋文翰编的《新编初中国文》和教育总署编审会编的《初中国文》实际上是一套教科书，后者只不过是因为教育部推行教科书国定制，而自身又编不出教科书，只得购买前者的版权然后更换书名和编者而已，所以两本书对《风筝》的阐释相同）。这两套教科书的第2册第2组由《新诗两首》（沈尹默《生机》、冰心《迎春》）、《春的林野》（许地山）、《大家都放起风筝来啊》（孙福熙）、《风筝》（鲁迅）组成。不过编者并没有对该文的内容和形式作明确的阐释，只是在"题解"中称："本篇采录《野草》，所写的也是关于风筝的情事。"什么情？什么事？编者对此都没有明说。"习题"有三："（一）鲁迅写这篇文章的目的何在？（二）前后两篇写风筝的文章，在作法上有什么不同？（三）前后两篇文章，那一篇给你印象更深？"编者在习问中确定了问题，但并没有限制回答的方向或暗示答案，所以编者的阐释结果也就无从知晓。其第4册最后附录了9项"叙述文"的写作"法则"，也要求结合《风筝》的阅读来理解吗？对此，编者同样没有明说。

大家都放起风筝来啊

孙福熙

一样的懊闷，一样的乱世昏昏，走到露天底下，就觉得有点两样。太阳晒在身上，我像饱喝了酒似的，热烘烘的醉起来了。我挺出胸膛，仰头想笑，天上一阵铃声，抑扬回旋，——兰花香那样的柔和，胰子水泡那样的光润，天上乐园中诸神合奏的，使我知其好而不知其所以好之故；一阵鸽子，洁白的映着青天，光辉闪闪地飞过。

我注意，我又记忆，在这天空中，应该有什么东西可寻到的。

不错，画家见到的，画柳枝时应该多抹些颜色了，因为嫩芽渐渐地饱满，远望过去，枝条的颜色显得很浓厚了。不错，什么人都觉得的，风已脱去冰雪做的棱角了。红红的太阳，暖暖的空气，闹营营的声音与轻飘飘的心：不错，这种种，都使我回忆到放风筝的路上去了。

当你看了天气而回忆到风筝的时候，街巷口，市场中，早已满布着，预备你应用了；随你要什么大小的，随你要什么形象的，随你要什么又什么颜色的，而且大多数不是你想像所及的，都可以得到。你瞧瞧，多么好！老鹰的，彩蝶的，白胡子老人的，飘着轻服，驾着云雾，如此窈窕，如此仁慈，更如此缥缈似天仙。你瞧瞧，多么好！

我记得，我很爱“丝鹞”，这是用丝放的风筝。每年游禹王庙回来，船泛在四面是水的地方，淡青的稽山，异样柔和的浮在绿水上，水与山的分界处是一带金黄的菜花。在这背景中，父亲拿出“丝鹞”，放宽细线；真听话，这轻飘飘的小鹞，摆着，跳着，点着头，扑着翼子，吐吐的飞远去了。父亲让我尝尝放鹞的滋味，我拿着说：“曼曼[1] 重的。”

后来我自己也放风筝，这总是老鹰在天上打圈，用了尖利的声音，咿咿呀呀的叫的时候；园中的绿草地上，撒满黄色小花的蒲公英与红色小花的紫云英的时候；又随处生着正是绍兴风味的荠菜与马拦（兰）头，踏过去，阵阵放出香气的时候。我在草地上放风筝，擎了线想放他高去而急跑着的时候，屡次绊倒；人虽跌倒了，风筝却不立刻掉下来，他软软的嬉笑我，勾着头看我爬起来。我累了，风筝丢在家里，出去走走，河埠头常有人在洗蚶子，听到沙沙的声音。小鹅如松花黄的棉团，咻咻的叫着；公鹅浮在水里，雪白的身子映出橘色的胖头——说错了，这是他的清亮的高唱引起我们的注意，一点也不谎，春是由他嘴里喊出来的春声送来的。他的脚掌拨动起来，波浪如油，浓厚的浪出花纹。这时节，仰头看见各种风筝满天浮动，有如蝴蝶国中开了最大的跳舞会。

大家都放起风筝来啊，让他们如人的会集，更比人亲密！

选自《新编初中国文》1937年版第2册。

偶观放风筝

孙原湘

只道扶摇万里抟，依然未极五云端。
莫嫌风力吹嘘少，到得高空欲下难。
欹侧翩反手自知，东风太紧莫收迟。
旁人只劝凌霄去，那管身轻欲堕时。

选自《新学制中学国文教科书初中国文》1931年版第2册。

[1] 曼曼，绍兴方言词汇，“很”的意思。

第五章

《藤野先生》的接受与阐释

鲁迅的《藤野先生》于1926年12月发表于《莽原》，后于1928年9月被收入《朝花夕拾》(原总题名为《旧事重提》)。这是一篇回忆性散文。

“我”厌恶在东京所见的“清国留学生”们的奢靡生活，于是决定去仙台学医。在仙台医专学习期间，给“我”留下最深印象的人是讲授解剖学的藤野先生。课下，先生询问“我”能否记下笔记，并对“我”的笔记进行了查看、修改。他还为“我”能完成解剖实验而高兴。一次，日本的同学认为“我”考试得以通过是因为先生考前漏题给我，在他们看来中国人原本都是“低能儿”；一天，在霉菌学课上放映日俄战争期间中国人给俄国人作侦探被抓的影片，在中国人被枪杀的时候，日本同学们高呼“万岁”。由于受到这些刺激，“我”决定放弃学医，离开这里。和先生告别时，先生的“脸色仿佛有些悲哀”。几天后，他让“我”去他家，他送“我”一张写着“惜别”的照相(原文——笔者注)，还说希望将“我”的也送他。文章结尾处写“我”回国后对先生的思念：“但不知怎地，我总还时时记起他，在我所认为我师的之中，他是最使我感激，给我鼓励的一个。有时我常常想：他的对于我的热心的希望，不倦的教诲，小而言之，是为中国，就是希望中国有新的医学；大而言之，是为学术，就是希望新的医学传到中国去。他的性格，在我的眼里和心里是伟大的。”他“所改正的讲义”可惜在搬家过程中丢失了，不过，他的照相至今还挂在“我”寓所的墙上。每当我夜间疲倦，正想偷懒时，仰面在看见先生的面容，便“使我忽又良心发现，而且增加勇气了”，接着写那些为“正人君子”之流所深恶痛绝的文字。

1949年之后，因为《藤野先生》写了中国的鲁迅和日本的藤野的交往，所以该文在中小学语文教科书中的隐现、解读也成了中日关系的风向标、晴雨表。该文曾被收入人教社1952年版第3册高中《语文》，1956年版第6册、1963年版第5册、1978年版第5册、1982年版第5册初中《语文》选作课文。在20世纪80年代之前，人们几乎一直将这篇文章解读为歌颂了鲁迅的爱国主义精神的，只是20世纪80年代之后，教育界才有人认为既然题目是《藤野先生》，即对象是藤野先生，那么本文主要是表达对藤野先生的怀念之情的。之所以作如此解读，与中日关系的变化有关。1978年8月12日《中日和平友好条约》于北京正式签订，是年10月23日生效。8月14日《人民日报》便发表了《鲁迅·藤野先生·中日友好》的文章。文章交代了二人之间的关系，补记了课文未提及的发生在二人之间的几件事。文章结尾写道[①]：

四二 藤野先生

魯迅

東京也無非是這樣。上野的櫻花爛熳的時節，望去確也像緋紅的輕雲，但花下也缺不了成羣結隊的「清國留學生」的速成班，頭頂上盤着大辮子，頂得學生制帽的頂上高高聳起，形成一座富士山；也有解散辮子，盤得平的，除下帽來，油光可鑑，宛如小姑娘的髮髻一般，還要將頸子扭幾扭，實在標緻極了。

中國留學生會館的門房裏有幾本書買，有時還值得去一轉；倘在上午，裏面的幾間洋房裏倒也還可以坐坐的。但到傍晚，有一間的地板便常不免要咚咚咚地響得震天，兼以滿房煙塵斗亂；問問精通時事的人，答道：「那是在學跳舞。」

藤野先生 七三

《初级中学混合国语教科书》(1931)

藤野先生为鲁迅终生怀念，也为中国人民所深深记忆，因为在他身上不仅体现了伟大的日本人民的许多优秀品质，更体现了日本人民对中国人民的深厚感情，成为近代史上中日两国人民友好的一个象征。在《中日和平友好条约》签订的今天，我们缅怀鲁迅和藤野先生的友情，缅怀为中日两国人民友好事业奋斗的许多先驱，更要在新的历史条件下，把中日两国人民这种崇高伟大的友谊，一代一代地不断推向前进。

可见，在该文的作者看来，鲁迅和藤野分别代表了中日人民，藤野对鲁迅的爱护与鲁迅对藤野的尊敬，正是中日友谊源远流长的象征。

① 刘德有《鲁迅·藤野先生·中日友好》,《人民日报》,1978年8月14日。

1982年至今，仍有多套不同版本的中学语文教科书将其选作课文。不过，尤其是在2001年颁布的语文课程标准提倡创造性阅读的影响下，教育界对其主旨的解读又出现了多种：(一) 回忆作者的求学经历，表达了作者的爱国主义情怀；(二) 怀念藤野先生，歌颂了先生的国际主义精神；(三) 二者兼而有之，但以前者为主；(四) 二者兼而有之，但以后者为主。作品主要围绕作者与藤野先生之间的交往而展开叙事的，确实既写了作者对日本少数狭隘民族主义者的反感以及对国人的麻木痛心，又写了平时藤野先生对作者学业的负责及临别时的关心。所以，教科书的编者们根据自己的理解将其选入或摒出语文教科书，并对其作了不同的解读。

该文于1949年之前曾出现在中学国文教科书中，那么其在这一时期被接受与阐释情形如何呢？本文试对其进行梳理。

目前所见，从1931至1949年，《藤野先生》共3次入选了中学国文教科书。这篇散文于1931年首次入选中学国文教科书，之后如昙花一现随即消失了16年，于内战结束前夕的1949年8月又再次出现在中学国文教科书中。如下表：

编　者	教科书名称	册次	出版社	时间、版次
赵景深	《初级中学混合国语教科书》	第2册	北新书局	1931年2月初版
姜亮夫、赵景深	《初级中学北新文选》	第2册	北新书局	1933年7月3版
朱自清、叶绍钧等	《开明新编高级国文读本》	第2册	开明书店	1949年8月出版

一、接受：《藤野先生》念恩师之情（1931—1933）

中日自古就是一衣带水的友好邻邦。古代的中国一直是日本仿效的对象。在西方列强的侵略下，中国自鸦片战争后成为“东亚病夫”，日本则通过明治维新成为东洋霸主。于是，日本反而成为中国仿效的对象。大量留学生被派往日本学习，日本多方面的改革均被中国借鉴。虽然从甲午战争开始，日本就加入了侵略中国的行列，但在中国的教科书中很少出现反抗日本侵略的课文。如蒋维乔和庄俞编辑，商务印书馆于1904年农历年底开始出版的我国第一套现代语文教科书《最新初等小学国文教科书》为了体现国文特色，又使其内容符合中国现代儿童的经验，第1册的编辑大意称“本编不采古事及外国事”。书中出现了没有外国人名、地名的以动物为题材的西方寓言，涉及外国故事时则不出现国名、人名，如第8册 (1905年版) 的第25课励志故事《坚忍》(苏格兰国王布鲁斯战败退入深山后，看到蜘蛛结网，屡遭毁坏，屡次再结，于是重新振作，最后率兵打败英格兰军队) 的开头就只是用“昔有一国”代苏格兰，以“首领”代布鲁斯，甚至插图也画成一个穿着中国古代服饰的武士在松树下仰卧看蜘蛛结网。但是，其第24课同样为励志的人物故事《塙保已一》(少年失明，立志向学，闻则强记，虚心求教，终成淹博之才。一夕风吹烛灭，其讲解如故，听者因目不能见书而请求暂停，于是其感叹众人双目炯炯反不如其盲，课文结尾处写道：“由此观之，人苟专心一志，虽盲者犹可以成名，否则不盲于目而盲于心，得不为塙保已一所笑乎？”）的开头则为“日本有塙保已一者”，国名、人名不作改动，这一方面固然不能排除商务印书馆有日本人入股经营，而《最新初等国文教科书》又由长尾、小谷、加藤三名日本人协助编写等原因，日本应成为明确要效仿的对象也是一个重要的因素。当然，从为了维护所谓的“邦交”考虑，当时的政府一般也不主张在教科书中明确出现反抗侵略的文字。

藤野先生

魯迅

東京也無非是這樣。上野的櫻花爛熳的時節 望去確也像緋紅的輕雲，但花下也缺不了成羣結隊的「清國留學生」的速成班，頭頂上盤着大辮子，頂得學生制帽的頂上高高聳起，形成一座富士山；也有解散辮子，盤得平的，除下帽來，油光可鑑，宛如小姑娘的髮髻一般，還要將頸子扭幾扭，實在標緻極了。

中國留學生會館的門房裏有幾本書買，有時還值得去一轉；倘在上午，裏面的幾間洋房裏倒也還可以坐坐的。但到傍晚，有一間的地板便常不免要咚咚咚地響得震天，兼以滿房煙塵斗亂；問問精通時事的人，答道：「那是在學跳舞。」

到別的地方去看看，如何呢？

我就往仙台的醫學專門學校去。從東京出發，不久便到一處驛站，寫道：日暮里。不知怎地，我到現在還記得這名目。其次却只記得水戶了，這是明的遺民

藤野先生　（第一七二號）　一

《初级中学北新文选》(1933)

民国初年，政府就已不允许教科书出现排斥“友邦”的课文了，如袁世凯因此曾下令查禁含有这类思想的教科书。1914年第六卷第八号《教育杂志》载：“据外交部呈称，现有私人著述小学教科书，内含排斥友邦思想各等语。查民国成立以来，向以亲仁善邻为政策。小学教科书，系国民教育根本，正宜纳诸正轨，养成任重致远之人才，岂容以排斥友邦之学说，鼓吹青年，致启学校虚憍之风，而失政府敦睦邦交之旨？”[1] 又如，1919年日本公使称中华书局出版的《国民学校用新式国文教科书》的第8册第3课《日本》、第13课《国耻(一)》等是煽动对日恶感，有碍邦交。对此，教育部给中华书局的公函称，这些内容固然可以激励国民，但措词欠含

① 《十月二日大总统申令查禁教科书》，《教育杂志》，1914年第六卷第八号“大事记”第69页。

蓄，未免资人口舌，希望能改良[1]。虽然在20世纪20年代初国家主义教育思潮兴起时，有人主张将流行于南京一带的童谣"大日本，小日本，你不要狠；有朝落在中国手，把你骨头磨成粉"作为爱国教材收入教科书[2]，不过，关于国家主义的教育宗旨虽经"一部分少年中国学会会员的国家主义的鼓吹，但差不多都是文字上的教育宗旨，和实际的关系都很少很少"[3]，教科书中出现反抗侵略的文字也是很少很少。不仅如此，教科书中反而常出现日本作家写的文学作品及留日学生写的介绍日本的自然、地理、民风、物产的游记，甚至还常出现了《福泽谕吉》（潘武评辑、中华书局1914年出版师范学校讲习适用的《国文教科书》后编上卷第25课）等因艳羡而歌颂日本杰出人物的课文。

《初级中学混合国语教科书》（1931）和《初级中学北新文选》（1933）的编写主要由赵景深完成，二书所选课文绝大部分相同，选文组织方式也相同。《初级中学混合国语教科书》的第2册第40—44课分别为《雪遘》（钮琇）、《项脊轩志》（归有光）、《藤野先生》（鲁迅）、《促织》（蒲松龄）和《芋老人传》（周容）。《初级中学北新文选》的第2册的170—174课分别为《雪遘》（钮琇）及其补白《吴顺恪六奇别传》（王士禛）、《项脊轩志》（归有光）及其补白《寒花葬志》（归有光）、《藤野先生》（鲁迅）、《促织》（蒲松龄）及其补白《齐天乐》（姜夔）、《芋老人传》（周容）及其补白《后园居诗》（赵翼）。很显然，编者在两书中均将《藤野先生》视为一篇怀人之作。《初级中学混合国语教科书》的编辑大意明确指出："本书所选文字，均注重于兴趣与修养两方面，务使无枯燥及有害身心之文。"虽然藤野先生是日本人，但此时中日矛盾还没有完全激化，况且作者鲁迅是中国的进步作家，而其所表尊师之情、所怀感恩之心就像《项脊轩志》所表达的孝亲之情一样也是中国的优良传统，选入此文不至于"有害"学生的"身心"。更何况，《初级中学混合国语教科书》是将选文与"文法"、"修辞"混合编制，即单篇选文主要是用来印证某个"文法"和"修辞"知识点的例子而已。

不过，1929年暂行的初、高级中学国文课程标准和1932年正式的初、高级中学国文课程标准颁布之后，我国中学国文教科书的出版出现了两个高潮，总共至少出版了31套。在目前所见的这31套教科书中，只有赵景深将《藤野先生》选入上述其所编的2套教科书中去。这至少说明，在绝大多数编者看来，毕竟日本是侵略中国的国家，在加强三民主义教育之一的民族主义教育的时代，甲午战争等都是应作宣传的国耻的

---

① 中华书局编辑所《新式教科书与日本》，《中华教育界》，1919年第八卷第一期第13—16页。

② 马客谈《小学国语科应有的爱国教材》，《中华教育界》，1926年第十六卷第一期第6页。

③ 沈仲九《我的理想教育观》，《教育杂志》，1925年第十七卷第五号第2页。

材料而选作课文，如果选入感怀日本人恩情的文章，那么总会显得有点不合时宜。

二、拒斥：《藤野先生》有亲善之嫌（1933—1945）

1931年九一八事变爆发；1932年一·二八事变爆发；1932年3月8日，日本扶植已退位的溥仪作为傀儡代理“满洲国”执政，宣布“满洲国”在新京（长春）正式成立。1934年3月1日，改“满洲国”为“大满洲帝国”；1937年七七事变爆发，日本发动全面侵华战争。日本的侵略形式除采用军事手段占领中国的土地外，就是实行奴化教育以侵蚀华人的精神。教育作为抵抗日本侵略的一种重要的工具，自然应通过教材编写等形式来抗战。

不过，从1933年至1937年，教科书中课文所表达的反抗旨意仍显隐晦，多通过“化妆”的形式来表达。如小学国语教科书中多是如羊反抗狗、狗抵抗狼这类本身就“隐寓弱者抵抗强暴的意识”故事[①]，直接反映反抗侵略的课文不多，专门针对日本的更少。如商务印书馆被炸之后，在其于1933年5月和7月分别出版的初小和高小《复兴国语教科书》中，反映民族主义的课文并不多，直接表达反抗日本侵略主旨的就更少了。如在初小《复兴国语教科书》中，表达反抗侵略主旨的课文只是到第7册才多起来，如《中华民国万岁》一课写日军在“满洲国”奴化中国人民，以及国人如何反抗，并痛斥了汉奸的可耻。第8册中出现了《四个爱国的小学生（一）（二）》、《一个车夫的死》、《七十二烈士墓》、《鸦片痛史》、《痛心的二十一条（一）（二）》、《一个士兵的信》、《中山先生和老兵士》和《总理伦敦蒙难（一）（二）》等课文。其中第4课《一个车夫的死》，写了一·二八事变中一个普通的车夫胡阿毛把日本军人拉进黄埔江与其同归于尽的感人故事；第23、24课《痛心的二十一条（一）（二）》是以1915年袁世凯政府与日本签订卖国条约为题材的儿童剧。虽然这类课文数量不多，但是实在已算难得了。

从1937年全面抗战爆发至1945年抗战胜利，因为此前国民政府试图实行教科书国定制，又因为战时经济困难，所以虽然除了《初小国语·常识课本》外并无其他国定教科书编制出来，各民间出版机构也未重新编写，而只是在重印旧的教科书以应付时局。这套《初小国语·常识课本》中的课文，多是正面宣传民族主义。所以，为了配合抗战的需要，一些中小学抗敌（日）救国国语补充教材被编写出来，如《抗战建国读本》等。这些教材只要是涉及日本，绝大部分会非常直露地叫骂，以发泄

① 吴研因《清末以来我国小学教科书概观》，《中华教育界》，1936年第二十三卷第十一期第105页。

对日本侵略者的愤恨，如《抗战建国读本》的第2册第11课写道："日本强盗起黑心，起了黑心出大兵。占了东北和平津，又占上海和南京。占了武汉再西进，就要没命回东京。"

从1933年至1945年，因日本的侵略而处在亡国灭种边缘的中国的教科书中自然不能出现《藤野先生》。因为日本在沦陷区所实施的奴化教育时所宣传的、汉奸们所主张的一项内容就是所谓的"中日亲善"，如果选入了《藤野先生》，正中其借助这篇课文美化自己的罪行并以此掩盖当下侵略、占领中国的野心。

虽然这样，1937年第二卷第一期《中流》杂志，刊登了李微根据日本《文学案内》所刊登的坪田和雄等三人访问藤野的记录及藤野小传等而写成的《鲁迅先生敬慕的藤野先生》一文，并将藤野写的《谨忆周树人君》翻译附在文后。《中流》之所以刊登这两篇文章，大概是出于对刚去世不久的鲁迅表达怀念之情，而《谨忆周树人君》不仅是"新发现"的材料，而且藤野在其中提到自己"尊敬中国的先贤，同时总存着应该看重中国人的心情"，所以也并不反动。

三、冷落：《藤野先生》表日人之功（1945—1948）

1945年抗战结束后，中国已是胜利者，作为一个胜利者固然不应忘记历史，但耿耿于怀显然不能显示胜利者的大度，尤其是此前中日之间的国际矛盾在此时已转化为国共之间的国内矛盾，所以抗敌补充读本没有继续出版，而在国民政府出版的国定教科书《初小国语常识课本》和《初级中学国文甲编》中并没有多少抗日的内容。虽然，《藤野先生》表达的是一种怀念恩师之情，而且其中的藤野先生属正面形象，但他毕竟是日本人，文章所表达的是对一位日本人的崇敬，尤其是文中写了"他的对于我的热心的希望，不倦的教诲，小而言之，是为中国，就是希望中国有新的医学；大而言之，是为学术，就是希望新的医学传到中国去"。如果被侵略的伤痛还暂未退去，就向曾经的侵略者致敬，则可能会让胜利者英雄气短，所以是不必选入的。

人民政府的中学国文教科书中没有选入《藤野先生》，除了上述原因外，还有就是在这些编者看来，只有在教科书中出现抗战的课文，才能彰显自己抗战的功绩，而且可以在未来的战争中"长自己的志气"。如东北政委会编审委员会编《高小国语》（东北书店，1947）的第1册第10课《杨靖宇将军和孩子们》交代了杨靖宇的生平，记述了其组织东北军民的抗日的事迹，还介绍了在他带领下出现的"少年铁血队"。编者在课后"说明"中特意提到他是共产党员，并设有"讨论"题目："杨靖宇将军为什么得到人民的爱戴？哪些队伍是人民所痛恨的？为什么？

小孩子为什么是新中国的主人翁？我们将来怎样当主人翁？试述各人的志愿。”第4册第19课《大战平型关》记述了抗战以来的首次大捷的过程，描写了我八路军将士英雄杀敌、日军官兵抱头鼠窜的战争场面。甚至用了稍带夸张的口吻来叙述，如“一场血战，鬼子的死尸一堆一堆的，堆满了五六里长的山沟”。

四、复归：《藤野先生》述爱国之志（1949— ）

面对国共内战，一部分爱国民主人士希望能建立一个超越党派之争的民族国家。如1945年10月8日，满含着对国共协商和解、携手建国的期待，叶圣陶发表了一篇《“人民的世纪”》的短文。在他看来，“人民”这个概念“就一国说，包括全国的人而言；就世界说，包括全世界人而言。摆个杂货摊的是人民，赤着脚下田的是人民，在讲台上谈论学理的是人民，在各级政府机关里办事的是人民，总而言之，谁都是人民。大家站在一边儿，彼此平等，另外不再有相对的什么人”。他还向少年们发出呼吁：“少年们，挺起胸膛，提起精神，用心用力，上劲学习，迎接这个‘人民的世纪’吧。”①既然，全世界的人都应该平等相处非怒目相对，那么中日之间的人民自然也应如此。所以，叶圣陶将《藤野先生》选入了皆不受国共两党控制的开明书店出版的《开明新编高级国文读本》中，并将其作为第2册的第1篇课文。该书的“编辑例言”称：“我们编选这部读本，第一，希望切合读者的生活与程度。就积极方面说，足以表现现代精神的，与现代生活有关涉的，为现代青年所能了解，所能接受的，那些文篇才入选。”自然，选入其中的《藤野先生》也是一篇“足以表现现代精神的，与现代生活有关涉的”的文章，应该让学生了解；而其对象是高中生，那么该文的旨意也是可以被他们所理解的。《藤野先生》随后的几课是《哭鲁迅先生》（孙伏园）、《无声的中国》（鲁迅）和《过去的拥抱》（雪峰）。如果说将《藤野先生》选入教科书是希望包括中日在内的世界各国人民之间都能平等相待的话，那么将《藤野先生》和这几篇文章放置在一起，可能是编者认为这篇课文也表达了鲁迅的爱国之志。因为，这几篇文章的对象或作者均是鲁迅，且均与爱国有关。如《哭鲁迅先生》的开头写道：“像散沙一般，正要团结起来；像瘫病一样，将要恢复过来；全民族被外力压迫的刚想振作，而我们的思想界和精神界的勇猛奋进的大将忽然撒手去了。”意即鲁迅的精神可以使民众团结、坚强进而抵抗外力的压迫，接着作者回忆鲁迅为这个国家著文呐喊、为年轻的后学提

① 叶圣陶著，刘国正主编《叶圣陶教育文集（第2卷）》，北京：人民教育出版社1994年版，第288—289页。

供帮助的诸多事情。《无声的中国》表达了鲁迅对无声的中国不幸的哀叹，最后写道：为了中国的新生，“青年们先可以将中国变成一个有声的中国。大胆地说话，勇敢地进行，忘掉了一切利害，推开了古人，将自己的真心的话发表出来。——真，自然是不容易的。譬如态度，就不容易真，讲演时候就不是我的真态度，因为我对朋友，孩子说话时候的态度是不这样的。——但总可以说些较真的话，发些较真的声音。只有真的声音，才能感动中国的人和世界的人；必须有了真的声音，才能和世界的人同在世界上生活”。

不过，热爱自己的国家、民族及与平等对待其他国家、民族，二者是否矛盾呢？其实并非对立，而是统一的。该书的“编辑例言”称，书名中的“‘高级’是就文篇里思想情感的性质和表现说的。这部读本里的文篇一般的要比头一部里的复杂些，在了解和欣赏上需要的经验和修养多些。如果头一部的对象是初中的青年，这一部的对象就是高中的青年”。每课之后还设置了“讨论”和“练习”：“‘讨论’全用发问的方式。读者从这些问题里可以学习分析文篇的方法，知道怎样把握要点，贯穿脉络，怎样看字面，怎样看字里行间。这里其实要分析和综合并用才成。这样才能了解和欣赏，也才能学习怎样表现。”“练习”主要是就作品的形式来设问，不过，“‘讨论’和‘练习’两栏里面的问题有时候并没有严格的分界”。目前，因为没有见到《开明新编高级国文读本》第2册的原书，故见不到《藤野先生》及其他几篇课文后面的“讨论”和“练习”，也就难以知晓编者是否就热爱自己的国家、民族及与平等对待其他国家、民族二者之间的关系来设问，来让“经验和思想多些”的高中生探讨这“复杂些”的“思想”了。

谨忆周树人君

[日本] 藤野严九郎

(1936)

往事，记忆是不清楚了。我从爱知医学专门学校转到仙台的学校确是明治三十四年之岁暮。其后两三年，作为中国最初的留学生入学的是周树人君。因为是留学生，所以特别地没有受入学试验，只一人杂在留级生三十余人和新生百来人中听讲。

周君身材不怎样高，圆脸，是聪颖相的人。这时代也像是不大康健的血色。我担任的是人体解剖学，他在教室里十分认真地记着笔记，总之在入学时好像不大能充分的说日本话，听讲也不大理解。好像用功得非常吃力。

于是，我授课完了就留着给周君看笔记，改正添补他听错了的错处。在异国的天空，东京那里也有很多的同胞留学生，但在仙台，前面已说过只是周君一人，所以想来谅很寂寞，但也并没有怎么寂寞的样子，在听讲义的时候是非常努力的。

那时的记录如果还有些什么在，周君的成绩就可明白，但现在什么也没有。记得是不大好的一位。

那时候我在仙台空堀町的地方盖有房子，他也曾到过我家来玩罢，但我是记不起了。倘若去世的妻子还在，会知道一些。前年我的大儿子在福井中学的时候，担任汉文的管先生说："写着你父亲的事呢，读读看，假若是的话，就给我问问罢。"于是就借了周君写的书回来给我看，这是一位名叫什么佐藤的人的译本。

其后，约过半年，管君来看我也说起这话，就知道了周君回中国已成为堂堂的文学家，这位管先生去年死了。现在姬路师范的教师前田君也听说也说过这样的话。

话说得颠倒了，周君在学校确是继续一年左右就不见面了。现在想起来，无论如何，研究医学总不是他由衷的目的罢。也些（许）曾到我家来辞过别，最后的会面是什么时候，却已忘记了。一直到死还把我的像（相）片挂在房里，真是可喜的事。像上面这样的情形，这像（相）片照的什么样子，并在什么时候送给他的，也记不起了。

若是毕业生，也会一道照纪念相片的，但周君却一次也没有和他摄过。是怎样拿到手的呢，也许是妻子交给他的吧。这样一说，我倒也希望见见那时候自己的样子。把我景仰为唯一的恩师，但说到我，最初也曾说过，仅仅给他看看笔记，我自己也觉得奇妙。

周君来的时候是中日战争之后，那（哪）怕过了相当的年数，很可悲痛的是，日本人还骂中国人做猪头三。因为是有这恶骂风气的时候，所以同级生之中也有这样的一群，有把周君加以白眼，另眼相看的。

我少年的时候，曾承福井藩校出身的姓野坂的先生教过汉文，一方面尊敬中国的先贤，同时总存着应该看重中国人的心情，所以这在周君就以为是特别亲切和难得了罢。如果周君因此而在小说里和友人之间把我当作恩师谈着，要是早读了这才好呢。而至死还想知道我的消息，倘有音信，本人也怎样的喜欢呢……

到如今是怎样也不成了，是遗憾的事。蛰居在这样的乡间，外边的事尤其是对于文学这种东西是门外汉，所以什么也不知道。可是在前几天的报纸上读到一个姓周的叫鲁迅的死的消息。现在听了这话想起了以上的事。周君的家族怎样着呢？有令郎吗？

我一边深悼着那以些微的亲切作为那么样的恩谊而感激着的周君之灵，同时敬祝周君的家族康健不已。

选自《中流半月刊》1937年第二卷第一期。

藤野先生

[日本] 竹内好

(1946)

据说增田涉为岩波文库翻译《鲁迅全集》，向鲁迅询问选什么作品好的时候，他回答说：选择是译者的自由，但我希望加入《藤野先生》。鲁迅死的时候，新闻工作者将真正的藤野先生从北陆的田间找出来，由此《藤野先生》闻名于日本。鲁迅有多么尊敬藤野先生呢？是非常尊敬的。正因为如此，他才只在书斋里挂上藤野先生的照片，而在自传回忆录中选择《藤野先生》，一半大概是因为想要排解未能完成和藤野先生的约定而产生的郁闷的心情。而且，如果问题仅限于鲁迅，那马上就能解决，但当被问到将自己的作品翻译成日文的时候，虽然和解决那一问题没有关系，却还是带有将询问藤野先生这件事放在心上的温和的心情。鲁迅生前不知道藤野先生健在，这对我们来说，是非常遗憾的，但从将“藤野先生”作为日本人的代表加以培养，讴歌“文化交流”这样的残酷意图来看，又并不遗憾。即使鲁迅生前知道这些，那也不能解决我们方面的问题。

“藤野先生”对鲁迅来说，和回忆录中的其他人物一样，是一个象征的存在，是在鲁迅从和藤野先生分别到创作《藤野先生》的漫长岁月里，一边与恶劣的环境斗争，一边在战斗中逐渐在鲁迅心中高大、清晰而最终完成的人物。面对《藤野先生》中鲁迅的爱，即使对我们来说也应该是坦率接受的、不同寻常的爱，支撑这种不同寻常之爱的，或者反言之这种所支撑的东西，如果不将其作为问题，而只看到鲁迅对于“藤野先生”之爱，就不能正确理解这种爱本身。

藤野先生在《藤野先生》里不是孤立的：鲁迅受窘时，有愿意帮助人的好人；有在教室里公开贬低藤野先生的天真的留级生；也有和鲁迅一起攻击那胡乱猜测鲁迅取得好成绩的学生干事卑劣性的正义派；而且还有成为攻击正义派发端的寄予鲁迅的令人讨厌的匿名信。在问题解决后，鲁迅写道：“中国是弱国，所以中国人当然是低能儿，分数在六十分以上便不是自己的能力了：也无怪他们疑惑。”更有让鲁迅感到这般悲哀的心胸狭隘的学生干事；看日俄战争的幻灯便喝彩，且不管其中一张幻灯放映的是作为间谍而被枪杀的中国人的场面，“围着看的也是一群中国人”。看到这些的“在讲堂里还有一个我”，学生们不管你是否为难，都热衷于喝彩，藤野先生就在这混杂中存在。作为弃医从文的理由，鲁迅从这种屈辱中逃离，他珍藏一张写着“惜别”的藤野先生的照片离开仙台。如果只有“漏题”事件，也许鲁迅不会离开仙台，但加之幻灯事件，他就只能离去。离去从鲁迅的方面说是问题的解决，由此《藤野先生》的读者能够理解。但是，到鲁迅解决这个问题之前，即创作《藤野先生》之前，他回顾屈辱将之升华到爱和憎，却耗费了漫长的生活时间。而且，鲁迅确实是为了创作作品而离开仙台的，正如当时乐于助人的好人、心胸狭隘的学生干事，恐怕也包括藤野先生，都不能理解鲁迅离开仙台的原因一样，即使在今天也不能理解。他们不仅不理解，而且无数个鲁迅无数次离开仙台，无数个藤野先生都不会理解的。

太宰治的《惜别》也没有解决这个问题。《惜别》中的鲁迅，是太宰治式的多嘴多舌；“孔孟之教”是鲁迅思想完全反对的，它只是播布在一部分日本人头脑中的低级的常识观念；理应是嘲笑者却成了“忠孝”的礼赞者等等，这些由于作品和作者有所制约而作的论述，所以我并不过问。但我必须指出：“漏题”事件和幻灯事件是作者个别提出的，因而简单对待在幻灯中途退席则过于轻率；两个事件并未给鲁迅以沉重的打击，因而他的文学志向是受外部影响所致；他对学生干事的憎恶并不清晰，因而对藤野先生的爱也停留在较低的水平，所以不能呈现离开仙台后的鲁迅的姿态。为淡薄对鲁迅所受屈辱的共感，而没有分清爱和憎，因此作者意图提高的爱在这个作品中恐怕没有实现。并且，我想从《藤野先生》中忘记卑劣的学生干事，只选取藤野先生，这和将藤野先生冠以“日本人”或者穿上“我”的外衣，使其成为好人的心情，具有共通的基础。

为了爱鲁迅之所爱，就要恨鲁迅之所恨。不憎恶使鲁迅离开仙台，离开日本的东西，就不能爱鲁迅本身。鲁迅说："我从我憎恶的东西中爱被我憎恶的东西。"我所希望的是能够结晶爱的强烈的憎恨。

选自［日本］竹内好著，靳丛林编译《从"绝望"开始》，
北京：生活·读书·新知三联书店2013年版，第174—176页。

第六章

《荷塘月色》的教学功能与文本呈现

朱自清的《荷塘月色》写道:“我”这几天心里颇不宁静,于是想起日日走过的荷塘,便动身前去。“我”看到了月色下荷塘和荷塘上的月色。于是,想起了江南采莲的情状,想起了古代《采莲赋》和《西洲曲》所描述的欢乐场面。可是,现在“我”什么都没有,最终只好推门回家。

1927年7月,这篇散文发表于第十八卷第七期《小说月报》;1928年10月,被收入散文集《背影》;1931年1月,首次被《新学制中学国文教科书初中国文》选作课文。从1931至1949年,该文至少被如下21套中学语文教科书选作课文。

编者	教科书名称	册次	出版社	时间、版次
王侃如等	《新学制中学国文教科书初中国文》	第5册	南京书店	1931年1月初版
赵景深	《初级中学混合国语教科书》	第3册	北新书局	1931年7月初版
孙俍工	初级中学用《国文教科书》	第1册	神州国光社	1932年6月出版
姜亮夫、赵景深	《初级中学北新文选》	第4册	北新书局	1932年9月再版
周颐甫	初级中学用《基本教科书国文教本》	第2册	商务印书馆	1932年10月初版
傅东华、陈望道	初级中学用《基本教科书国文》	第2册	商务印书馆	1932年11月初版
王伯祥	初级中学学生用《开明国文读本》	第4册	开明书店	1932年11月初版

(续表)

编　者	教科书名称	册次	出 版 社	时间、版次
文化学社	《初中三年级国文读本》	第6册	文化学社	1932年出版
徐蔚南	初级中学学生用《创造国文读本》	第2册	世界书局	1933年1月再版
马厚文	《初中国文教科书》	第1册	光华书局	1933年8月出版
朱剑芒	《朱氏初中国文》	第2册	世界书局	1934年1月审定3版
夏丏尊等	《开明国文讲义》	第1册	开明书店	1934年11月初版
施蛰存等	《初中当代国文》	第2册	中学生书局	1934年1月初版
正中初中国文教科书编辑委员会	《初级中学教科书国文》	第2册	正中书局	1935年1月初版
南开中学	《南开中学初二国文教本》	上册	编者自刊	1935年秋出版
夏丏尊、叶绍钧	《国文百八课》	第2册	开明书店	1935年出版
叶楚伧	《初级中学国文》	第2册	正中书局	1935年4月初版
宋文翰	《新编初中国文》	第3册	中华书局	1937年3月初版
朱剑芒	《初中新国文》	第2册	世界书局	1937年6月初版
教育总署编审会	《初中国文》	第3册	著者自刊	1941年8月修正
教育部教科书编辑委员会	《初级中学国文甲编》	第2册	国定中小学教科书七家联合供应处	1947年版

上表所列收入该文的教科书的多数编者对原文的主旨作过阐释，对其教学功能作过设定，并对文字作了处理。下面，我们从这三方面来看编者们对该文所进行的阐释方式及结果。

一、关于主旨的阐释

这篇散文开头写因想排遣自己连日的苦闷而出门，再在写欣赏荷塘、月色时获得了暂时的超脱，又写联想到江南采莲的欢悦和自己无法消受的落寞，最后写在落寞中推门回家。情感复杂，有哀愁，也有喜悦；且非单一发展，而是交错推进。

（一）间接阐释

在以上收录此文的21套教科书中，多数编者并没有联系写作的背景来探求文章的主旨。从下文将要讨论的原文删节来看，选择此文的教科书的编者一般不认为全文的情感基调过于消极、低沉，如全选该文的《创造国文读本》的编辑大意称："所选教材，篇篇都是积极的、建设的、适合国情的，文艺作品则尤注重于深入浅出而又耐人寻味者。"作为其中之一的《荷塘月色》，自然也是"积极的、建设的、适合国情"的了。可能在有些编者看来，即便其中某些词句略含消极、低沉的意味，也是可以通过删节来改变的[①]。

（二）直接阐释

明确指出该文是通过写美丽的荷塘之景来寄寓作者某种积极之情，或阐发某种人生之道的是教科书的编者朱剑芒，他在自己所编的两套教科书中对这一篇文章作了两种并不完全相同的阐释。

1. 观赏美景，获得乐趣

朱剑芒在《朱氏初中国文》(1934) 的第2册中将《莲花》(冰心) 和《荷塘月色》归为第19组"描写荷花的状态"。他在该书的编辑大意中指出，"本书各篇注释后，更附以重要参考材料：……时代背景，凡有所寄讬的作品，可以考见其当时背景的，即详为指出"。不过，在《荷塘月色》之后，并未附上任何时代背景介绍的文字，可见，最起码在编者看来，文中并无"寄讬"。不仅如此，文后的参考资料还在介绍本文的文体时指出："本篇为侧重描写的记事文。内容系写荷塘上月下所见的景色，并引古人诗赋，推想采莲时的乐趣。"可见，编者认为，课文写美丽的景色是为了吐露自己的喜悦之情，引古人诗赋是为了推想其中的乐趣。

2. 独处幽境才能获得自由之感，胸襟潇洒才能领略独处之妙

《初中新国文》(1937) 是朱剑芒在《朱氏初中国文》(1934) 的基础上编成的，该书的第2册将《初夏的庭院》(徐蔚南)、《莲花》(冰心)、《爱莲说》(周敦颐) 和《荷塘月色》归为第12组"时令与花卉的描写"。《荷塘月色》的课后就"内容"方面"设问"："人当什么时候，最觉得自由？人具有怎样一种胸襟，才能领略独处的妙处？"朱剑芒所编的与教科书配套的《初中新国文指导书》(1937) 对此所给予的"答案"是"人当独处在风清月白非常幽静的时候，最觉得自由。人具有极潇洒的胸襟，才能领略独处的妙处"。即课文阐发了独处幽境才能获得自由之感、胸襟潇洒才能领略独处之妙的道理。

① 大概是觉得这篇文章太美了，1936年上海大公职业学校的郁鬱竟然将原文照抄，只在将正文开头的文字稍改了一下（"太阳将和大地做甜蜜的接吻，阵阵的乌鸦，成群结队的飞向林中，去作长时间的休息。墙外小孩们在马路上的欢笑，已经听不见了。我独自在院子里坐着乘凉，心里很是烦闷，忽然想起日日走过的荷塘，在这满月的光里，总另有一番样子吧！当这明亮的素光，高高地悬在天空，家里的人们，早入酣恬的睡梦。只有嫂嫂在房中拍着侄儿，迷迷糊糊地哼着眠歌，我悄悄地披了大衫，带上门出去。），并将结尾中的"妻"改为"嫂"，然后将题目改成了《夏夜的荷塘》。令人匪夷所思的是编者竟然将这篇抄袭之作发表了。郁鬱《夏夜的荷塘》，《读书青年》，1936年第一卷第五期第42—43页。

二、关于功能的设定

任何一个文本，一经选入语文教科书就变成了教师教、学生学的对象或媒介，即教学文本。作为一个教学文本，编者会考虑其在整个学段、整册课本、整个单元中所担负的教学任务，让其发挥相应的教学功能。笔者曾在《夏丏尊、叶圣陶的语文教科书选文功能观评析》一文中，以《背影》为例，对夏、叶两位教科书编者所确定的“全息”、“例子”、“凭借”和“引子”等选文的四重功能进行了分析，并对他们这种形式主义的选文功能观提出了批评[①]。这里虽然仍然沿用这四个名称，但对各种功能内涵的界定和以前稍有不同。下面，我们看选择《荷塘月色》一文的教科书的编者是如何赋予该文以不同的教学功能的。

(一) 引子

将课文仅仅当作可以触发学生进行与之有关联又有区别的阅读和写作，也可以是由其触发学生对人生的某种感悟的一个材料。

朱自清　荷塘月色

這幾天心裏頗不寧靜，今晚在院子裏坐着乘涼，忽然想起日日走過的荷塘，在這滿月的光裏，總該另有一番樣子吧。月亮漸漸地升高了，牆外馬路上孩子們的歡笑，已經聽不見了；妻在屋裏拍着閏兒，迷迷糊糊地哼着眠歌，我悄悄地披了大衫，帶上門出去。

沿着荷塘，是一條曲折的小煤屑路，這是一條幽僻的路；白天也少人走，夜晚更加寂寞。荷塘四面，長着許多樹，蓊蓊鬱鬱的。路的一旁，是些楊柳，和一些不知道名字的樹。沒有月光的晚上，這路上陰森森的，有些怕人。今晚卻很好，雖然月光也還是淡淡的。

第二組　荷塘月色　三一

《新学制中学国文教科书初中国文》(1931)

将《荷塘月色》仅仅作为描写景物的阅读材料或仅仅作为课外写作以荷塘或月色为题材的作文的话题，则是发挥其引子的功能。在20世纪二三十年代，一直有人认为，写作、阅读能力的提高，并非靠分析文章的形式或训练读写的方法可以奏效的，而主要靠经验的积累和阅历的增加，而学习课文就是间接积累经验、增加阅历的一种方式，或者说，只要理解了课文内容，日后自然就会作出文章。所以，课文的选择偏重于内容，其编排多以主题为主，以增强学生的阅读兴趣。下面这些教科书，对《荷塘月色》的

① 张心科《夏丏尊、叶圣陶的语文教科书选文功能观评析——兼说“教教材”与“用教材教”》，《中学语文教学》，2008年第5期。

功能设定，多属此类。

《新学制中学国文教科书初中国文》(1931) 的“例言”称：应选择那些“能引起学生研究文学之兴趣，并涵养其创作之能力”的作品作为课文，然后“用集团编制法，务求内容之联络，不拘牵于文体之形式，以期与初中学生固有之经验相适合”。其第5册第2组由《西湖香市》(张岱)、《荷塘月色》和《西湖纪游》(舒新城) 3篇有关“湖”、“塘”的文字组成。

《初级中学北新文选》(1932) 所选择的课文绝大多数为文学作品，课文的组织并无规律，其目的就是让学生自由阅读以积累写作素材或人生感悟，发挥选文的引子功能。如其第4册第193课是周作人的《苍蝇》，而为了便于了解周作人的风格，编者还在其后附录了周作人的《山居杂诗》作为“补白”；第194课是《荷塘月色》，同样为了便于学习描写月色，编者还在其后附录了林憾的新诗《月亮》：“当我困倦要睡时，月亮从窗间探入。我移首在月亮里，畅然清爽地呼吸。月是那么皎洁清白，带着很轻微的蜜色。在烘托的白云底子，映一圈华丽的光彩。在窗间的小天地，只有我、月、风、云。四个超乎尘间的，静寂地相慰相怜。”

《初中三年级国文读本》(1932) 的第6册将《社戏》、《满井游记》、《士会还晋》、《李斯论》、《荷塘月色》、《端午节》和《幸福的家庭》放置在一起。编排时，编者既不考虑其题材的一致，也不考虑其体裁的一致，只是杂乱地排列，其目的不在于让学生在比较中掌握某种题材或体裁的不同写法，而只是让学生理解、欣赏单篇课文的内容。

常的自己，到了另一世界裏。我愛熱鬧，也愛冷靜；愛羣居，也愛獨處。像今晚上，一

荷塘月色

創造國文讀本　第二冊　七九

《创造国文读本》(1933)

《创造国文读本》(1933) 的编辑大意认为，要提高学生的读写能力，首先要从培养其阅读兴趣开始，“专载社会秽闻的朝报，不用训练，学生看得津津有味；见神见鬼的小说，不用诱导，学生百读不厌”。如果要养成阅读书报的习惯和欣赏文艺的趣味，除配置一些插图外，就是要选好

课文，以这两方面作一个引子，最终使之“成为教员爱教，学生爱读之书”。所以，该书所选均为意趣盎然的名著，如其第2册第20—25课为《广池》（文震亨）、《筠溪翁传》（归有光）、《方山子传》（苏轼）、《不二斋》（张岱）、《是谁把》（刘大白）和《荷塘月色》。

《初中国文教科书》（1933）的编辑大意称：“教材选录，形式内容允宜并重。昔时之弊，在于偏重形式，内容遂多不尽适宜。近今之弊，又多偏重内容，文字遂至并无精采，甚或不尽妥贴。”虽然选文时兼顾了作品的文与质，但编者既没介绍作品形式方面的知识，也没有在课后设置读写训练的习题，而只是认为应将内容和形式近似的某些课文放置在一起，因为这一方面可以培植学生欣赏文学的基础，一方面可以让学生了解各种文体不同的表达方式。其第1册将《没有秋虫的地方》（叶绍钧）、《秋夜》（鲁迅）和《荷塘月色》并为第9组，目的就是如此。

《初级中学教科书国文》（1935）更注重作品内容的趣味性和启发性，“注重学生自动研究”。其编辑大意称：第一至三学年，课文的体裁由“记述文抒情文”到

“抒情文说明文”再到“议论文应用文”，相应地，第一至三学年的题材及考量在于由“参照学生生活之经验，供实际的体会”到“引申青年既有之思想，求较深的了解”再到“阐发生活理想之涵义，作系统的整理”。其第2册按主题分为“修业”、“进德”、“健体”、“审美”和“爱族（家族国族）利群”5个单元。其中《自由与放纵》、《革命之勇气》、《毅力》、《欧洲人冬夏两季的生活》、《新生活与健康》、《游江上诸山记》、《初夏的庭院》和《荷塘月色》属于“爱族（家族国族）利群”单元。学习这一课的目的即在于“引申青年既有之思想，求较深的了解”。

《荷塘月色》选自《长虹》1936年第2卷第10期

《初级中学国文》（1935）是模仿《初级中学教科书国文》

(1935) 编写而成的。其编辑大意称："本书选材，其文字标准，遵照部定教材大纲，更分别说明如左：1. 记叙文以状叙明切，词意显豁，能引起学生之兴趣者为主。2. 抒情文以声情激壮，意味隽永，能发扬学生之情意者为主。3. 议论文以说理透澈，平正条达，能启发研究之兴味者为主。""本书选材，根据上列标准，由浅入深，分配于三个学年，其编配如左：1. 第一学年：参照学生生活之经验，供实际的体会。2. 第二学年：引申青年既有之思想，求较深的了解。3. 第三学年：阐发生活理想之涵义，作系统的整理。"其第2册分为4单元："1. 亲爱精诚　凡叙述亲族朋友之爱，及阐发济物利群之精神者属之。2. 民族意识　关于卫国御侮，及发扬民族精神者属之。3. 学业修养　关于学问及人格之修养属之。4. 身心陶冶　关于欣赏、健体、娱乐均属之。"其第2册第36—40课《欧洲人冬夏两季的生活》(李石岑)、《秃的梧桐》(苏梅)、《游江上诸山记》(汪缙)、《初夏的庭院》(徐蔚南) 和《荷塘月色》均属于"身心陶冶"单元。

《初级中学国文甲编》(1947) 是奉蒋介石之令编写的，如其"编辑经过"称："二十七年 (1938年——引者) 中央颁布《抗战建国纲领》，又有改编教材之规定；本部复于同年奉总裁手谕，令即改编中小学语文、史、地、常识诸教科书，因即选聘编辑人员，改组本会组织，另订计划，赓续工作。"所以，该书必然强调选文的思想性，如其"编辑要旨"称："本书所选诸文，除根据课程标准各有中心思想，并采取平实精神，以期内容具有模范群伦、包涵各家之风度"；轻视文学趣味的培养，如"编辑要旨"称："此外并选取与文情有关或具有代表性质之诗词附列于各文之后，以作补充，稍养成学者欣赏文艺趣味，但非为必读之资料。"该书的编者将读写技能的培养置于无足轻重的位置。其第2册第30—34课为《初夏的庭院》(徐蔚南)、《夏天的生活》(孙福熙)、《爱莲说》(周敦颐)、《莲花》(谢婉莹) 和《荷塘月色》，"附诗"为《七夕》(杜枚)。整册书后所附《荷塘月色》的"题解"写道："《荷塘月色》亦系写个人单独观赏，与《初夏的庭院》同党充满静趣，惟环境各别，一为雨中，一系月夜，写来便觉情味不同。本篇写景物及心情，亦极细腻入微，可供观摩。"即学习该课的重点是让学生体会其中的"情味"。将其和《爱莲说》、《莲花》放置在一起，是希望师生讨论莲的品性高洁；将其和《初夏的庭院》、《夏天的生活》、《七夕》放置在一起，是希望师生感受夏天的生活？可能性都较大。

(二) 全息

此处所谓的"全息"，指把作品当成一个内容和形式的综合体；将其选作课文，就是要让学生从各个层面和角度学习其内容和形式。

《初中新国文》(1937) 要求从内容和形式两方面来分析课文，如其编辑大意称：一方面，选编时注意选文的"题旨或内容"，另一方面是附录"补充教材"("本书补充教材，分读书方法，作文方法及文学概论三种：悉取现代或近代名家所著具有条理而便于讲述的作品，庶于正教材教学完毕，尚有余裕时，可以此补充；课外亦得浏览，藉以增进读法与作法上的各项知识")和"习作"练习("本书每篇后悉附习作一项，使学者常将'仿造'，'译作'，'变换'，'比较'，'统计'等各种方法，更番练习，以资纯熟")。与之配套的《初中新国文指导书》，则针对每课设置了包含"内容研究"和"外形研究"在内的4项教学内容："1. 内容研究。包含：教材出处，作者传略，生字音义，词语诠释，及事实考证等。2. 外形研究。包含：文章体制，词性，词位，句法，修辞法等。3. 整理。包含：形式方面之表解，图解等。4. 答案。包含：讨论外形问题之解答与讨论内容问题之解答。"

《初中新国文》(1937) 的第2册第12组"时令与花卉的描写"选入了《初夏的庭院》(徐蔚南)、《莲花》(冰心)、《爱莲说》(周敦颐) 和《荷塘月色》4篇课文。第2册的补充教材有介绍读法的《论读书》(贺昌群)、《读书与自动的研究》(宗白华)和介绍作法的《谈作文》(朱光潜)。《荷塘月色》的课后"设问"为"[外形方面] 本文内'白天也少人走，夜晚更加寂寞'的'更'，应认为什么连词？'酣眠故不可少，小睡也别有风味'，是主从复句的什么句式？[内容方面] 人当什么时候，最觉得自由？人具有怎样一种胸襟，才能领略独处的妙处？""习作"为"试将任何一个所在的月夜景色，依照自己的经历描写一下"。与之配套的《初中新国文指导书》，则通过内容研究、外形研究、整理、答案等为师生的学习《荷塘月色》提供详细的参考。如外形研究就从"文体"("本文为纯粹的记叙体裁，系写深夜在月光下所见荷塘中及四周的景色")和"文法"("比较连词的种种")两方面予以分析。

(三) 例子

此处的"例子"，指把选文当成学习写作的样板，而且认为教学时只要将有关选文形式方面的知识分析清楚就可以让学生学会写作。

《初级中学混合国语教科书》(1931) 的编辑大意称："本书尤注重文法与修辞，依照部定下列两项编辑，实为尝试之创举：'每授一文，就文中选取可借文法或修辞法说明之点，详为指示。''就选文中摘取文法或修辞的习题，令学生练习'。"其第3册第5课为《荷塘月色》，课后附有"作文法"，以《荷塘月色》来解说"记事文的动状"的写作知识："记事文既是记状态，性质，效应，当然是静的，但这是就作者的旨趣来说的。所以有时虽写的是动状，仍是记事文。例如：这时候叶子与花也有一丝的颤动，像闪电般，霎时传过荷塘的那边去了。这句话里的‘颤动’便是动状。但这不是叙事，注重点在‘叶子与花’，而不在‘颤动’。作者只是想写荷塘，并不想写荷塘里所发生的事件。文字不比图画，记事而写时间是不能免的，并且这也就是文字的长处。大约记事文与叙事文的分别，在于：记事文的动状没有连续性，而叙事文的动状是有连续性的。颤动也止于是颤动罢了，在前后因果上并无若何关系，这本来是记事呀。”可见，“例如”一词之下的内容就是以《荷塘月色》中某些句子作为例子来解说“记事文的动状”知识，进而说到记事文和叙事文的区别。随后，课后“练习”从课文中选择了5句描写，并问其所用方法是动状还是静状。

《基本教科书国文教本》(1932) 的编辑大意称：“本书第一、二、三各册每课正文后附以文法一项，凡词性、词位、句式等顺序编次，用演绎式，先下定义，再举例证。例证多采课文，间有出于拟作及征引他书者。于论句式时，参用图解法，以期收分析与综合之实效。所选新旧体诗，间附附说，略及其作法，以为初习之指导。”其第2册第54—56课为《爱莲说》(周敦颐)、《荷塘月色》和《观荷》(孙原湘)。选择《爱莲说》这篇托物言志的文言只用来说明“顺序的承接句”法；选择《荷塘月色》这篇优美的叙事写景散文只用来说明“联立复句的分类”；选择《观荷》(“蜻蜓蝴蝶两飞忙，扑叶穿花翅尽香。一对间村小儿女，贪拗莲子水中央。”)这首充满童趣的诗只是用来说明“七言绝句的作法”。

《基本教科书国文》(1932) 的编辑大意虽然称选文时应避免偏重内容或偏重形式的弊端，但该书最终还是偏重了形式，因为其编辑大意又称其选取某作品作为课文“目的只在为某种文体或某种技艺示例”，且每课之后附上“说明”(介绍作法)、“文法和修辞”，“这些说明虽然散在各篇，合之自成系统，便是把一部文学概论和作文论分散开来”，这些“文法和修辞”也同“说明”一样，“虽然分散在各篇之后，合起来自能成为一部系统的文法和一部系统的修辞学”。换句话说，书中的每篇课文只是用来说明上述两大知识系统中某个知识点的例子而已。如该书第2册第54—58课分别为《苏打水》、《苦旱行》、《谈情与理》、《荷塘月色》、《夏夜欢》、《从皆有不忍人之心》，各课之间的题材、体裁及语体等关联不大。《荷塘月色》后附的“说明”结合课文讨论了“直观的判断”这种写作方法：“直观的判断不但用于议论文，其实一切体裁的作品都离它不了。就如这篇，本是小品文，而亦以直观的判断为基础。因为作者认为这荷塘月色值得描写，便是一种直观判断的结果，而于这月下景物之中，又选择了一部分，撇掉了一部分，也不外是直观判断的结果。直观的判断有明有暗。选择题材是暗的判断，但也有明白地点出的，如本篇——我爱热闹，也爱冷静；爱群居，也爱独处。像今晚上，一个人在这苍茫的月下，……这是独处的妙处。叶子底下是脉脉的流水，遮住了，不能见一些颜色；而叶子却更见风致了。虽然是满月，天上却有一层淡淡的云，所以不能朗照；但我却以为这是恰到好处。”“文法与修辞”则用课文中的语句说明三种“白话里常用的后附助动词”。

《开明国文读本》(1932) 的编辑大意称：“第三四册于体裁外，更注重于文章之组织及风格，期使读者得进一步究明作文之技术及养成欣赏文艺之兴趣。”“本书另有参考书六册，专供读者自习及教师参考之用，除说明文章之内容、体裁，选集之来历，作者之生平及诠释疑难之字义、语句外，更特别注重于文法之词性、词位，造句、作文之方式，文言文与语体文之比较，修辞学上之组织法，藻饰法，文体之分类、比较及文学批评概略，文学史概略等，均就已读各文采取例证，详为指陈，兼多列习问以为实习之材料。更采取与本文有关系之他篇文字，择尤排比，以备参证。”只不过“因材料过多，且恐读者分心，故别成专册，不附入本书之内”。可见，选入其第4册中的《荷塘月色》一文，也只是用来解说某种文章形式方面知识的例子而已。

《朱氏初中国文》(1934) 的编辑大意称：“本书所选教材，内容形式，双方兼顾，以思想纯正，组织完备为两大标准。”“本书各篇排列，务求彼此联络，凡同一题材或内容相近的作品，必集两篇以上列于一起，以资教学上的连贯。”不过，其所选作品也主要作为解说某种写作方法的例文来使用的，如其编辑大意又称：“本书各篇注释后，更附以重要参考材料：(1) 文体说明，用以解释本篇所属之文体，及其内容的要点。(2) 文章作法，自词性辨别、标点种类、句式构成、成语使用、篇章结构，以至修辞方法，条举缕析，分列于各册各篇，并随时摘出课文恰有的材料，以为例证。至每册所附的文法，更分为若干组，于每组结束处，并附‘习作’一项，以供学者练习，间可作教者测验的材料。”其第2册中的《莲花》(冰心) 和《荷塘月色》就是第19组“描写荷花的状态”中的例文。从《荷塘月色》课后所附的“参考”来看，主要是将其用来解释“侧重描写的记事文”和“引号的标法”。

《开明国文讲义》(1934) 的编辑大意称：“第一、二两册注重在文章的类别和写作的技术方面。”“在第一、二两册里，每隔开四篇选文有一篇文话，用谈话式的体裁，述说关于文章的写作、欣赏种种方面的项目，比较起寻常的‘读书法’‘作文法’来，又活泼，又精密，读了自然会发生兴味，得到实益。”“在第一、二两册里，每隔开四篇选文有一篇关于文法的讲话。文法完了以后，接着讲修辞。”“文话、文法等的后面附着练习的题目，有的是属于测验性质的，有的是待读者自己去发展思考能力的，逐一练习过后，不但对于选文和讲话可以有进一步的理解，并且可以左右逢源，发见独自的心得。”其第1册第15—18课《康桥的早晨》(徐志摩)、《荷塘月色》、《雕刻》(蔡元培)和《新生活》(胡适)构成一组。《荷塘月色》之后的“文法”是“诸格的变式”。“文法”介绍中用《荷塘月色》等课文中的句子解说了“主格的变式”和“目的格的变式”的相关知识。这4篇文章之后的文话“写境”，先解说了记述文、叙述文和解说文、议论文的区别，再以《康桥的早晨》和《荷塘月色》为例来说明“写境”所具的“决定取舍”和“写自己所感觉的”两个“要义”。最后设置的是“练习”:“假如记述群众大会场的情况，写作目的在表出会场中的热烈空气，试问那一些材料是你预备取的?”

《初中当代国文》(1934)的编辑大意称：每册“插入文法若干讲”，其中“第一学年讲授词性及其转变，词位及各种单纯的句式”。其第2册第18“周”中的《荷塘月色》和周作人的《山中杂信》、《苍蝇》就被附上了“词位——实体词的七位”这项文法知识。

《国文百八课》(1935)的编辑大意称:“本书选文……内容方面亦务取旨趣纯正有益于青年的身心修养的。惟运用上注重于形式，对于文章体制、文句格式、写作技术、鉴赏方法等，讨究不厌详细。”换言之，“这是一部侧重文章形式的书，所选取的文章虽也顾到内容的纯正和性质的变化，但文章的处置全从形式上着眼”。[①] 其编辑大意又称:“每课为一单元，有一定的目标，内含文话、文选、文法或修辞、习问四项，各项打成一片。文话以一般文章理法为题材，按程度配置；次选列古今文章两篇为范例；再次列文法或修辞，就文选中取例，一方面仍求保持其固有的系统；最后附列习问，根据文选，对于本课文的文话、文法或修辞提举复习考验的事项。”可见，选文中虽然有文学作品，但是编者更关注的是其形式方面是否符合可以作为某种写作或阅读方面知识的例证的条件。该书第2册第16课的文话是“景物描写”。文话指出，描写景物“第一要选定自己的观点”(观察点)，“第二要捉住自己的印象”(感觉)。用来证明文话的文选三十一是《黄浦滩》(《子夜》)、三十二是《荷塘月色》。文法是“补足格的几种样式(二)”，即从文选中选例解说。习问则结合前三项设置问题和练习:“1. 试把常见的地方(如家庭、学

① 夏丏尊、叶圣陶《关于〈国文百八课〉》，中央教育科学研究所编《叶圣陶语文教育论集(上)》，北京，教育科学出版社1980版，第177页。

校、市场、田野、山岭、河流等）的印象写出来。2. 试从文选三十一、三十二里，举出一些具体描写的例子。3. 从文选三十二里找出譬喻、拟人、引用的例子来。4. 补足语和补足格有什么区别？主格补足语和目的格补足语有什么区别？ 5. 下列各句，都是含有补足格的，试一一辨别，哪些是完整的句式，哪些是省略了的句式？采莲是江南的旧俗……”

（四）凭借

此处的“凭借”，指通过设置问题、交代任务的方式，让学生在读的过程中掌握朗读或默读、精读或略读以及散文文体阅读等技能，让学生在续写、仿写、改写或写作读后感的过程中提高写作能力。

《国文教科书》（1932）的编辑大意称：“本书编制把每学期分成数个单元。每单元教学一种文体，或一种文体底一部分”，希望能做到“精读，作文，作法三者须相互关联使在教学上打成一片”。其第1册第2单元由《自然的微笑》、《泰山日出》、《大旱的消失》、《我们的秋天》、《秋》、《秋夜》、《巴黎的秋夜》、《夜月》、《荷塘月色》、《雪》、《黄昏》和《星》组成。这一单元的教学是通过“精读”有关“记事”“天象”和“季节”的课文，进行“天象季节描写”的作文训练，让学生掌握“天象形态描写法”的“作法”。其中学习《荷塘月色》就是学习“夏天的描写”。为此编者还列举了8道相关的“作文练习题”——《朝暾》、《古道斜阳》、《初秋的风》、《中秋月色》、《繁星》、《雪岭》、《深宵》、《薄暮》。其中的《中秋月色》、《繁星》和《深宵》的写作训练，可视为学习《荷塘月色》之后所要进行的迁移练习。

《南开中学初二国文教本》（1935）的上册第1单元包括5篇正课和4篇副课：1.《绿》（朱自清）/《李思训画长江绝岛图》（苏轼）。2.《荷塘月色》。3.《西湖游记二则》（袁宏道）/《饮湖上初晴后雨二首》（苏轼）。4.《西山游记二则》（袁宗道）/《夜游孤山记》（邵长蘅）。5.《游江上诸山记》（汪缙）/《题西林壁》（苏轼）。该单元的“教学纲要”称：单元的“教学目标”在“使学生明瞭记载文的体性及其作法，并能写作自然景色的记载文”。课文的“选择标准”系“根据本单元中心及教学目标，选择足以阐明记载文作法及学生易于模仿的文章”。课后也并无任何写作知识短文。可见，将《荷塘月色》等选作课文，就是希望学生以此为凭借来“模仿”该单元中“自然景色的记载文”的写作。

《新编初中国文》（1937）和《初中国文》（1941）的内容、体例几乎相同。因为后者只是购买了前者的版权，更换了书名、署名和几篇课文而已，其他则照搬。《新编初中国文》（1937）的编辑大意称：“本书各册课文组织，采分组法，依内容或体制之相同或相近或连带关系，分为若干组，每组自成单元。”其第3册第2组由《画》（苏梅）、《小洋》（王思任）、《荷塘月色》和《杂记二篇——〈记承天寺夜游〉（苏轼），〈龙井题名〉（秦观）》组成。每课前后并无知识短文，只是用问题引领学生结合课文思考或练习读、写技能，如《荷塘月色》的课后“习题”为“（一）指出篇中印象写得最明显的一段。（二）同是写荷花，何以会各不相同？”

综上可见，《荷塘月色》在多种教科书中承担着上述四重教学功能。正因为我国的教科书以单篇选文组合而成，而一篇选文又具有多重教学功能，所以编者通过编辑大意、单元导读、课后练习等赋予一篇选文以特定的教学功能是应该的，这样既可以确保整册乃至全套教科书中的知识、能力的系统性，又便于教师在教学设计时在通盘考虑的基础上恰当地确定单篇选文的教学内容。但是，教师的重新开发也是必要的。如果编者所预设的教学功能不是课标所规定的各学段的教学内容，或者选文本身的特点更能发挥编者所预设的其他的教学功能，或者编者预设的教学功能受学生的知识能力水平、思维特点以及具体课堂教学情境等限制而难以发挥，就应该进行适当的调整。

三、关于文字的处理

在1997年的语文教育大讨论中，有人对当时人教社出版的高中《语文》教科书对朱自清的《荷塘月色》的删节提出了批评，批评者指出，“被誉为白话‘美文’的朱自清的散文《荷塘月色》，是（20世纪）30年代以来语文教科书必选的范文。这不仅因为它写得漂亮而缜密，而且也为现代语体文建立了一种纯正朴实的新鲜作风。它宛如一块纯净、完美的玉石，无法切割。然而现在课本编者却把它切割了”[①]。其实，作家在创作作品时，一般并不会考虑其是否会被选作课文，或者如何适合作文课文。也就是说，就教育者看来，作家笔下的文本只是自然文本。如果将这篇作品选作课文，即将其作为教学文本，那么除了考虑其适合用来完成一定的教学目标外，还要考虑接受对象的知识、能力水平和心理、生理发育水平。当然，因为编者的观点不同，所以对同一篇自然文本的处理方式也不同，有些编者会将其原文照录，有些则会对其进行删节、改写，而使其在表达上更规范，且避免在内容方面可能会对学生产生的不良影响。《荷塘月色》在被选入教科书时，编者或照录全文，或对其一处或几处文字进行了删节。如下表所示。

① 王丽编《中国语文教育忧思录》，北京：教育科学出版社1998年版，第152页。

教科书名称	文字处理				
	全选	删节			
		颇不宁静	出浴美人	峭楞楞如鬼	采莲赋曲
《新学制中学国文教科书初中国文》	✓				
《初级中学混合国语教科书》			✓		
初级中学用《国文教科书》	✓				
《初级中学北新文选》			✓		
初级中学用《基本教科书国文教本》	✓				
初级中学用《基本教科书国文》			✓		
初级中学学生用《开明国文读本》	✓				
《初中三年级国文读本》			✓		
初级中学学生用《创造国文读本》	✓				
《初中国文教科书》	✓				
《朱氏初中国文》	✓				
《开明国文讲义》		✓			✓
《初中当代国文》			✓		✓
《初级中学教科书国文》			✓		✓
《南开中学初二国文教本》	✓				
《国文百八课》	✓				
《初级中学国文》			✓		✓
《新编初中国文》					✓
《初中新国文》			✓		✓
《初中国文》					✓
《初级中学国文甲编》				✓	✓

(一) 全选

在以上收入此文的21套教科书中，有9套是照录全文，接近总数的一半。之所以照录全文，除了编者认为该文适合用来完成其所设定的教学目标，且符合学生的知识、能力水平外，还有以下两个原因。

1. 内容、文字并无不当

选录原文时对其不作任何删改，是因为在编者看来，该文内容、文字均堪称典范而无须删改。如全选该文的《新学制中学国文教科书初中国文》(1931) 的编辑“例言”称：该书的“选材标准”之一为“合于青年思想及能力，并能激励其向上之精神者”。如果“选文有篇幅过长，或遇有不合现代生活及思想者，略予删节，以便教学”。可见，在编者眼里，该文内容并无消极、萎靡等不合现代生活及思想者，且篇幅适中。全选该文的《创造国文读本》(1933)、《初中国文教科书》(1933)、《朱氏初中国文》(1934)、《南开中学初二国文教本》(1935)等教科书的编者的观点与《新学制中学国文教科书初中国文》(1931)的编者的观点可能相近。如上文提到，《创造国文读本》的编辑大意称：“所选教材，篇篇都是积极的、建设的、适合国情的，文艺作品则尤注重于深入浅出而又耐人寻味者。”《初中国文教科书》(1933)的编辑大意称：“至于现代作家，亦取其为大众所公认者，宁失之严，勿流于滥。于部定标准所谓浮薄淫靡消极厌世之色采(彩)，尤力求其不致混入。”《朱氏初中国文》(1934)的编辑大意称：“本书所选教材，内容形式，双方兼顾，以思想纯正，组织完备为两大标准。”“本书所选作品，间有嫌其冗芜，稍加删节，然仍力求意义上的连贯，以免割裂之诮。”这些教科书明确列出了选文时应规避的内容和文字等方面的缺点而又全选了《荷塘月色》。这说明，在这些编者看来，《荷塘月色》的原文并无任何不当之处。

2. 选文标准侧重形式

下文将提到，另一些编者对《荷塘月色》中吐露出的一些稍显孤寂的情绪以及出浴的美人、鬼影等用以描写景物，而易引发不良联想的喻体选用等表示不满。不过，如果选文的标准侧重于文本的形式，那么内容稍有瑕疵也是可以忽略不计的。如全选该文的《国文教科书》(1932)、《基本教科书国文教本》(1932)、《开明国文读本》(1932)、《国文百八课》(1935)等。上文就曾提到，《国文百八课》(1935)的编辑大意称：“本书选文力求各体匀称，不偏于某一种类，某一作家。内容方面亦务取旨趣纯正有益于青年的身心修养的。惟运用上注重于形式，对于文章体制、文句格式、写作技术、鉴赏方法等，讨究不厌详细。”可见，选择时更侧重其形式是否符合编者所设定的训练目标，而选文的内容并非其关注的重点，正如该书的编者在《关于〈国文百八课〉》中所说：“这是一部侧重文章形式的书，所选取的文章虽也顾到内容的纯正和性质的变化，但文章的处置全从形式上着眼。”“从形式上着眼去处置现成的文章，也许可将内容不合适的毛病减却许多。”①

(二) 删节

在以上收入此文的21套教科书中，有12套对原文作了删节，超过了总数的一

① 中央教育科学研究所编《叶圣陶语文教育论集(上)》，北京：教育科学出版社1980年版，第177、179页。

开明國文講義

文選　一六.荷塘月色　朱自清

沿着荷塘,是一條曲折的小煤屑路。這是一條幽僻的路;白天也少人走,夜晚更加寂寞。荷塘四面,長着許多樹,蓊蓊鬱鬱的。路的一旁,是些楊柳,和一些不知道名字的樹。沒有月光的晚上,這路上陰森森的,有些怕人。今晚卻很好。雖然,月光也還是淡淡的。

路上只我一個人,背著手踱著。這一片天地好像是我的;我也像超出了平常的自己,到了另一世界裏。我愛熱鬧,也愛冷靜;愛羣居,也愛獨處。像今晚上,一個人在這蒼茫的月下,什麼都可以想,什麼都可以不想,便覺是個自由的人。白天裏一定要做的事,一定要說的話,現在都可不理。這是獨處的妙處;我且受用這無邊的荷香月色好了。

曲曲折折的荷塘上面,彌望的是田田的葉子。葉子出水很高,像亭亭的舞女的裙。層層的葉子中間,零星地點綴著些白花,有嬝娜地開著的,有羞澀地打著朵兒的;正如一粒粒的明珠,又如碧天裏的星星,又如剛出浴的美人。微風過處,送來縷縷清香,彷彿遠處高樓上渺茫的歌聲似的。這時候葉子與花也有一絲的顫動,像閃電般,霎時傳過荷塘的那邊去了。葉子本是肩並肩密密地挨著,這便宛然有了一道凝碧的波痕。葉子底下是脈脈的流水,遮

八二

《开明国文讲义》(1934)

半。可见,编者认为该文作为教学文本,有必要对原生文本进行加工改造。从删节的情况来看,主要包括开头写颇不宁静心情,中间写景所用的出浴的美人和鬼影的喻体以及结尾联想到古代写江南采莲的《采莲赋》和《西洲曲》等末尾几段。有些只删去这四处中的一处,有些则删去其中的两处,而这两处又多不相同。删节的原因,也颇不一致。下面试结合其删节的情况来分析相应的删节原因。

1. 颇不宁静

在以上收入此文的21套教科书中,只有《开明国文讲义》(1934) 删去了开头一段:“这几天心里颇不宁静……我悄悄地披上大衫,带上门出去。”之所以删除这一段,可能并不因为该段直接抒发的“颇不宁静”之情而显得有些消极,而是还有一个原因,即不符合编者所设定的教学目标。该书的“编辑例言”第1条便称:“这部讲义里的文章的选录,第一、二两册注重在文章的类别和写作的技术方面。”其第1册第15课《康桥的早晨》(徐志摩) 和第16课《荷塘月色》很显然会归为写景散文,并用来印证这种文体写作知识的例子来使用。其后是用以解说文选的文话——“写境”。既然是专门用来解说“写境”手法的,则选择的重点是其所绘之“景”而非其所述之事,于是,以叙事为主的第一段就不必保留。

2. 出浴美人

直接删去原文中“层层的叶子中间,零星地点缀着些白花,有袅娜地开着的,有羞涩地打着朵儿的;正如一粒粒的明珠,又如碧天里的星星,又如刚出浴的美人”中“又如刚出浴的美人”一句或以省略号来代替的教科书,有《初级中学混合国语教科书》(1931)、《初级中学北新文选》(1932)、《基本教科书国文》(1932)、《初中三年级国文读本》(1932)、《初中当代国文》(1934)、《初级中学教科书国文》

(1935)、《初级中学国文》(1935)、《初中新国文》(1937) 等。在12套对原文作了删节的教科书中就有8套教科书删去这个喻体，这说明在多数编者看来，大概用出浴的美人比喻出水的莲花虽然恰当，但并不适合学生阅读。如上述《初级中学混合国语教科书》(1931) 的编辑大意称："本书所选文字，均注重于兴趣与修养两方面，务使无枯燥及有害身心之文。"如果不删这句，则可能有害学生的身心健康。《基本教科书国文》(1932) 的编辑大意称："我们相信以思想迁就文词或以文词迁就思想的办法都不正当。我们对于教材所含的思想，当然力求其有益于读者的身心，但觉得'国文'科教科书，究与'伦理'教科书有别，故有时所取教材，如果目的只在为某种文体或某种技巧示例，那么思想上但取消极的标准——就是以不致发生恶影响为标准。"可见，即便是在选文时以形式而非内容为重的《基本教科书国文》的编者看来，这一句也是应删去的，否则可能会"发生恶影响"。

其实，早在1922年，周予同在《对于普通中学国文课程与教材的建议》一文中针对语文教材选择时就曾讨论过《红楼梦》是否应该选入的问题，他认为，没人否定《红楼梦》的艺术价值，但是"中学第一、二年级生正当感情强烈，生理心理发生变动的时候，而中国对于性欲教育又太没有研究，能否绝对不发生恶果，确是一个大疑问"。所以，那些"激起兽欲的文章"是不能入选教科书的[①]。1929年，王森然在《中学国文教学概要》中也指出，教科书"选文内容以合于青年心理及青年境遇为准"，他还重复了周予同的观点："初中第一、二年级的学生，正当感情强烈，生理上心理上发生变动的时期，而中国对于性欲教育又太没有研究，能绝对不发生恶果，确是一个大疑问。"[②] 课程标准也一直强调选文思想的积极性，如1932年、1936年颁布的《初级中学国文课程标准》就明确指出，选作精读的教材必须是"合于现实生活及学生身心发育之程序，而无浮薄淫靡或消极厌世之色彩者"[③]。

3. 峭楞楞如鬼

1927年，张文昌在《中学国文教学底几个根本问题和实际问题》中针对胡适、梁启超所开列的中学生必读的国学书目时曾说：中学生在读未经整理的古典小说时，"因为社会鉴赏力不高，往往作者或后人硬凑几段不正当的文字，如描写肉欲与提倡迷信，使一般志力未定的青年读了，不得其益，反蒙其害，虽然你禁止他读，他

① 周予同《对于普通中学国文课程与教材的建议》，《教育杂志》，1922年第十四卷第一号第9页。

② 王森然编《中学国文教学概要》，上海：商务印书馆1929年版，第102页。

③ 课程教材研究所编《20世纪中国中小学课程标准·教学大纲汇编（语文卷）》，北京：人民教育出版社2001年版，第290、297页。

偏要读”，而“挽救之道首在整理”[①]。“整理”其实就是作出必要的删改。如果说《荷塘月色》原文中的关于出浴的美人的比喻是“描写肉欲”，那么“月光是隔了树照过来的，高处丛生的灌木，落下参差的斑驳的黑影，峭楞楞如鬼一般；弯弯的杨柳的稀疏的倩影，却又像是画在荷叶上”中的“峭楞楞如鬼一般”则有“提倡迷信”的嫌疑。多数编者之所以删去出浴的美人而保留鬼影之喻，可能是因为在他们看来，“鬼”首先是无形的，不比刚出浴的美人易引发联想；其次鬼也是不存在的，初中学生不至于读此而产生恐惧之心。不过，原文写到了“鬼”，这毕竟有“提倡迷信”的嫌疑，尤其是《初级中学国文甲编》(1947)是遵循蒋介石手谕而编写的，而蒋介石颇重视“七艺”等儒家教育内容及其他儒家教育思想，所以“子不语怪、力、乱、神”的儒家教育思想，是这套教科书的编者应必须遵循的，所以书中删去了“峭楞楞如鬼一般”之句也不令人奇怪。

4. 采莲赋曲

文章结尾写想起江南采莲的旧俗以及推门回家等几段，在1934年11月《开明国文讲义》出版前均予以了保留，但在此后所有对该文文字进行处理的教科书都对此予以删除。

保留的原因，除编者认为这几段的内容、文字并无不当，而且选择此文标准侧重形式之外，还可能与编者认为其中所引的《采莲赋》和《西洲曲》词义浅显而理解不难有关。如全选此文的《初中国文教科书》(1933)的编者在编辑大意中谈诗、词、曲的选择时称，“诗与词曲，初起皆近谣歌。天趣盎然，最易了解，尤与儿童性情相近。其后文人模仿，踵事增华，真意稍漓，去本遂远。故散文之了解，以近代为易，韵文之了解，则转觉后起较难。兹编选录，即本斯旨，诗与词曲，皆取其初起者”，“美文除《诗》、《骚》等为学生所不能了解者外，后世诗与词曲，亦均采录，启其欣赏之端”。之所以不删《采莲赋》和《西洲曲》等，可能在编者们看来，其均属于这类文体的“初起”之作，用语浅近如歌谣，内容也天趣盎然，和学生的知识水平和接受心理颇为契合，可借此“启其欣赏之端”。

删除的原因，除上述《开明国文讲义》(1934)该文后附文话所说的，这几处引用是“假借的文字”而不合编者所设定的“写境”的标准外，可能还有如下三个原因。

(1) 若不删则不符合编者所设定的佳作标准。《开明国文讲义》(1934)的编

① 张文昌《中学国文教学底几个根本问题和实际问题》，《新教育评论》，1927年第三卷第八期第12页。

者在文话“写境”中以《康桥的早晨》和《荷塘月色》为例介绍了写境的两个要素——“决定取舍”和“写自己所感觉的”。为了说明“写境”是要“写自己所感觉的”(“对于围绕自己的境界，耳朵怎样听得就怎样写，眼睛怎样看见就怎样写，内心怎样感念就怎样写。切不可这样想：当前的是春晓的郊野，以前有什么人什么人也曾写过记述春晓的郊野的文字的；因而便想借用其中一两句甚至一两节。犯着这样的毛病的有那不高明的新闻记者……抛弃那些公式，只算没有读过一篇记述会场、记述春景的文字；完全信用自己的耳、目、心思，按照感觉到的来写，这才真个是写作文字，写作自己的并不假借的文字。《康桥的早晨》和《荷塘月色》都是能充分写出自己的感觉的，每一回描写，每一个比拟，每一处表现，没有假借，没有依傍，全从作者与境界‘直接交涉’而来”)，自然要保留原文中可能引发不良联想的出浴美人、鬼影一般等比拟，因为这确实是作者所见后所产生的独特的感觉；相反，同样是涉及了场景的描写，结尾几处所引《采莲赋》和《西洲曲》等则要删去，因为这并非“作者与境界‘直接交涉’而来”的，而是“假借的文字”。

⑵ 若不删则导致文气不顺、理解不易。《采莲赋》和《西洲曲》毕竟是古代的诗文，掺杂在白话文中，不仅不协调，而且理解起来也不易。如原文其他文字未动而仅删去这几段文字的《新编初中国文》(1937) 和《初中国文》(1941) 的编辑大意均称：“本书所采用之课文，遇有篇幅过长及初学难解之处，间有删节或改动处，期合于教学之用。”不过，如果删去，那也并不影响学生对整篇课文的理解，如朱剑芒主编，1934年1月出版的《朱氏初中国文》全选了此文，而在自己主编，1937年6月出版的《初中新国文》中却对此作了删节。《初中新国文》的编辑大意就指出：“本书所选各时期名家作品，概以简短而便于精读者为主，间有略加删节，于意义及行文气势，仍力求其连贯，绝不随意节短，以致支离碎割。”即如果删去这几段文字，那么对文章所要表达的“意义及行文气势”并无妨碍，甚至删去稍显凝滞的文言诗歌，还可使文气更加顺畅。

⑶ 若不删则显得内容不佳、情绪消极。和出浴的美人遭删节的原因一样，《采莲赋》和《西洲曲》中所写是在“风流的季节”中一群“唱着艳歌”的“妖童媛女，荡舟心许”的情境。如果说原文中出浴的美人的比喻是“描写肉欲”，那么此处的所写更有催生早恋的嫌疑。另外，删除此处几段文字的《初级中学教科书国文》(1935) 的编辑大意称：“本书选材，其文字标准，遵照部定教材大纲，更分别说明如左：1. 记叙文以状叙明切，词意显豁，能引起学生之兴趣者为主。2. 抒情文以声情激壮，意味隽永，能发扬学生之情意者为主。”《采莲赋》和《西洲曲》所写虽能“引

起学生之兴趣”，但所寄寓的是“我”对少年男女私情的艳羡和无法消受的遗憾之情，而非“激壮”之情，不利“发扬学生之情意”，自然应该删除了。

《初中当代国文》(1934)、《初级中学国文》(1935)、《初级中学国文甲编》(1946) 删除这几段文字，可能均与以上三点原因有关。

以上是从教科书编者的角度来分析编者对一个自然文本进入教科书时对其呈现的形式及原因。其实，作者、编者和读者 (包括师生) 各有自己不同的眼光。为了促进这几者之间的对话，编者不仅应该对已作文字处理的文本予以“有删节”、“有改动”之类的提示性说明，还应该在教师用书中呈现这些“删节”、“改动”之处并说明其原因，以便于教师参考；教师一方面应关注这些“删节”、“改动”之处并理解其原因，另一方面也应对其处理的合理性加以审视，甚至还应有意识地将这些“删节”、“改动”之处作为课程资源加以开发，如同时呈现原文和课文，让学生比较并指出二者在材料选择和文字表述等诸多方面的异同，并让其予以评价，等等。

莲　花

冰　心

父亲的朋友送给我们两缸莲花；一缸是红的，一缸是白的，都摆在院子里。

八年之久，我没有在院子里看莲花了——但故乡的园子里，却有许多；不但有并蒂的，还有三蒂的，四蒂的，都是红莲。

九年前的一个月夜，祖父和我在园里乘凉。祖父笑着和我说：“我们园里最初开三蒂莲的时候，正好我们大家庭中添了你们三个姊妹。大家都欢喜，说是应了花瑞。”

半夜里听见繁杂的雨声，早起是浓阴的天，我觉得有些烦闷。从窗内往外看时，那一朵白莲已经谢了，白瓣儿小船般散漂在水面。梗上只留个小小的莲蓬和几根淡黄色的花须。那一朵红莲，昨夜还是菡萏的，今晨却开满了，亭亭的在绿叶中间立着。

仍是不适意——徘徊了一会子，窗外雷声作了，大雨接着就来，愈下愈大。那朵红莲，在无遮蔽的天空之下，被那繁密的雨点打得左右欹斜。我不敢下阶去，也无法可想。

对屋里母亲唤着，我连忙走过去，坐在母亲旁边说笑——一回头忽然看见红莲旁边的一个大荷叶，慢慢的倾侧下来，正覆盖在红莲上面……我不宁的心绪散尽了。

雨势并不减退，红莲却不摇动了。雨点不住地打着，只能在那勇敢慈怜的荷叶上面，聚些流转无力的水珠。

我心中深深的受了感动——

母亲啊！你是荷叶，我是红莲。心中的雨点来了，除了你，谁是我在无遮拦天空下的荫蔽？

选自《初级中学国文甲编》1947年版第2册。

初夏的庭院

徐蔚南

这几日，天气怪不好，阴雨已三天了，到今朝还没放晴。早上无声无息的下了一场细雨，大约不过二十分钟就停止的；但是过了一小时许，瓦楞上滴沥滴沥的响，原来又是一阵急雨来了。这样时大时小的雨若断若续落到晚上。夜间恐怕仍是如此吧。

我们在公司里走不出去，简直如小鸟一般被关在笼子里了，心上虽然并没有甚么忧虑，但总觉得闷闷的很是无聊。本来使人乏味的账簿上的买客、日期、数目一类的统计，现在尤其令人疲倦。

但是今天离端午节只有十六天，我们不得不努力清算账目。

幸而在事务室里，我坐的一个位置恰巧在窗边。我打了一会儿算盘之后，可以任意向窗外望望。

窗外有两株梧桐。三星期前，树上是还没有银圆大的、疏疏朗朗的几许红叶，如今已是密丛丛一树肥大的绿叶子；玻璃窗上也映出一层暗绿色来。梧桐两旁各有一行冬青树，感谢园丁贪懒没有来修剪，已长得很高了；深绿色的叶子经了两番冷雨洗濯，更显出翡翠一般鲜艳的色彩来。梧桐的对面，有五六株南天竹，瘦弱的枝干负着瘦弱的绿叶，很伶仃的在颤动。天竹的旁边还有一棵枇杷树，这树却很壮丽的，叶肥枝硬傲然站立在那边；虽然没有梧桐那样的高大，但颇有睥睨一切的气概。在这小小的园子里，除了树木，本还种着几株玫瑰，不过玫瑰花久已开过了，如今只剩得几个花萼带着几丝憔悴的花须罢了，从前落在泥上的一层鲜红的花瓣都烂在泥里了。沿着院子中间的荷花缸的四周，倒还有几株杂草生着菜花一般的小黄花。雨止时，有二三小粉蝶时时在这几朵黄花上来回飞舞。麻雀也时时飞到花边来，啄取甚么似的跳来跳去，有时跳到冬青树下，隐藏过了身体，然后吱喳吱喳的叫。

荷花缸里除去铜钱大的浮萍外，新近长出了三张嫩绿的荷叶。叶上有两颗浑圆而光亮的雨珠在滚动，有如女孩子的一双眼睛一般活泼。小雨点落到缸中的水面打着无数的圆涡，雨止了，水面又平静了。

我这样仔仔细细的观察了一会儿院子里的景物，便又回头去二百五十加三千四百的拨动算盘珠；算了一会儿又疲乏了，再去望望那个院子。如此一刻儿向窗外眺望，一刻儿打算盘，那一厚本的出纳簿，居然被我一点不错的弄清楚了。

选自《初级中学国文甲编》1947年版第2册。

第七章

《卖炭翁》的接受历程与白诗的地位显隐

唐代中期，元稹和白居易等诗人发起了“新乐府”运动。白居易认为，诗歌的内容应反映民众的现实生活、讽喻官府的不良政治，不作无病之呻吟——“文章合为时而著，歌诗合为事而作”（白居易《与元九书》）；诗歌的语言应质朴浅易，不事雕琢、力避晦涩——“其辞质而轻，欲见之者易喻也”（白居易《新乐府·序》）。《卖炭翁》属其所作组诗《新乐府》之一，也是“新乐府”中的具有代表性的作品：

卖炭翁，伐薪烧炭南山中。满面尘灰烟火色，两鬓苍苍十指黑。卖炭得钱何所营？身上衣裳口中食。可怜身上衣正单，心忧炭贱愿天寒。夜来城外一尺雪，晓驾炭车辗冰辙。牛困人饥日已高，市南门外泥中歇。翩翩两骑来是谁？黄衣使者白衫儿。手把文书口称敕，回车叱牛牵向北。一车炭，千余斤，宫使驱将惜不得。半匹红绡一丈绫，系向牛头充炭直。

从1923年至1935年，曾有如下至少16套中学或中等师范学校用或小学用的国语、国文教科书直接将其收录为课文：

编　者	教科书名称	册次	出版社	时间、版次
范祥善、吴研因、周予同、顾颉刚、叶绍钧	初级中学用《新学制国语教科书》	第3册	商务印书馆	1923年7月初版
钱基博	新师范讲习科用书《国文》	上册	中华书局	1924年8月初版
魏冰心	《新学制小学教科书高级国语文读本》	第3册	世界书局	1925年3月初版

(续表)

编　者	教科书名称	册次	出版社	时间、版次
胡贞惠	高级小学用《新时代国语教科书》	第4册	商务印书馆	1927年2月初版、1932年5月国难后15版
吴遁生、郑次川	新学制高级中学国语读本《古白话文选》	上册	商务印书馆	1927年出版
张振镛	新师范讲习科用书《国文参考书》	全一册	中华书局	1927年11月初版
魏冰心、吕伯攸	小学高级学生用《新主义国语读本》	第3册	世界书局	1930年3月36版
傅东华、陈望道	初级中学用《基本教科书国文》	第1册	商务印书馆	1931年12月初版
朱文叔	小学高级用《新中华国语读本》	第3册	新国民图书社、中华书局	1932年5月29版
陈椿年	《新亚教本初中国文》	第1册	新亚书店	1932年8月初版
张鸿来、卢怀琦	《初级中学国文读本》	第1册	北平师大附中国文丛刊社	1932年8月初版
戴叔清	《初级中学国语教科书》	第3册	文艺书局	1933年1月出版
孙怒潮	《初级中学国文教科书》	第3册	中华书局	1934年7月出版
张鸿来、卢怀琦、汪震、王述达	《初级中学国文读本》	第1册	师大附中国文丛刊社	1934年8月再版
薛无兢、柳亚子	《高中当代国文》	第3册	中学生书局	1934年2月再版
马厚文等	《标准国文选》	第5册	大光书局	1935年8月改版

为什么它在清末民初的教科书中没有出现？为什么它在抗战爆发后又从教科书中消失？编者对它作过哪些阐释？本文将考察的时限，前溯至清末，后续至民国十七年（1928），以便于更清楚地观察它在语文教科书中的显隐过程；同时，结合编者们对白居易的其他作品的选录，来梳理编者对《卖炭翁》所作的无声阐释（不选）和有形的阐释（文字）。

一、清末、民初（1902—1916）

（一）清末出现在课外阅读教材中

1902—1904年，随着《钦定学堂章程》和《奏定学堂章程》的颁布，语文开始独立设科。在《奏定学堂章程》中，有“读经讲经”、“中国文学”和“中小学读古诗歌法”三种语文课程。官方规定的“读经讲经”课程所用的教材是“四书”、“五经”等。民间编写的“中国文学”课程的教材，有商务印书馆出版的《中学国文读本》（林纾，1908年5月）和《中学国文教科书》（吴曾祺，1908年9月）。这是两套在清末最有影响的中学国文教科书。不过，二书与姚鼐编纂的《古文辞类纂》差别不大，只是单篇古文的汇集，而学生学习这种教科书的主要目的是学会写作古文。这样的国文教科书，自然不会选择诗歌，如《中学国文读本》就只选了白居易的《江州司马厅记》和《养竹记》两篇“杂记”，《中学国文教科书》则一篇白居易的作品也没选，只选了元稹为白居易诗文集所作的序——《白氏长庆集序》。关于“中小学堂读古诗歌法”，《奏定学堂章程》指出：“小学中学所读之诗歌，可相学生之年齿，选取通行之《古诗源》《古谣谚》二书，并郭茂倩《乐府诗集》中之雅正铿锵者（其轻佻不庄者勿读），及李白、孟郊、白居易、张籍、杨维桢、李东阳、尤侗诸人之乐府，暨其他名家集中之乐府有益风化者读之。”[①] 那么，作为白居易的新乐府代表作、属于“有益风化”范畴的《卖炭翁》，自然进入了章程所设定的诗歌选择范围。不过，“中小学堂读古诗歌法”并不在课内正式教学，而只在课外让学生歌咏。1904年，《奏定学堂章程》颁布后，京师大学堂编书处颁布《大学堂编书处章程》，拟着手编写国定的中小学教科书。《大学堂编书处章程》对诗学教科书的选材标准和诗学的课程目的作了说明：“诗学课本。拟断代选择。自汉魏以迄国朝，取其导扬忠孝，激发性情，及寄讬讽谕，有政俗人心之关系者，撰为定本，以资扬扢。本兴观群怨之宗风，寓敦厚温柔之德育，亦古人诗教之遗也。”[②] 以此标准来看，运用“寄托讽喻”之法、关系“政俗人心”的《卖炭翁》是应该选入的。不过，京师大学堂编书处最终并没有编出相应的“诗学课本”，《卖炭翁》在清末也就没有出现在正式出版的教科书中。

（二）民初未出现在国文教科书中

民初，“中学学制无甚更张，所出国文选本，惟内容稍稍扩大：高年级略选经籍，似至此始知由姚选进而取法乎曾选之《经史百家杂钞》也者；又稍稍羼入诗歌”。[③] 民初出版的民编中学国文教科书仍然是古文的汇编，如中华书局出版的《中华中学国文教科书》（刘法曾，姚汉章，1912年）、中学校适用《新制国文教本》及其配套用书《新制国文教本评注》（谢无量，1914年），商务印书馆出版的《共和国教科书国文读本》及其配套用书《共和国教科书国文读本评注》（许国英，1913

① 课程教材研究所编《20世纪中国中小学课程标准·教学大纲汇编·课程（教学）计划卷》，北京：人民教育出版社2001年版，第36页。

②《政书通辑卷四（光绪二十八年）：大学堂谨拟编书处章程》，《政艺通报》，1902年第九期第9页。

③ 黎锦熙《三十年来中等学校国文选本书目提要》，国立北平师范大学《师大月刊》，1933年第二期第4页。

年)，宏文图书社出版的中等学校《国文读本》(刘宗向，1914年)，等等。不过，此时多数中学国文教科书中已经出现了少量的诗歌。如《中华中学国文教科书》"始选诗歌，间及骈体"①。该书所录的诗歌，"声律和顺，易学易解"，"有篇幅而词义浅"，"足以起学人之情兴"，正如编者在该书的编辑大意中所说的，"诗歌者，古人所以涵养性情，宣导血气。不仅作文字美术品"②。又如《共和国教科书国文读本》的编辑大意称，"涵养性情，宣导血气"，故"诗歌……每册列入一二"。《中华中学国文教科书》只在第1、4册中分别选择了白居易的诗歌《画竹歌(并引)》和《江南遇天宝乐叟》，并没有选择《卖炭翁》。《共和国教科书国文读本》只在第2、3册中分别选了白居易的"杂记"《养竹记》和《庐山草堂记》，并未选其任何诗歌。《国文读本》在乙集三中选了白居易的诗歌《夜闻筝中弹潇湘送神曲感旧》和《寄殷协律》。

在民初出版的中学国文教科书中，选录了白居易的讽喻诗的，可能只有中华书局出版的师范学校讲习适用的《国文教科书》(潘武评辑，1914年)。该书的后编上卷选了白居易的《新乐府》中与《卖炭翁》的风格近似的讽喻诗《观刈麦诗》。这应该是个例外，因为编者所持的选文标准与当时通行的其他教科书编者不同，如该书的编辑大意就明确反对选无用的"古文"，而主张选"近今适用文字"，"选家标揭古文二字，于论理上最为不通，乃为六朝以后，骈体风行，文学家标此名目以自负者。又为科举八股时代，帖括家崇视古文异视古文之陋习惯。夫文无所谓今古也。苟号为古文矣，则今人无所用之，又何必摹效之以为名高耶？且将举今人所摹效者，亦名为古文耶？循此陋见，于是选读本者，拘泥古今之不相类，于所选中学师范国文读本，往往摒弃近今适用文字而不录，此大误也"。而"本书宗旨在示学者以文章轨范，及为教授国文之预备，故所选文字，大率取其脍炙人口"。该书不选白居易的散文，而选择其讽喻诗《观刈麦诗》，大概是因为在编者看来，后者用语浅显、文字适用。

为什么多数中学国文教科书不选白居易的诗歌，或者选其诗歌只选那些"不过嘲风月，弄花草而已"的《画竹歌》等，而不选那些可作"救济社会，改善人生"的利器，最上要能"补察时政"，至少也能"泄导人情"③的《卖炭翁》等新乐府呢？可能并非因为其内容不好，而是因为其用语太俗。在文言盛行世代，一般会将文

---

① 黎锦熙《三十年来中等学校国文选本书目提要》，国立北平师范大学《师大月刊》，1933年第二期第5页。

②《中华中学教科书编辑大意》之《中华中学国文教科书》，《中华教育界》，1913年民国二年一月号第7页。

③ 胡适著《白话文学史》，北京：团结出版社2006年版，第351页。

言、白话与雅、俗相对应。如1915年北洋政府曾试图编写国定教科书，其教育部颁布的《中学国文教授要目草案》在“讲读文章”一项中，就对未来应编的国定教科书的中的词赋诗歌的选择标准作了规定，“宜选雅而不艳、质而不俚者，”“不拘时代，以清真雅正、切于实用为准。”[①]《卖炭翁》虽不艳但也不雅，虽然质却也俚。总之，它不够“清真雅正”；且在文言盛行、“古文”当道的时代，这种几近白话的诗歌显然不会是“切于实用”的，所以，也就不必将它选入。

二、五四前后与新学制时期（1917—1928）

1916年，袁世凯复辟失败以后，各项改革运动加速。1917年初，胡适的《文学改良刍议》和陈独秀的《文学革命论》在《新青年》上发表。二位作者均主张建设新文学，反对旧文学。胡适主要从文学形式方面提出了“八不”主张——“言之有物”、“不摹仿古人”、“须讲求文法”、“不作无病之呻吟”、“务去滥调套语”、“不用典”、“不讲对仗”和“不避俗字俗语”[②]；陈独秀主要从文学内容方面提出了“三大主义”——推倒“贵族文学”，建设“国民文学”；推倒“古典文学”，建设“写实文学”；推倒“山林文学”，建设“社会文学”[③]。国语运动也全面展开，1918年教育部公布了1913年研制的注音字母。文学革命和国语运动，于此时开始合流。1919年，刘半农、周作人、胡适等人在国语统一筹备会第一次大会上提出了《国语统一进行方法的议案》，主张先在小学“把‘国文课本’改作‘国语课本’”[④]。议案得到教育部批准，教育部还训令全国，从1920年开始应逐步从小学入手废除文言而改教白话。所以，白话文由此大量进入中小学教科书。到底该选什么样的白话文作为课文呢？显然要用典范的白话文。《卖炭翁》就此以白话“文学论文”和“白话文学”作品两种形式出现在了教科书中。

（一）以文学论文提及的形式出现

1917年，胡适在《文学改良刍议》中认为白居易在《新乐府》中所采用的“写实”诗风开创了一个时代，他说：“老杜香山之‘写实’体诸诗（如杜之《石壕吏》、《羌村》，白之《新乐府》），又一时期也。”[⑤]当时，胡适、陈独秀等人掀起的文学革命运动已使固有的文学观念遭遇了巨大的“破坏”，接下来的任务便是如何“建

① 《中学国文教授要目草案》，《教育研究》，1915年第二十四期第41—42页。

② 胡适《文学改良刍议》，《新青年》，1917年第二卷第五号第1—11页。

③ 陈独秀《文学革命论》，《新青年》，1917年第二卷第六号第1—4页。

④ 《国语统一筹备会议案三件》，《北京大学月刊》，1919年第一卷第四号第151页。

⑤ 胡适《文学改良刍议》，《新青年》，1917年第二卷第五号第2页。

设”新文学。为此，1918年5月，胡适又发表了《建设的文学革命论》一文。他在文中称，因为桐城派及文选派所提倡的古文、江西派所创作的诗，都是“假文学”、“死文学”，所以必须创造一种“真文学”、“活文学”以取而代之，要争取在“三五十年内替中国创造出一派新中国的活文学”，而要创造这种“新中国的活文学”必须经历三个步骤：第一步应阅读古代白话文以掌握白话表达的“工具”，第二步应学习古代的白话文和翻译的西洋文学以掌握艺术表达“方法”，有了前两个步骤作“预备”，最后才能说得上第三步“创造”[①]。为了扩大白话文学的范围，《卖炭翁》等也被胡适列入了古代白话文学的范畴。他在《白话文学史》中就曾说：“唐人的诗歌——尤其是乐府绝句——也有很多的白话作品。”[②]他还在书中介绍了元白新乐府运动。他认为，创造新文学首先要进行尝试创造小说，而为了给创造提供借鉴，一方面要翻译西方的短篇小说，另一方面要重视古代的白话小说。1918年3月15日，他曾在北京大学国文研究所小说科发表过一次关于短篇小说的演讲，即《论短篇小说》。在《论短篇小说》中，他特意提到了白居易的创作，而且认为白居易的《新乐府》中的诗歌很有小说的意味，他说：“白居易的《新乐府》五十首中，尽有狠（很）好的短篇小说。”如《新丰折臂翁》，还有如《琵琶行》、《长恨歌》等[③]。虽然他没有提到《卖炭翁》，但《卖炭翁》是《新乐府》中的一首，且是叙事诗，有小说似的情节，而且只选取卖炭、被抢等事件和场面来写的选材手法，又符合胡适所提倡的短篇小说创作要采用“最经济”的手段的要求。

1919年6月，戴季陶在第四号《星期评论》上发表了《白乐天的社会文学》一文，全面阐述了白居易的文学成就及其作品的现实价值，他说[④]：

乐天的诗，有几种长处。第一是“平民的”，这不但在思想上看得出，在诗体上已经可以见得乐天的文学，绝无贵族的气味了。第二是“写实的”，无论是舒情诗咏物诗，一点没有神秘的臭味，也没有夸大的习气。第三“现代的”，他的题材，都是从当时的社会状况上面寻出来，尽力的描写，尽力的批评，令现在我们读他的诗，还可以忆想当时的社会情况。这三种特色，直是他家所万万不及的。

接着，作者提到了《卖炭翁》等表达了白居易对于“贫富贵贱苦乐不均的社会”的极度不满，《新丰折臂翁》表达了白居易对“黩武主义”的憎恨。

① 胡适《建设的文学革命论》，《新青年》，1918年第四卷第四号第289、297页。
② 胡适著《白话文学史》，北京：团结出版社2006年版第8页。
③ 胡适《论短篇小说》，《新青年》，1918年第四卷第五号第402页。
④ 季陶《白乐天的社会文学》，《星期评论》，1919年第四号第4页。

正是因为受胡适、戴季陶等人的影响，1920年初，提倡、实验白话文教学的南开大学教员何仲英也将《卖炭翁》等当成了白话小说来看的，如他在《国语文底教材与小说》中说[1]：

古诗如《上山采蘼芜》、《孔雀东南飞》、《木兰歌》，以及杜甫底《石壕吏》、《兵车行》，白香山底《折臂翁》、《卖炭翁》等篇，记事写情，面面都到，何尝不是白话韵文；然而古色古香，究与今语有别，而且内容上完全有短篇小说底意味，不过体裁上名为乐府罢了。

1920年8月，何仲英和洪北平合作编纂的4册《白话文范》由商务印书馆出版。《白话文范》"是为专选语体文作中学课本之最早者"[2]。其编辑大意称，"我编辑这一本书，是供研究白话文的人做范本用的，所以名为《白话文范》"，"所选的文合于中等学校的程度，中等学校教授白话文，可以用做教本"。不过，该书所选的古代"白话诗"——第4册第21课《诗》，由《古诗为焦仲卿妻作》、《木兰歌》、《石壕吏》和《兵车行》等4首被编者视为兼有白话诗歌和小说两种性质的作品组成，并没有出现白居易的《新丰折臂翁》和《卖炭翁》。然而，《白话文范》的第1册最后一课是《白乐天的社会文学》。文中提到了《卖炭翁》——"《卖炭翁》一首，尤其沉痛。这样贫民生活的苦况，和现在情形，一点没有两样。白乐天如果晓得一千多年后的今天，仍旧如此，不晓得要怎样悽怆呢"。虽然《卖炭翁》在《白话文范》中没有以"白话文学"作品的形式完整呈现，而是以白话"文学论文"的形式被提及，但是学生在阅读《白乐天的社会文学》时必然会参考《卖炭翁》，教师在教学《白乐天的社会文学》时也一定会结合《卖炭翁》之原作来讲解。

（二）以文学作品的形式出现

1922年，实行新学制。1923年颁布的新学制中学国语课程标准纲要强调了文学作品的学习，如在叶圣陶草拟的初中国语课程纲要的"目的"中就提到了应"引起学生研究中国文学的兴趣"，在胡适草拟的高中国语课程纲要的"目的"中也提到了应"培养欣赏中国名著的能力"。同时，白话和文言课文在教科书课文总数中所占比例几乎接近。初中国语课程纲要还要求初中课外应阅读"文学革命问题讨论集"和"社会问题讨论集"等，高中国语课程纲要提到了高中课内应学习白居易等唐代"大家"所写的诗[3]。当时的中学教育也很热衷讨论"问题"和"主义"，就

① 何仲英《国语文底教材与小说》，《教育杂志》，1920年第十二卷第十一号第3页。

② 黎锦熙《三十年来中等学校国文选本书目提要》，国立北平师范大学《师大月刊》，1933年第二期第7页。

③ 课程教材研究所编《20世纪中国中小学课程标准·教学大纲汇编（语文卷）》，北京：人民教育出版社2001年版，第274、276、277、278页。

如阮真所说的，当时“好些教师来宣传各种主义，讨论各种问题，教国文只是离开文章来讲演主义讨论问题了。辞句的解释，视为无用；文法章法，也不值得注意；因为这都要被学生讨厌而引起反对的。结果中学生最出风头的，都有主义了……其次的中学生，也爱讨论问题。有所谓经济问题，劳动问题，妇女问题，贞操问题，遗产问题，亲子关系问题，还有最切身而最欢迎的恋爱问题，婚姻问题，等等，闹得天翻地覆，如雷震耳了”[①]。而除了白居易在《长恨歌》中写的“遂令天下父母心，不重生男重生女”与社会上重男轻女的思想不符而需要批判外（江纫兰《斥白居易立言之谬》，《妇女时报》，1912年第八期），他的乐府诗所讨论的恰恰是一些社会问题。如1927年参花在《平凡的诗人——白居易》中就称白居易用这些乐府诗“替农工诉过不平”，“在这样不平等的社会环境中，他始终是个与平民表同情者”。

初級中學教科書國語 第三冊　一百八

三尺的。（十八）嘑是大笑，咍是大呼。（十九）誦，是讚頌的意思。

二五 賣炭翁　白居易

賣炭翁，伐薪燒炭南山中。滿面塵灰煙火色，兩鬢蒼蒼十指黑。賣炭得錢何所營？身上衣裳口中食。可憐身上衣正單，心憂炭賤願天寒！夜來城外一尺雪，曉駕炭車輾冰轍。牛困人飢日已高，市南門外泥中歇。翩翩兩騎來是誰？黃衣使者白衫兒。㊀手把文書口稱勅，㊁回車叱牛牽向北。一車炭，千餘斤，宮使驅將惜不得。半匹紅紗一丈綾，繫向牛頭充炭直。

《新学制国语教科书》（1923）

作者在分析《卖炭翁》时写道：“此诗深刻沉痛，那种平民生活的苦况，真同活画一般，跃跃于纸上。使人读了，又想到连年冀北，在军阀高压横暴之下，其所变的难堪，恐较此更加几倍。至兵士之野蛮，军官之蹂躏；青菜黄瓜之小贩，被他蹈踏鞭挞，则到处皆是。”[②] 又如1928年胡适更是在《元稹白居易的文学主张》中称：元、白的“文学主张的里面，其实含有一种政治理想。他们的政治理想是要使政府建立在民意之上，造成一个顺从民意的政府”。[③] 在这样的背景下，符合平民（反映民众疾苦）的文学、白话的文学和叙事的文学这三大标准的《卖炭翁》，自然应被选入教科书。

① 阮真《时代思潮与中学国文教学》，《中华教育界》，1934年第二十二卷第一期第6—7页。

② 参花《平凡的诗人——白居易》，《复旦实中季刊》，1927年第三期第47—48页。

③ 胡适《元稹白居易的文学主张》，《新月》，1928年第二期第13页。

初级中学用《新学制国语教科书》(1923) 的编者中的吴研因、叶圣陶和审校者中的胡适分别是小学、初中、高中新学制国语课程纲要的草拟者，所以该书必然充分地反映了新学制国语改革的精神。其编辑大意称："本书的选辑，以具有真见解、真感情、真艺术，不违反现代精神，而又适合于学生的领受为标准。至于高深的学术文，以非初中学生能力所胜，概不加入。"《白乐天的社会文学》因为是"学术文"而不必选入，而《新丰折臂翁》和《卖炭翁》等是应被选入的，这两首新乐府就分别被该书的第1、3册选作课文 (其中《新丰折臂翁》的前一课为《白居易新丰折臂翁 (演义) 》，演义即用白话改写成小说)。《卖炭翁》由此第一次以文学作品的形式完整地出现在了教科书中。虽然该书的编者并没有用文字对《卖炭翁》进行阐释，但从编者所确定的选文标准可以判断，他们一定是认为这篇作品"有真见解、真感情、真艺术，不违反现代精神，而又适合于学生的领受"。

新师范讲习科用书《国文》(1924) 的上册第一编当代文第11课是戴季陶的《白乐天的社会文学》，第三编唐宋元文的第10—13课分别选了白居易的乐府诗《卖炭翁》、《新丰折臂翁》和词《菩萨蛮两阕》(温庭筠)、《忆江南》(李后主)。该书按文学史的顺序来选择典型的作品，其目的是"务使中国文学史之教学与读文融通为一"。其编辑大意称："本书所列各文，不论语体文言，务以辞意明爽，能涵养文学兴趣者为主。凡古拙之文言，欧化之语体，涩舌聱牙，不易成诵者，概不列入。""作诗曰吟，读诗曰诵，音节最重。本书所选白话诗，如胡适、唐寅、归庄之作，皆音节爽亮，至古诗则选其清写白描，自然有致者。"《卖炭翁》自然属于"辞意明爽"、"音节爽亮"、"清写白描"和"自然有致"之作了。

《新学制小学教科书高级国语文读本》(1925) 第3册主要是将其作为文学作品来让学生欣赏的，与之相配套的《高级国语文读本教学法》在《卖炭翁》的教学目的中确定了其多重教学功能："一，欣赏《卖炭翁》的古诗；并引起儿童对于平民生活的同情。二，练习拍节诵读、双簧表演；和仿造、发表心得、文言译语体等法。三，研究古诗的吟诵法。"在"要旨"中编者写道："平民生活的苦况，现在到处可以看得见。一千年前的白居易，早已看透，才有这《卖炭翁》的沉痛作品。"

高级小学用《新时代国语教科书》(1927) 中的"新时代"指代南京国民政府成立后开辟的"革命的时代"。第4册为高小最后一学期的教材，而最后六课分别为编者拟的《社会诗人白居易》、《新乐府 (一) 》(《卖炭翁》)、《新乐府 (二) 》(《杜陵叟》)、《秦中吟 (一) 》(《卖花》) 和《秦中吟 (二) 》(《议婚》) 和编者拟的《毕业演说词》。《社会诗人白居易》介绍了白居易、阮真诗歌的"平民化"、"社会化"特征，其中白居易的诗,"很注意低级社会中人的生活,把他们的痛苦,描写出来。他的著名作品:有《新乐府》五十首,都是刺讽时事;又有《秦中吟》十首,都是刺讽当时不良的风俗"。其后的《新乐府》和《秦中吟》显然是为了印证这种论断,而《卖炭翁》就是所选《新乐府》中的第一首,第二首是《杜陵叟》,编者在课题下还分别照录了白居易对《新乐府》题旨的说明:"苦宫市也"和"伤农夫之困也"。很显然,编者还希望学生学习完白居易的诗歌毕业进入社会以后能积极关注现实、改造社会。

《古白话文选》(1927)上册将《卖炭翁》和《新丰折臂翁》收入其中。显然,编者是将其当成"古白话"。编者在《卖炭翁》诗后在对作者白居易所作的注解中还特意提到,其"所为诗平易近人,老妪都解。鸡林贾人售之于其国,每篇可得一金"。

新师范讲习科用书《国文参考书》(1927)是新师范讲习科用书《国文》的配套用书,如果说《国文》的编者钱基博通过将《卖炭翁》选入而对其作出了某些无声的、正面的阐释的话,那么3年后张振镛在编写《国文参考书》时就通过"作者小史"、"题解"、"提要"和"注释"等四项内容对《卖炭翁》进行了多方面的文字阐释。如"作者小史"("凡与本文之背景有关者,更加注意")提及作者的性情品格及其诗歌特色:其"为人和平简易,多情而不涉邪思,好佛而不为儒病。其诗根柢六经,不失温柔敦厚之旨。变老杜之雄浑苍劲,而为流丽安详,清空如话,老妪都解。传播朝鲜,流行日本,鸡林贾人,取以售之国相,率篇易一金云"。"提要"("提明本文之目的及与作者之特种关系")解说了该文的主旨:"此与前列胡适之《人力车夫》,同为社会写真。叙平民生活之苦况,悽怆欲绝。益以国家赋敛之苛,其能免于饿殍者几希。按唐之赋税,轻于宋元,惟元和年间,李吉甫撰国计簿,上之宪宗,赋率大增。毒痛民间,一至于此。然以视今日之苛税重敛,又何如者。人民之含悲忍痛,直无可告诉耳。读公此诗,及柳子厚《捕蛇者说》,得不为之唏嘘泣下耶!"此处对《卖炭翁》主旨的解读和《白乐天的社会文学》一文相同,都认为该诗表达了作者的悲痛之情,且都将诗中所写与当今的现实相联系、对照,但不同的是,《白乐天的社会文学》只指出其反映了"贫民生活的苦况"而没有进一步分析造成其苦况的原因,但此处对造成其苦况的原因——"国家赋敛之苛"——也加以了揭示,这应该更符合作者的创作主旨,因为白居易在《新乐府序》中就明确提到,"《卖炭翁》,苦宫市也"。[1]《国文参考书》又称:《新丰折臂翁》和《石壕吏》一样"描写穷兵黩武之祸害者","一片血泪语耳"。

① 这一时期,白居易的其他诗歌也开始被其他中小学教科书选作课文,如1924年缪天绶编、商务印书馆出版的小学校高级用书《新撰国文教科书》的第1册就选了《慈乌夜啼》,第4册选了《观刈麦》。

小学高级用《新中华国语读本》(1932) 将《石壕吏》和《卖炭翁》放置在一起，估计编者也是希望学生学习完这课之后，能关注百姓生活的艰辛（“民生”），以及政府如何关注民众的权利（“民权”）。

新学制时期，除了上述小学国语、国文教科书中收入了《卖炭翁》之外，白居易的其他诗歌在小学也开始被普遍接受，如吕思勉编、中华书局1921—1922年出版的高等小学校用《新式国文教科书》中诗歌不多，但在有限的诗歌选文中竟然有4首是白居易的诗歌：第1册中的《放鱼诗》、《凌霄花》，第2册中的《燕诗》，第3册中的《观刈麦》。

三、新标准时期（1929—1936）

1928年，南京国民政府完成北伐统一之后，开始推行“党化教育”，后将“党化教育”改名为“三民主义教育”。1929年，各科暂行课程标准颁布，“新标准”时代由此开始。此后，教科书中反映民族、民权和民生问题的课文增多。1929年颁布的《初级中学国文暂行课程标准》关于“选用教材的标准”的第1—3条就已对此作出了规定：“⑴ 包含党的主义及策略，或不违背党义的。⑵ 合于现实生活的；乐于社会生活的。⑶ 含有改进社会现状的意味的。”[①] 同时，随着日本侵略中国的加剧，民族主义教育逐步被强调。尤其是在始于1934年的国民政府所开展的国民教育活动（俗称“新生活运动”）中，蒋介石认为中华民族传统道德中的“四维”(礼、义、廉、耻) 与“八德”(忠、孝、仁、爱、信、义、和、平) 应成为基本的“国民道德”，是国家建立之本，是民族复兴之基。正是因为主流政治思想的转变，白居易的诗歌研究在学术界成为热点，而且白居易在这些人的研究中被冠以“平民诗人”、“社会诗人”和“民间诗人”等称号，如陈实的《平民化诗人——白居易研究》(《中国学术研究季刊》，1929年第一期)、陈友琴的《白居易诗与唐代宫市》(《青年界》，1933年第四卷第四期)、陶愚川的《诗人白居易析论》(《大夏年刊》，1933年创立九周年纪念号)、王启怀的《平民诗人白居易评传》(《学生文艺丛刊》，1934年第七卷第七期)、非我的《社会诗人白居易及其诗中之时代背景》(《津汇月刊》，1934年第二期)、陈幼嘉的《白居易的生平及其诗》(《大地》，1935年第一期) 和陈国雄的《白居易之研究》(《民钟季刊》，1936年第二卷第二期)，等等。在这样的背景下，教科书中所选的白居易的作品及编者对《卖炭翁》所作的解读，与此前相比又必然会发

① 课程教材研究所编《20世纪中国中小学课程标准·教学大纲汇编（语文卷）》，北京：人民教育出版社2001年版，第283页。

生一些变化。

这一时期,除了教育思想开始转变外,中学国文教科书的编选方法也发生了改变:⑴ 出现以“知识”加“文选”的形式来编写的教科书。在这样的教科书中,课文一般是作为印证文法知识的材料来使用的。⑵ 出现了按文学源流来编排文言课文的教科书。在这样的教科书中,课文一般是作为解说文学源流的例证来使用的。所以,在这样两种教科书中的《卖炭翁》的教学功能,与此前多作为白话文以训练学生的白话读写能力也有所不同。

为了便于梳理、述评,我们将编者对《卖炭翁》的阐释按主要教学功能的不同分为以下三类。

(一) 作为讨论社会问题的凭借

小学高级学生用《新主义国语读本》(1930) 的编辑大意称:“本书材料,注重含有革命性的故事、史谈、传记、游记、小说、诗歌等。并阐发中国国民党的党义,以期适合于党化教育之用。”其第3册前5课是《孙总理纪念周前》、《山青水秀的中山故里》和《青天白日满地红旗的光荣史》(一) (二) (三),最后两课是《卖炭翁》和《石壕吏》。《卖炭翁》的课后练习为“⑴ 卖炭翁伐薪烧炭时的神情怎样? ⑵ 贫苦老翁,衣衫单薄,为甚么不望天暖,反愿天寒? ⑶ 官 (宫) 使驱炭车时,气焰怎样?”从这三点大致可以判断,编者是将《卖炭翁》作为讨论“民权”和“民生”问题的材料来使用的。

《新亚教本初中国文》(1932) 的编者在“致读者”中称:“一、编者确认国文教学的目的在训练思想,养成对于 (现) 实生活上种种问题的批判力及正确表达的技能。所以教材的选择纯以内容为主;一切文体的类型或文言和语体的畛别完全不注重的。二、教材的编辑纯以某问题或中心思想为轴心联系各篇成为一组,合若干组成一册,一册也有它的中心。”可见,编者认为国文教育的重心在于思想教育。为了促进学生对“(现) 实生活的体认”,其第1册按“经济”、“社会”和“政治”三个主题来选择和组织课文。其中的“政治”组由《渔家》(杨振声)、《卖鱼妇》(江剡)、《卖炭翁》(白居易)、《新乐府二首》(《缭绫》、《杜陵叟》白居易)、《西山有虎行》(沈周)、《雨》(陀罗雪支)、《山径》(许杰)、《邻妇悲》(金和)、《双拜冈纪战》(金和) 和《军前新乐府四首》(金和) 组成。编者一下子就选入了白居易的三首讽喻官府的新乐府。编者还在《卖炭翁》之后围绕课文主题设置了三个“政治”性问题:“(一) 身上衣正单,何以还愿天寒? (二) 宫使凭什么可以把炭取去?半匹红纱 (绡) 一丈绫是否可以充得炭值? (三) 人民受压迫的痛苦,究竟是谁的罪恶?”问题带有明显的倾向性，已对答案作了预设。

《初级中学国文读本》(1932)和《初级中学国文读本》(1934)的编者差别不大，二书的内容也几乎相同。二书第1册均将《奉化人的海间生活》、《卖鱼妇》、《卖炭翁》、《记先夫人不残鸟雀》、《苛政猛于虎》、《西山有虎行》放置在一起。可见，《卖炭翁》一方面记叙了民众的悲苦，一方面又揭示了造成其悲苦的原因在于政府的苛捐杂税。不过，和前述《新亚教本初中国文》(1932) 第1册只选择白居易批评现实的新乐府不同，《初级中学国文读本》的编者还在这几课之前选了白居易的《燕诗》和《慈乌夜啼》：

二二 賣魚婦　　一一八

(二)在官署中當差役的人，舊時通稱皂隸，帽上著有紅纓

【問題】

(一)魚是在宰屠的禁例中麼？禁宰屠是指什麼的？

(二)皂隸既知禁宰屠，他們把魚沒收了去放生的麼？

(三)賣魚婦受了壓迫之後是否應該怨天？不怨天怨誰呢？

二三 賣炭翁　　白居易(一)

賣炭翁，伐薪燒炭南山中。滿面塵灰煙火色，兩鬢蒼蒼十指黑。賣炭得錢何所營？身上衣裳口中食。可憐身上衣正單，心憂炭賤願天寒！夜來城外一尺雪，曉駕炭車輾冰轍。牛困人飢日已高，市南門外泥中歇。翩翩兩騎來是誰？黃衣使者白衫兒(二)。手把文書口稱勅(三)，回車叱牛牽向北

《新亚教本初中国文》(1932)

梁上有双燕，翩翩雄与雌。泥衔两椽间，一巢生四儿。

四儿日夜长，索食声孜孜。青虫不易捕，黄口无饱期。嘴爪虽欲敝，心力不知疲。须臾十来往，犹恐巢中饥。辛勤三十日，母瘦雏渐肥。喃喃教言语，一一刷毛衣。

一旦羽翼成，引上庭树枝。举翅不回顾，随风四散飞。

雌雄空中鸣，声尽呼不归。却入空巢里，啁啾终夜悲。

燕！燕！尔勿悲，尔当反自思。思尔为雏日，高飞背母时。当时父母念，今日尔应知。

(《燕诗》)

慈乌失其母，哑哑吐哀音。昼夜不飞去，经年守故林。夜夜夜半啼，闻者为沾襟。声中如告诉，未尽反哺心。

百鸟岂无母，尔独哀怨深。应是母慈重，使尔悲不任。

昔有吴起者，母殁丧不临。嗟哉斯徒辈，其心不如禽！慈乌复慈乌，鸟中之曾参。

(《慈乌夜啼》)

书中《燕诗》后附录有徐善建的《哺雏诗》，其中写道：见鸟抚雏，感慨不已，“上念父母恩，泪下如注雨。”《慈乌夜啼》注释称：“乌初生时，母哺之。及长，则哺母，故曰反哺。”《燕诗》、《慈乌夜啼》写的都是鸟儿反哺，主旨均为宣扬孝亲精神。在1929年之前，这两首诗从未出现在教科书中，不过1929年之后便常同时出现其他多种版本的教科书中，如在《初中一年级国文读本》(北平文化学社，1932年）的第1册中被放在《卖炭翁》、《新丰折臂翁》之后，在《初中国文选本》(高远公、罗根泽，立达书局，1933年）的第3册中和归有光的《先妣事略》构成一单元，在《初中标准国文》(江苏省教育厅修订中学国文科教学进度表委员会，中学生书局，1934年）的第1册中和叶绍钧的《母》被放置在一起，在《初级中学教科书国文》(叶楚伧，正中书局，1935年）中和王拯的《媭砧课诵图序》放置在一起，在《初中国文教本》(张弓，大东书局，1933年）中和黄宗羲的《万里寻兄记》放置在一起。有时则单独出现，如《燕诗》出现在《言文对照国文读本》(秦同培，世界书局1933年）中和宋濂的《钻燧记》相连。白居易的这种宣扬孝亲精神的诗歌在教科书中大量出现，与我们在前文所说的当时所加强的传统道德教育直接相关。

《初级中学国语教科书》(1933）的第3册第8单元由杜甫的《石壕吏》、《兵车行》和白居易的《卖炭翁》、《新丰折臂翁》组成。其“教学提要”称：“这一课目所选的，是两个作家的诗四篇，这四篇诗都是取材于广大的民间社会的，唐代民众的痛苦，在官吏压迫下，是如何的深邃，可以全般的看将出来，这些诗可说是真正与大众生活连系着的，而不是专门欣赏风月的田园诗人所作的诗所能比拟的，我们需要的，主要的是这样的诗。”这指出了包括《卖炭翁》在内的四首诗所揭示的官吏压迫导致民众痛苦的主旨。《卖炭翁》课后的“问题”即为“对于本诗所展现的酷吏欺压平民事件的批判”。

《初级中学国文教科书》(1934）的第3册第7“单程”由4篇课文构成，其中两篇是白居易的《卖炭翁》和《重赋》。该单程的“教学做举要”称：白居易的这两首诗“是描写历史上农民痛苦与负担的图画。关于白氏的新乐府，教者无妨多加介绍，使读者得到充分的认识”。编者是在建议教师在教学这两首诗时，能联系白居易的其他作品来讲解《新乐府》的内容和旨意。

《标准国文选》(1935）的第3卷第5册第9组由白居易的《新丰折臂翁》、《卖炭翁》、《新乐府二首》(《缭绫》、《杜陵叟》）和戴季陶的《白乐天的社会文学》构成。前文提到，戴季陶的《白乐天的社会文学》认为《卖炭翁》是反映

“贫民生活的苦况”。

（二）作为印证文法知识的材料

初级中学用《基本教科书国文》(1931) 的 第1册 第57—60课为《卖炭翁》、《卖火柴的女儿》、《新制布裘》和《鱼的悲哀》。其编辑大意称，“或取题材之近似，或取性质之相从”，来组织选文，将这几篇题材、主旨相似的课文放置在一起，就是号召人们像白居易在《新制布裘》中所号召的那样同情、解除底层民众的疾苦。如《卖炭翁》的课后“注释与说明”中就问道：“你对于这卖炭翁有同情没有？你对于那些‘黄衣使者白衫

冷清清　寬綽綽　醉醺醺　惡狠狠　亂紛紛　喜孜孜　明晃晃　急忙忙
亂烘烘　雄赳赳　笑欣欣　暖溶溶　悶沉沉　靜悄悄　明朗朗　香噴噴
碧油油　黑茫茫　絮叨叨　直挺挺　鬧嚷嚷
就讀過的書中指出這類形容詞或副詞。

五七　賣炭翁

賣炭翁，伐薪燒炭南山中。滿面塵灰煙火色，兩鬢蒼蒼十指黑。賣炭得錢何所
營？身上衣裳口中食。可憐身上衣正單，心憂炭賤願天寒。
夜來城上一尺雪，曉駕炭車輾冰轍。牛困人飢日已高，市南門外泥中歇。
翩翩兩騎來是誰？黃衣使者白衫兒，㊀手把文書口稱敕，㊁迴車叱牛牽向北。
一車炭重千餘斤，宮使驅將惜不得。
半疋紅紗一丈綾，繫向牛頭充炭值。

五七　賣炭翁　　二百五十五

《基本教科书国文》(1931)

儿’有怎样的感情？”不过，编者选择《卖炭翁》作为课文，主要还是把它当作印证文法知识的材料。其编辑大意称：“我们相信以思想迁就文词或以文词迁就思想的办法都不正当。我们对于教材所含的思想，当然力求其有益于读者的身心，但觉得‘国文’科教科书，究与‘伦理’教科书有别，故有时所取教材，如果目的只在为某种文体或某种技巧示例，那么思想上但取消极的标准——就是以不致发生恶影响为标准。”可见，其选文时侧重于其形式是否适合作为某种文体或某种技艺的示例。然后，在文后的“注释与说明”中结合课文介绍作法知识，“这些说明虽然散在各篇，合之自成系统，便是把一部文学概论和作文论分散开来，具体地灌输给学生知道”。再在“方法与修辞”中结合课文介绍语法、修辞知识，“所以也同说明的部份（分）一样，虽然分散在各篇之后，合起来自能成为一部系统的文法和一部系统的修辞学”。如《卖炭翁》课后的“注释与说明”称：“这首诗用的是叙事体的间接叙情法。”“方法与修辞”称：“这首诗里的‘可怜身上衣正单，心忧炭贱愿天寒’两句，在修辞学里叫做映衬辞，将卖炭翁身心的苦来对衬。又全首也是用‘黄衣使者白衫儿’来和卖炭翁对衬。”

（三）作为解说文学源流的例文

《高中当代国文》(1934) 的第3册是第2学年使用的教科书。第2学年的

教科书中的选文编排方式是“以文学源流为纲”。其第3册第15周由白居易的《新丰折臂翁》、《卖炭翁》、《与元九书》和韩愈的《汴州乱二首》、《雉带箭》组成。很显然，编者认为白居易最突出的文学成就在诗歌和散文创作，而诗歌的代表作是《新丰折臂翁》、《卖炭翁》，散文的代表作是《与元九书》，学习《卖炭翁》的主要目的是借此了解白居易的文学创作，并非以此来讨论社会问题或学习文法知识。

四、抗战前后与内战时期（1937—1949）

（一）抗战前后

1937年，抗战全面爆发前后，“国防教育”日渐被强调。一切活动，包括教育，均应以有利于抗战为前提。战争期间，因兵力缺乏，往往需要强行征兵，此前反对征兵制度的作品如《兵车行》和《新丰折臂翁》等就不宜选作课文。其实，抗战前夕已有人就此指出，“白居易底《新丰折臂翁》，过去固然公认是首好诗，但那老翁贪生怕死不肯为国家服兵役义务的怯弱故事，于国防教育底意义，也显见违背，自然要贬低它底真价值的”。[①] 抗战爆发后，有人直指杜甫、白居易等人的许多反战诗歌不宜入选，如阮真称：不能选“明白反对征兵，反对黩武，反对邀边功的作品。如杜甫的《兵车行》、《石壕吏》，白居易的《新丰折臂翁》一类的作品，大家都知道的”。[②] 1938年，教育部就命令各省市教育厅局，宣布各学校“不得选录非战文学作品，充为教材”，要选用《军国民诗选》和《民族正气文钞》等[③]。同年，戚维瀚在《战时中学国文补充教材》中称：“现在坊间所出之国文课本，其题材均只合平时的目的，而于战时则不甚适应。且有许多教材是反战的，如墨子的《非攻》，白乐天的《新丰折臂翁》，都是反战的代表作。白乐天的《兵车行》[④]，杜子美的《石壕吏》，更是反对抽壮丁的宣传品。”[⑤] 1941年，王霖称在《青年守责：国文教材的选读》中称：“虽然，如李白的《将进酒》，《寻雍尊师隐居》，白居易的《新丰折臂翁》，宋氏的《邮亭题壁诗》……以及《送李愿归盘谷序》，《方山子传》等诗文，在文学上固有其特殊的优点，和不可讳灭的真价值，可是论其内容，确是消极，放荡，不适现实”，所以不宜“给我们人生观尚未完全建立的中学生读”，总之，“在

① 胡伦清《国防教育与国文教学》，《教与学》，1936年第一卷第七期第241页。

② 阮真《抗战时期的中学国文教学》，《教育杂志》，1937年第二十七卷第十一、十二号第48页。

③ 蠹口余生《非战文学作品不得充为教材》，《公教周刊》，1938年第九期第13页。

④《兵车行》实为杜甫的诗歌。

⑤ 戚维瀚《战时中学国文补充教材》，《青年月刊》，1938年第六卷第四期第15页。

选择教材时，除对该篇文章内容和形式在文学上含有重要价值外，尤须注意学生们读了这篇文章后对抗战胜利的概念是否更确定，对实践方面是否更努力，对思想方面，能否循入正轨，对整个民族的道德精神，是否能发扬光大等重要条件”。[①]学生读《新丰折臂翁》这样的诗确实会受到不好的影响，如1925年有名学生写自己读过该诗的感受时说：“我读过白居易《新丰折臂翁》以后，心里觉得那被募的兵悽惨可怜，眼眶里也忍不住的要流下泪来。”“这首诗好在文笔纯朴，感情丰富，只寥寥的百来字，已比洋洋数千言的一篇非战论文，要动人得多了。”[②]然而在任何年代，尤其是战争年代逃避兵役确是懦弱、逃责的表现。笔者所藏安徽屯溪湖东小学学生郑进金1943年的两册作文本《润色之》[③]中有一册共42篇作文，其中除了《国弱之原由何欤》的末尾写到服兵役（“然训练壮丁，预备后方。前方去，后方续来，长期抗战，以制日寇之死命后已，则我国岂不强哉？”）外，有《训练说》和《地方壮丁训练说》两篇谈加强壮丁的日常训练以备抽签奔赴前线救国的道理，还有两篇作文专谈服“兵役”问题，足见师生均认为这是一个“热点”问题。其一为《兵役何以抽签》：

夫兵役抽签，何哉？夫服兵役所以救国。前方不足，后方补充。抽签以分前后，前签者前去，后签者后去，使民众皆无所争。若不抽签，则前后不分，恐有私意，争端起矣。是故抽签为办，兵役之法也。嗟乎！夫今日寇强横，吞我土地，破我山河，大炮攻击，死伤无算。故凡入壮丁者，皆应抽签，为国牺牲，以制日寇之死命，岂可缓哉？

又一为《兵役何以最紧》：

夫兵役所以紧者，此何故哉？曰：兵役所以保国也。今日寇强横吞我土地，破我山河，飞机炸弹，炸毁民房，死人无算。此我国危亡之时也。假使不办保甲，兵役不紧，则不能御敌，又何能救国耶？呜呼！兵役岂可不紧乎？

老师在该文后的批语为“以救国作柱义”。不管该文是由教师命题还是学生自作，都说明在当时的学校教育中服兵役是一项重要的内容，师生都意识到这是救国的基本保证，是国民应尽的基本义务。

同理，由于物资缺乏，政府、军队往往需要征收赋税、征用物品，这样一来反对

① 王霖《青年守责：国文教材的选读》，《胜利》，1941年第一一三期第13页。

② 吴绍泰《读白居易〈新丰折臂翁〉》，《少年》，1925年第十五卷第七期第79—80、81页。

③ 2012年5月31日购于屯溪，两册，封面题写“润色之　郑进金”，另一册封面题“日记　郑进金”手写本中注明其年份为1943年。作文本中夹一作者写给父母寄“米菜炭”等用物的书信，落款为“进金”，其中写道“男在湖东小学校中，立志求学”，可知其为一小学生。

官府征税、征物的《卖炭翁》自然也就不宜选作课文了。更何况，撇开迫在眉睫的战争不说，就从实际生活来看，“现代生存竞争既如此剧烈，经济崩溃的危机又逼在眼前，人们那能还有闲情逸致去干白居易所谓‘嘲风雪，弄花草’的文人雅事。我们应着意于具有真实感而富于创造性的文艺，一扫虚伪因袭旧时封建社会中底恶劣空气”[①]。其实在20世纪30年代初，日本加剧对中国侵略时，一般就强调作品的教育意义了，如1934年江苏省修订国文教学进度表委员会在确定选文标准时就特意强调，“对各家代表作，不能仅以其在文学上地位为抉择标准，同时须顾到教育意义，如某家作品在文学上之地位虽甚高远，但毫无教育意义，即应割爱”[②]。1936年，王国栋在《非常时期国文教材研究》中说提到不能再选白居易的有些课文：“‘九一八’事件发生之后，一般教育者都以为国难日深，学校一切课程均应重新厘订标准，以期与一切救国工作步调一致；其间尤以国文，历史，公民，地理诸科为然。这时候的国文教师，谁都承认在此危急存亡之秋，选择教材不应再选那些‘嘲风雪，弄花草’的文人雅士闲情逸致一类的无聊文字；就是那古今并美的《石壕吏》、《新丰折臂翁》、《吊古战场文》以及所谓的文情并茂的《古诗十九首》、《滕王阁序》等，居今日之世，也有束之高阁的必要。在此国难严重期间，选择教材，应以国防为中心，因为这类教材是讴歌为祖国而竞争，鼓吹抗敌，挽救危亡情绪的文字，他一方在暴露敌人的武力的文化的侵略，一方在排除一切自馁的屈服的行为和理论。”[③]

1942年，兼任教育部长的陈立夫发表了《我对于编辑中小学教科书的意见》，该文对此前的教科书提出了批评，而重新确立了国文教科书的选文标准，他说[④]：

国文我们在前面已说过，历史是民族主义的，地理是民生主义的，公民是民权主义的。如果承认我所说的不错，则国文一科就要贯通这历史、地理、公民三方面的知识，也可说它应当根据整个三民主义为选择教材的标准的。古人说：“文以载道”，三民主义正是我们今日全国人民共信共行的大道，则国文教科书应选择有关三民主义的文学是无问题了。古人又说：“诗以言志”，实现三民主义正是我们今日全民族共同的大志，则国文教科书选择教材必须不违反三民主

① 胡伦清《国防教育与国文教学》，《教与学》，1936年第一卷第七期第239页。

②《组织修订国文教学进度表委员会》，《江苏教育》，1934年第3卷第5—6期21页。

③ 王国栋《非常时期国文教材研究》，《师大月刊》，1936年第二十九期第241—242页。

④ 陈立夫：《我对于编辑中小学教科书的意见》，《学生之友》，1940年第一卷第四期第5页。

义又是无问题了。所以编辑国文教科书时，对于文学作品；价值的估计，凡内容与技术都好的，是上等作品；技术虽差，内容尚好者次之；只有文学技术而没有内容的则是下等作品了。至于选择国文教材时，自然是应从多方面去选上等作品；万一遇着内容甚好，确有益于青年求学做人之道与直接或间接阐扬三民主义者，就是技术稍差一点，也可录入；如果内容不佳，或含有毒质，就是文字的技术如何高明，我们也不应当选入教科书内，以免贻误青年，流毒社会，万不可用过去编古文观止那种无完整思想无一贯系统地，顺着时代先后，兼容并包，但讲作法的办法。

显然，纵然《卖炭翁》的"文学技术"甚好，此前从关心民生疾苦的角度来看也可认为其"内容甚好"，但是在战争年代民生凋敝的现实中，其可能不利于激发斗志反而埋怨政府，其内容不再是甚好反而是甚差。所以，从1937年开始，虽然一些研究白居易的论文提及《卖炭翁》的思想和艺术（如李岳南《唐代伟大的民间诗人——白居易》，《半月文艺》，1942年第九期），但在各种官编和民编的教科书中《卖炭翁》竟消失了。

不过，发端于1934年的新生活运动则一直持续到1949年。在民族危亡的关头，新生活运动中所提倡践行的"四维"、"八德"等传统道德，更被认为是民族得以存续的一种精神动力。以至于1938年7月教育部在其颁布的《编辑儿童读物纲要》中确定"选材目标"时，甚至将"发扬八德四维等道德教训"放在了"发挥牺牲、团结、奋发、抗敌、图强等民族精神"之前①。所以，虽然白居易讽喻官府的新乐府不再被选作课文，但他的宣传孝道的《燕诗》、《慈乌夜啼》等却常被选入。如在《新编初中国文》（宋文翰，中华书局，1937年8月）的全6册中，除选择了白居易所写的一篇无关"思想"的小品《荔枝图序》、杂记《庐山草堂记》、写景诗《夜雪》、《村居苦寒》及稍显哀怨的歌行《琵琶行》外，还选择了他的《燕诗》、《慈乌夜啼》和《母别子》等诗歌。宋文翰的《新编初中国文》（1937）后来被"中等教育研究会"和"教育总署编审会"相继购买版权且均以《初中国文》为名分别于1938、1939年作为官编教科书出版。这说明，在抗战期间官方和民间的教科书编者对白居易的诗歌的态度及其阐释是完全一致的。

（二）内战时期

内战之初，不少学者希望停止内战，携手建国，关注民生，所以研究白居易的论

① 《编辑儿童读物纲要》，《服务团旬刊》，1938年第五期第4页。

文逐渐多起来，而且多会提及《卖炭翁》中哀怜的民生疾苦，如公盾的《白居易的思想与艺术》(《中苏文化》，1946年年终号)、吴奔星的《民主诗人白居易》(《东方杂志》，1946年第四十二卷第五期)、天华的《白居易的讽喻诗》(《台湾文化》，1947年第七期) 和公盾的《白居易研究》(《人物杂志》，1948年第八期) 等。不过，《卖炭翁》已作为课外教材出现，如伍仁杰在《开明少年》(1946年第八期) 撰写的《卖炭翁》一文。该文先列原诗，再附翻译解说，最后结合白居易诗歌的思想主旨及艺术特征来评析。文章结尾写道："我们把一千多年前白居易的时代跟现在比比，像《卖炭翁》一样的事情还是有。贪官污吏还是有。现在许多文章也写着老百姓受到的苦痛跟怀着的怨恨。只有一点不同，现在写文章的不像白居易那样希望皇上采纳老百姓的意思了，现在大家都希望老百姓的事情要老百姓自己来治理。"[①] 但是，该诗并没有出现在新编的教科书中。

此时新编出版的教科书只有《初级中学国文甲编》(教育部教科书编辑委员会，国定中小学教科书七家联合供，1947年版)。该书是奉"总裁手谕"而编写的，是真正意义上的官编教科书。该书的"编辑要旨"称："此外并选取与文情有关或具有代表性质之诗词附列于各文之后，以作补充，稍养成学者欣赏文艺趣味，但非为必读之资料。"在其第1册中，胡适的《我的母亲》和蒋中正的《慈庵记》等两篇怀念母亲的文章之后的"附诗"就是白居易的《慈乌夜啼》和《燕诗》。可见，白居易的《慈乌夜啼》和《燕诗》与蒋中正的《慈庵记》的"文情有关"，均为宣传"孝"道之作，而《新丰折臂翁》和《卖炭翁》等有点不"忠"的诗作自然就不能选了。再说，在戴季陶的《白乐天的社会文学》中，白居易被认为是一位"理想的社会主义者"，《新丰折臂翁》和《卖炭翁》等新乐府是"社会主义文学"的代表作。《白乐天的社会文学》还称："大凡一国的政治革新和社会进化，文学的感化力量大。文学里面，诗歌和小说的力量更是普遍的。'平民主义'这个名词，靠着散文的鼓吹，造成了一个空招牌的民国。今后如果要把组织新国家新社会的真理，印到多数国民的脑髓里去；韵文的陶融，一定是少不了的。"显然，在国共内战正酣的时刻，用以陶融国民脑髓的韵文，绝对不能选共产党人所推崇的平民诗歌，而应该用能体现蒋介石在新生活运动中所提倡的体现"四维"、"八德"精神的士人诗歌！领袖都率先著文垂范，百姓哪能有不遵从践行之理？

① 伍仁杰《诗人的心：卖炭翁》，《开明少年》，1946年第八期第53页。

卖　鱼　妇

(清)江　剡

卖鱼妇,街头哭,粗布裹头头发秃。
短衫及骭裂不缝,赤日中天灼皮肉。
生计苍茫烟水穴,岁旱河干少鱼鳖。

终宵举网不盈筐,提鱼换米儿望娘。
鱼价苦贱米价昂,卖鱼未足充饥肠。

红缨皂隶猛如虎,一见夺鱼惊莫措。
"县中祈雨禁宰屠,何事卖鱼忤官府!"
提鱼竟去不得顾,渔妇泣途鱼泣釜。
回视吾鱼已登俎,吾腹苦枵尔腹果。

归来篮空日已旰,儿女牵衣催煮饭。
嘱儿忍泪并忍饥,不怨清官怨天旱。

选自《新亚教本初中国文》1932年版第1册。

白乐天的社会文学

戴季陶

(一)

近代各国社会运动的进行,和社会主义的文学,有莫大关系。如托尔斯泰、独司特夫司基、吐格奈夫,这些大文学家,纯文学的鼓吹力量,的确不在马克司、因格尔等之下。我们中国的文学,这种趣味,本来非常浓厚。单是在诗经上面,可以看出来的，也不晓得有多少。因为中国的思想，向来用一个“仁”字做中心的。所以不但哲学家的言论，注重人的平等自由博爱，就是诗人里面，差不多都多带得有人道主义的色彩。这中间最有力量最有精彩的，我想就要推白乐天了。

乐天的诗，有几种长处。第一是“平民的”，这不但在思想上看得出，在诗体上已经可以见得乐天的文学，绝无贵族的气味了。第二是“写实的”，无论是舒情诗咏物诗，一点没有神秘的臭味，也没有夸大的习气。第三“现代的”，他的题材，都是从当时的社会状况上面寻出来，尽力的描写，尽力的批评，令现在我们读他的诗，还可以忆想当时的社会情况。这三种特色，直是他家所万万不及的。

（二）

乐天对于贫富贵贱苦乐不均的社会，不满意到了极点。他的诗里面，描写这种状况的最多。《秦中吟》的《轻肥》、《卖花》，《新乐府》的《卖炭翁》、《缚戎人》，都是极深刻的创作。《卖炭翁》一首，尤其沉痛。这样贫民生活的苦况，和现在情形，一点没有两样。白乐天如果晓得一千多年后的今天，仍旧如此，不晓得要怎样悽怆呢。

卖炭翁，伐薪烧炭南山中。满面尘灰烟火色，两鬓苍苍十指黑。卖炭得钱何所营？身上衣裳口中食。可怜身上衣正单，心忧炭贱愿天寒。夜来城外一尺雪，晓驾炭车辗冰辙。牛困人饥日已高，市南门外泥中歇。翩翩两骑来是谁？黄衣使者白衫儿。手把文书口称敕，回车叱牛牵向北。一车炭，千余斤，官（宫）使驱将惜不得。半匹红纱（绡）一丈绫，系向牛头充炭值。

（三）

乐天又是极力反对黩武主义的。平和本是中国人一贯的理想，诗人的咏叹，更多发挥平和主义的。杜甫的《兵车行》之类，便是如此。却总不及白乐天《新丰折臂翁》乐府的深刻。他不但是从结果上描写黩武主义祸害，并且从原因上说破黩武主义的卑劣。如果把他这个题材来做小说，已经可以成一部很大的创作。这种雄伟的精力，真是乐天的特色了。全篇有三百多字，中间写折臂原因一节，几乎像是为德国日本那样行征兵制度的国家写照。近几年来，日本为逃避兵役，去损毁身体的人，也渐渐加多起来了。中国既然没有行这个非人道的制度，本来是万幸，偏偏又有许多人，以为非行德意志式的征兵制度，算不得文明国。这种不懂得“人道”“正义”的人，我倒要请他多读一点唐诗，叫他晓得说破征兵制度的罪恶，反对军国主义，主张解除武装，维持平和，决不是近代梦想平和的人新造出来的。

新丰老翁八十八，头鬓须眉皆似雪。玄孙扶向店前行，左臂右臂凭肩折。问翁臂折来几年，兼问致折何因缘？翁云贯属新丰县，生逢圣代无征战。惯听梨园歌管声，不识旗枪与刀箭。无何天宝大征兵，户有三丁点一丁。点得驱将何处去？五月万里云南行。闻道云南有泸水，椒花落时瘴烟起。大军徒涉水如汤，未过十人二三死。村南村北哭声哀，儿别爷娘夫别妻。皆云前后征蛮者，千万人行无一回。是时翁年二十四，兵部牒中有名字。夜深不敢使人知，偷将大石捶折臂。张弓簸旗俱不堪，从兹始免征云南。骨碎筋伤非不苦，且图拣退归乡土。此臂折来六十年，一肢虽废一身全；至今风雨阴寒夜，直到天明痛不眠。痛不眠，终不悔，且喜老身今独在。不然当时泸水头，身死魂孤骨不收。应作云南望乡鬼，万人冢上哭呦呦。老人言，君听取。君不闻？开元宰相宋开府，不赏边功防黩武。又不闻？天宝宰相杨国忠，欲求恩幸立边功。边功未立生人怨，请问新丰折臂翁。

（四）

乐天对于女子的境遇，也是极富于同情心的。不过当日的社会经济组织，和现代绝对不同。所以观察和主张，便不如现代女子解放主张的澈底。这完全是时代的差别，不能拿近代人的思想，近代社会组织的根底，去批评他。只要看他从“人”的立足点，怜惜沉沦的妇人，怨旷的闺女，绝不似那些专门描写“性欲的冲动”的诗人，已经是很难得的。

就这几种思想的表现上看来，乐天究竟是一个理想的社会主义者，也是一个平民的文学者。虽不曾直接的描写出他理想社会，但是当时那种贫富不齐贵贱不均，穷兵黩武的国家和社会，在他看来，都是一种极大的罪恶。就可以推测到他的理想上的“平和的国家”“幸福的社会”的影像了。

大凡一国的政治革新和社会进化，文学的感化力最大。文学里面，诗歌和小说的力量更是普遍的。“平民主义”这个名词，靠着散文的鼓吹，造成了一个空招牌的民国。今后如果要把组织新国家新社会的真理，印到多数国民的脑髓里去；韵文的陶融，一定是少不了的。唉！现代平民的诗人在那里？现代平民文学者在那里？

选自《白话文范》1920年版第1册。

第八章

《醉翁亭记》和《岳阳楼记》接受境遇的异同

欧阳修的《醉翁亭记》和范仲淹的《岳阳楼记》这两篇名文有着太多的相近之处，俨然双璧：同是宋代散文名家的名作，体裁一为游记，一为杂记，题材则是亭、楼及周边的景物，并寄寓了贬臣（欧阳修）的某种心绪，或阐发了（范仲淹）针对贬臣（滕子京）的某种看法。正因有如此多的相似之处，所以，常被多套教科书同时收入，且被放在一起呈现。不过，因为人们对二者所表露的思想情感的认识颇不一致，也因为时势的变化，二者在近代语文教育发展某个阶段的命运又颇不一致。本章试比较分析清末民国期间语文教科书对二者的接受与阐释，一方面，从文体和语体的角度看文言散文在近代语文教育发展中不同时段的命运，另一方面，从文章内容、作品主旨的角度看不同时代的不同教科书的编者是如何阐释其主题并进而确立其选文标准的。

一、清末、民初（1902—1916）

清末，中学语文存在三种目的不同的课程及教材："读经"、"读经讲经"课程目的在于让学生接受圣贤思想的教化，"词章"、"中国文学"课程目的是训练学生写作"古文"的能力；"中小学堂读古诗歌法"的目的是培养学生的审美情趣。第一种教材是指定的"四书"、"五经"等儒家经典及传注，后两种则没有固定的教材。清末，民间出版的"中国文学"课程所用的文选型教材主要有商务印书馆于1908年5月和9月相继出版的由林纾编纂的《中学国文读本》和吴曾祺编纂的《中学国文教科书》。二书所选文章，既没有经书中的篇目，也没有诗歌，绝大多数为

"古文"。教学二书的目的，就是让学生模仿这些古文的作法。如《中学国文读本》的"凡例"称："本书所选之文各类略备，使读者稍知其门径。"此处的"门径"显然指了解各家各派作文的门径。二书均通过批语的形式对作文的门径予以指示。又如《中学国文教科书》的"例言"称："学生至入中学堂，多读经书，渐悉故事。此时急宜授以作文之法。"民初，"读经讲经"被废除，美育逐渐受重视，所以，中学国文教科书中开始出现了经书的节选和少量的诗歌，但选文仍以古文为主。其教学目的，一如清末。1913年，林纾编纂的《中学国文读本》和吴曾祺编纂的《中学国文教科书》，经许国英稍删篇目而其他照旧式地重订并陆续出版。同年，商务印书馆还出版许国英新编的《共和国教科书国文读本》及其配套用书《共和国教科书国文读本评注》。1912年至1915年，中华书局相继出版了刘法曾、姚汉章评辑的《中华中学国文教科书》和谢蒙（无量）编写的中学校适用《新制国文教本》及其配套用书《新制国文教本评注》。这些教科书中的课文仍主要是"古文"，而且编者多通过"评注"的形式来介绍古文的作法。如果教学课文的主要目的是训练学生写作"古文"的技能，且教学的内容就是让学生模仿古文作法，那么桐城派古文及其近宗明代归有光等人，唐宋派古文、远祖欧阳修等唐宋人的古文，是必须要选入教科书的。正如黎锦熙所说的，清末中学国文教科书的选材标准所遵照的是姚鼐的《古文辞类纂》所确立的标准，而到了"民国初年（1912年以后）中学学制无甚更张，所出国文选本，惟内容稍稍扩大：高年级略选经籍，似至此始知由姚选进而取法乎曾选之《经史百家杂钞》也者；又稍稍羼入诗歌"。① 王恩华称："虽由姚选标准进而采曾选标准，然究其内容，毕竟不出唐宋八家之旧观念也。"② 正因为如此，作为唐宋八大家之一的欧阳修和北宋古文名家范仲淹的作品是必选的，而二者的散文代表作《醉翁亭记》和《岳阳楼记》更应是首选，所以，从下表可以看出，虽然清末民初出版的中学国文教科书只有几套，但多数还是选入了这两篇文章。小学国文教科书，也有将二者同时选作范文的。

篇名	教科书名称	编　者	册次	出版社	时间、版次
《醉翁亭记》	《中学国文教科书》	吴曾祺	第2册	商务印书馆	1908年9月初版
	《中华高等小学国文教科书》	汪渤、何振武	第8册	中华书局	1912年11月4版

① 黎锦熙《三十年来中等学校国文选本书目提要》，国立北平师范大学《师大月刊》，1933年第二期第4页。

② 王恩华《国难后中等学校国文选本书目提要》，国立北平师范大学《师大月刊》，1934年三十二周年纪念专号第2页。

（续表）

篇名	教科书名称	编　者	册次	出版社	时间、版次
《醉翁亭记》	《中华中学国文教科书》	刘法曾、姚汉章	第1册	中华书局	1912年8月初版
	高等小学校秋季始业《共和国教科书新国文》	樊炳清、庄俞	第6册	商务印书馆	1913年3月61版 1920年7月43版
	《中学国文教科书》	吴曾祺原编、许国英重订	第2册	商务印书馆	1914年2月订正10版
	高等小学《实用国文教科书》	北京教育图书社编纂	第5册	商务印书馆	1915年12月11版
《岳阳楼记》	《中学国文读本》	林纾	第4册	商务印书馆	1908年5月初版
	《中学国文教科书》	吴曾祺	第2册	商务印书馆	1908年9月初版
	《中华高等小学国文教科书》	汪渤、何振武	第7册	中华书局	1912年7月3版
	中学校用《共和国教科书国文读本》	许国英	第2册	商务印书馆	1913年8月初版
	中学校用《共和国教科书国文读本评注》	许国英	第2册	商务印书馆	1912年2月初版
	《中学国文教科书》	吴曾祺原编、许国英重订	第2册	商务印书馆	1914年2月订正10版
	《中学国文读本》	林纾原编、许国英重订	第4册	商务印书馆	1915年5月订正7版

因为中学和高小国文的课程目的和教学内容都是训练学生写作“古文”的能力和模仿古文作法，所以这一时期教科书编者对该文的阐释侧重这两篇文章的作法而很少涉及其内容，如《中华高等小学国文教科书》第7册第1—8课分别为《祈战死》、《木兰诗》、《岳阳楼记》、《崇明老人记》、《美国之犹太人》、《武训》、《农事》和《柳敬亭传》，第8册的第6—11课分别为《祭十二郎文（续）》、《宋清传》、《军歌三首》、《醉翁亭记》、《正气歌》和《平元都捷表》，从中难以明显看出作者对《岳阳楼记》和《醉翁亭记》内容的倾向性阐释。

1.《醉翁亭记》的阐释

《中学国文教科书》（1908、1914）的“例言”称：“古文用法之妙，纵横变化，不可方物，故昔人以行云流水为比。明季选家于文之一提一顿，一起一落，一一加以评点。与谈举业家无所分别，使人人遵其说，直不啻东施之效颦，邯郸之学步，适足以彰其陋而已。今于每篇之中，略言其命意所在，间及其经营结构之法，不敢过为刻画。”可见，其评点并非面面俱到而重在精妙之处。如第2册先在《醉翁亭记》题下总批该文最妙之处：“连用二十余‘也’字，读之不见有堆垛之迹。妙！妙！”然后采用眉批的形式就局部妙处评点——在“环滁皆山也”上批道：“先生初作此文，将四面之山叙至百余字后，乃一笔删去，只以五字括之。可悟删繁就简之法，略仿《公》、《穀》笔法。”①既指出写作过程中的删繁就简之法，又指出其源头是先秦之“春秋笔法”。在最后两段上批道：“若于名亭之下，便点出姓名，文章之妙全失矣。佳在直逼至末始见。”点出行文过程中的层转、伏脉之法。

中學國文教科書二集　宋文　五十

善以慨嘆取神

兵十五萬於清流山下。生擒其將皇甫暉姚鳳於滁東門之外。遂以平滁。修嘗考其山川。按其圖記。升高以望清流之關。欲求暉鳳就擒之所。而故老皆無在者。蓋天下之平久矣。自唐失其政。海內分裂。豪傑並起而爭。所在爲敵國者。何可勝數。及宋受天命。聖人出而四海一。嚮之憑恃險阻。剗削消磨。百年之間。漠然徒見山高而水淸。欲問其事。而遺老盡矣。今滁介於江淮之間。舟車商賈。四方賓客之所不至。民生不見外事。而安於畎畝衣食。以樂生送死。而孰知上之功德。休養生息。涵煦百年之深也。修之來此。樂其地僻而事簡。又愛其俗之安閒。既得斯泉於山谷之間。乃日與滁人仰而望山。俯而聽泉。掇幽芳而蔭喬木。風霜冰雪。刻露清秀。四時之景。無不可愛。又幸其民樂其歲物之豐成。而喜與予游也。因爲本其山川。道其風俗之美。使民知所以安此豐年之樂者。幸生無事之時也。夫宣上恩德。以與民共樂。刺史之事也。遂書以名其亭焉。

歐陽修醉翁亭記

連用二十餘也字、讀之不見有堆垛之迹、妙妙、

先生初作此文將四面之山叙至百餘字後乃一筆

環滁皆山也。其西南諸峰。林壑尤美。望之蔚然而深秀者。瑯琊也。山行六七里。漸聞水聲潺潺。而瀉出於兩峰之間者。釀泉也。峰回路轉。有亭翼然。臨於泉上者。醉翁亭也。作亭者誰。山

《中学国文教科书》(1908、1914)

《中华中学国文教科书》(1912) 的编辑大意称：“选文家于文之起落处，一一加以评点，本明季之陋习。然文中有大关键处、至深之语，又不可不略加圈点，以引起读者之注意。又文中之段落提顿处，加以说明。曾氏国藩之《经史百家杂钞》、梅氏曾亮之《古文词略》，曾用此例，极便初学。兹编于每篇文字分段落处，或采先民成说，或间出己意，逐段划分注明，以便教授。”可见，该书既划分段落以让读者了解其整体的结构之法，又评点关键、难解处以让读者习得局部精妙作法。编者在第1册中的《醉翁亭记》的每段之后标明了段意及写法：第一段“环滁皆山也……得之心而寓之酒也”为“叙亭名之所自始”。第二段“若夫日出而林霏开……而乐亦无穷也”为“叙四时之景”。第三段“至于负者歌于滁……太守醉也”为“叙游宴之乐”。第四段“已而夕阳在山……庐陵欧阳修也”为“折入太守作结”。文后总批道：“连用二十余‘也’字，文法本之《易·说卦·传》、《尔雅·释诂》诸篇。”点出全文精妙之处及文法所本之处。

① “《公》、《穀》”指《春秋公羊传》和《春秋穀梁传》。

高等小学校秋季始业《共和国教科书新国文》(1913)的编辑大意称，该书的特色之一是“选录古今名人著作，以养成文字之初基”。“养成文字之初基”，即打下写作的基础。因为有配套的教授书，所以教科书中只用“圈”“点”，而不用文字以划分“读”、“句”，标示“要点”等。如在“环滁皆山也”六字之旁均加以圈，以引起师生重视。与之配套的《共和国教科书新国文教授法》(谭廉编纂，高凤谦、庄俞校订，商务印书馆1913年6月10版第6册)在本文“目的”中指出：“本课系欧公记亭而并记山水，而处处为己身写照。”可见，其既谈了文章的作法，又提到文中的思想感情。关于前者，教案有五处“提示”：“通篇用二十余‘也’字，逐层写来，颇有错落之致，惟第一‘也’字系半面语，神理未完。余‘也’字，则为结束上文之辞，语气与下文不相属。”“起手处淡淡著笔，入后一步紧一步，写得兴会淋漓，一结复超脱非当，大有咏歌而归之态度。”“此文似散非散，似排非排，文家之创调也。后人喜摹仿斯调，致觉文格之不高者，系模仿者之过，非斯文之过也。”“时而太守，时而醉翁，至结尾始点出己之姓名，是为文之画龙点睛法。”关于文中的思想感情，教案写道：“公不以酒名，斯时以醉翁名亭，且自摹醉态者，因谪居于是，借酒浇愁，聊以消遣悲愤之怀耳。”可见，编者认为本文写于谪居期间，故从重点描写了美景、记叙了游乐来看，是写太守与民同乐，但是，若从以醉翁名亭且自摹醉态来看，则是以超脱的表象来宣泄贬臣内心的“悲愤”。

岳陽樓記
范仲淹
慶曆四年春滕子京謫守巴陵郡越明年政通人和百廢具興乃重修
岳陽樓增其舊制刻唐賢今人詩賦於其上屬予作文以記之予觀夫
巴陵勝狀在洞庭一湖銜遠山吞長江浩浩湯湯橫無際涯朝暉夕陰
氣象萬千此則岳陽樓之大觀也前人之述備矣然則北極巫峽南極
瀟湘遷客騷人多會於此覽物之情得無異乎若夫霪雨霏霏連日不
開陰風怒號濁浪排空日星隱耀山岳潛形商旅不行檣傾楫摧薄暮
冥冥虎嘯猿啼登斯樓也則有去國懷鄉憂讒畏譏滿目蕭然感極而
悲者矣至若春和景明波瀾不驚上下天光一碧萬頃沙鷗翔集錦鱗

第四册　宋文　十六　商務印書館印行

《中学国文读本》(1908、1915)

2.《岳阳楼记》的阐释

《中学国文读本》(1908、1915)的“凡例”称：“本书于文中之大节目处特加圈点并附评语以引起读者之注意。”不过，其中第4册《岳阳楼记》一文只有圈点以断句，或在直接抒情的三个关键文句(“则有去国怀乡，忧谗畏讥，满目萧然，感极而悲者矣”，“则有心旷神怡，宠辱偕忘，把酒临风，其喜洋洋者矣”，“‘先天下之忧而忧，后天下之乐而乐’

欤！噫！微斯人，吾谁与归？”）旁密集加圈以示强调，并没有任何评语。由此可以推知，编者这种做法的用意是，除让学生关注文章的结构之外，还应让其理解文中的情感，只不过对此按而不表而已。

已殄無土而及乎泉。生則稅蠹而郡蠶。邑尅而吏嚚。吾視宋人之貧久矣。未見宋人有寸土者。君王苟欲致民於生地。不若薄民之賦。貽民之利。知百姓貴土於黃金。則其民受福於齊矣。處士封父敬而謝曰。吾將聞執政可乎。處士曰。否。是欲急挈吾於禍矣。惟父勿施。吾將狂。

右二篇皆借端諷刺時政、讀者當求其微旨、

第五十八 岳陽樓記

范仲淹

慶曆四年。春、滕子京謫守巴陵郡。越明年。政通人和。百廢俱興。乃重修岳陽樓。增其舊制。刻唐賢今人詩賦於其上。屬予作文以記之。予觀夫巴陵勝狀。在洞庭一湖。銜遠山。

第五十八 岳陽樓記　　一百三十三

《共和国教科书国文读本评注》(1912)

《中学国文教科书》(1908、1914) 第2册先在题下总评该文特色：“楼之胜处，已经前人说尽，几于无可着笔，此独生出忧乐二意，竭力摹写，得文家避熟就生之法，后结到圣贤宗旨，亦其生平胸次如是，不觉无意露出，非好为大言以欺世者。”说明此文之妙不在景物描写，而在思想、情感的抒发，一切景物的描写均为后文议论抒情作铺垫。然后，指出文中“先天下之忧而忧，后天下之乐而乐”之先忧天下、后享己乐的入世精神和“不以物喜，不以己悲”出世情怀，很自然地反映了作者崇高的理想和阔大的胸襟，而非借诳语以泄私愤。然后，在“然则北通巫峡，南极潇湘，迁客骚人，多会于此，览物之情，得无异乎”上批道：“数语开下二段。”在“若夫霪雨霏霏……其喜洋洋者矣”两段以写景抒情的文字上批道：“造句遣词，尚有魏晋间气息！”最后，在述志一段文字上批道：“自道语。”

中学校用《共和国教科书国文读本》(1913) 只有文选不加评注，中学校用《共和国教科书国文读本评注》则二者兼有。《共和国教科书国文读本评注》的编辑大意称，“选文重在评点。圈点既载之读本中，而说明文之关键筋节处，则评语尚焉。本编所录，凡文中章法句法段落提顿之应说明者，精神脉络之应表示者，或采旧说，或出新意，无不求备，务使学者易于明瞭，”而且“注与评各异。注主解释意义，音声训诂属之。评主揭示作法，体例、结构及一切变化属之”。注重详备，评重精当。评时对段落的起讫作了划分，对段意、写法作了小结，对一些关键处作了评价。第2册在《岳阳楼记》中“庆历四年春……属予作文以记之”之后评道：“以上先叙作记缘起。”在“予观夫巴陵胜状，在洞庭一湖”句后评道：“一句立柱意，以下即从此发挥。”在“此则岳阳楼之大观也”句后评道：“总括一笔。”在“览物之情，得无异乎”句后评道：“此二句一提，引起下文二段。”在“若夫霪雨霏霏……感极而悲者矣”段后评道：“此段因阴霾惨慄之景，引起迁客骚人之悲，字里行间恍若有无数悲惨景象，毕呈眼底，文有赋心。讽诵之，自觉其妙。是览物之情而忧者。”在“至若春和景明……其喜洋洋者矣”段后评道：“此段因晴昼良宵之景，引起迁客骚人之喜，如闻仙乐，能移我情。是览物之情而乐者。”然后总评这两段写景抒情：“以上写岳阳楼风景。总写、夹写不独如临其地，抑且如见其人。”在“嗟夫！予尝求古仁人之心，或异二者之为，何哉”句后评道：“承上文结束，即转起古仁人之心一段。正面文字。”在“不以物喜，不以己悲”句后评道：“与上悲喜不同。”在“居庙堂之高则忧其民；处江湖之远则忧其君。是进亦忧，退亦忧。然则何时而乐耶”句后评道：“从悲喜引出忧乐，明古之仁人忧多乐少，与人情之随感而忧乐顿殊者不同。”在“其必曰‘先天下之忧而忧，后天下之乐而乐’”句后评道：“先生少有大志，常诵此二言以自勉，今乃于此发之。忧乐俱在天下，正是不以物喜，不以己悲意。”在“噫！微斯人，吾谁与归”后评道：“结句一往情深。”然后对最后一段进行小结：“以上发抒胸臆，揭出忧乐正论，是有功世道文字。”

二、五四前后与新学制时期(1917—1928)

新学制前后，此前常见的《醉翁亭记》和《岳阳楼记》却没有再出现在中学语文教科书中。究其原因，可能与语文教育的语体、文体的变化直接相关。

1917年，袁世凯复辟失败后，语言、文字改革得以急速推进。国语运动者黎锦熙等人鼓吹“言文一致”和“国语统一”，以推动文字和语言分别向拼音化和口语化方向发展。文学革命者胡适和陈独秀分别在《新青年》上发表了《文学改良刍议》和《文学革命论》二位作者均主张建设新文学，反对旧文学。胡适主要从文学形式方面提出了“八不”主张[①]。陈独秀主要从文学内容方面提出了“三大主义”[②]。陈独秀在文中称，前后七子和归有光、方苞、刘大櫆、姚鼐等人为“十八妖魔”，他们所创作的“贵族文学”、“古典文学”和“山林文学”阻碍了“平民文学”的发展，掩盖了“平民文学”家的光彩，故可归入打倒、排斥之列，他说[③]：

① 胡适《文学改良刍议》，《新青年》，1917年第二卷第五号第1—11页。
② 陈独秀《文学革命论》，《新青年》，1917年第二卷第六号第1—4页。
③ 陈独秀《文学革命论》，《新青年》，1917年第二卷六号第3页。

明之前后七子及八家文派之归方刘姚是也。此十八妖魔辈，尊古蔑今，咬文嚼字，称霸文坛，反使盖代文豪若马东篱，若施耐庵，若曹雪芹诸人之姓名，几不为国人所识……归方刘姚之文，或希荣誉墓，或无病而呻，满纸之乎者也矣焉哉。每有长篇大作，摇头摆尾，说来说去，不知道说些甚么。此等文学，作者既非创造才，胸中又无物，其伎俩惟在仿古欺人，直无一字有存在之价值，虽著作等身，与其时之社会文明进化无丝毫关系。今日吾国文学，悉承前代之敝，所谓桐城派者，八家与八股之混合体也……际兹文学革新之时代，凡属贵族文学古典文学山林文学，均在排斥之列。以何理由而排斥此三种文学耶？曰，贵族文学，藻饰依他，失独立自尊之气象也；古典文学，铺张堆砌，失抒情写实之旨也；山林文学，深晦艰涩，自以为名山著述，于其群之大多数无所裨益也。其形体则陈陈相因，有肉无骨，有形无神，乃装饰品而非实用品；其内容则目光不越帝王权贵，神仙鬼怪，及其个人之穷通利达。

他们的主张得到钱玄同、刘半农等人的呼应。如钱玄同就分别致信陈独秀和胡适，对他们的观点表示赞同，他在致陈独秀的信中说："惟选学妖孽所尊崇之六朝文，桐城谬种所尊崇之唐宋文，则实在不必选读。"[①] 他在致胡适的信中说："彼选学妖孽，桐城谬种，方欲以不通之典故，肉麻之句调，戕贼吾青年。"[②] 桐城派被称为"谬种"之后，他们所尊崇的"唐宋文"自然式微。可以想见，在随后的文学革命积极推进的过程中，属于"贵族文学"(藻饰)、"古典文学"(铺排) 和"山林文学"(士大夫情怀) 的《醉翁亭记》和《岳阳楼记》的命运必然多舛。

1920年教育部下令小学"国文"改为"国语"，逐步采用白话教科书并废除文言教科书。1920年，朱文叔编的《国语文类选》由中华书局出版，何仲英和洪北平合编的《白话文范》由商务印书馆出版。在这些白话教材中，自然是不会出现文言《醉翁亭记》和《岳阳楼记》。

1922年实行新学制。1923年新学制国语课程标准颁布。此时，文言的地位发生了很大变化，课程标准规定，中学教科书年级由低到高，白话递减、文言递增。根据语体的不同，将新学制国语课程标准颁布后所出版的中学语文教科书分为三类：(1) 白话文教科书。如《初级中学国语文读本》(孙俍工、沈仲九编，民智书局，1923—1925年版)、《古白话文选》、《近人白话文选》(吴遁生、郑次川编，商务印书馆，1924年版)。(2) 文言教科书。如《新中学古文读本》(沈星一编，中华书局，

① 《新青年》，1917年第三卷第五号"通信"栏。
② 《新青年》，1917年第三卷第六号"通信"栏。

1923年版)、《现代初中教科书国文》。(3) 文白兼收的教科书。如初级中学用《新学制国语教科书》(范祥善、吴研因等编,商务印书馆,1923—1924年版)。

在以上这些文言教科书和文白兼收的教科书中,为什么也没出现《醉翁亭记》和《岳阳楼记》呢?是与文学革命者对唐宋散文的贬斥有关吗?可能性不大。因为在胡适所拟的《新学制高中国语课程标准》中所列举的"高级中学应读的名著"中就出现了欧阳修和范仲淹的名字。那又为什么不选呢?可能与文言的地位和功能发生的变化有关。虽然国语课程标准没有完全禁绝文言,但认为这种安排只是过渡阶段的权宜之计。而且,因为不再强调文言写作,所以文言作品教学内容发生了变化,即不再训练其写作能力而要求模仿其写法,而主要用来培养阅读欣赏能力,如《新中学古文读本》的编辑大意称:"中学学习国文之目的:(1) 养成发表思想之技能。(2) 养成读书之能力。本书选择教材即以此二项为标准,而尤注重 (2) 项。"可见,以前中学国文教科书中的文言选文的功能是作写作的示范,即通过分析文章形式以利于学生的写作;但是,此时文言选文的功能发生了变化:首要功能不是用来作写作的示范,而是用来引起学生阅读兴趣和提高阅读能力的凭借。所以,文言作品更多的是用来让学生欣赏以培养审美情趣,选择时所强调的是文言选文的艺术性。就像黎锦熙所说的,1919年之后"新文学"成为教科书的主体,"即选古文者,亦渐具文艺的眼光与整理国故之新头脑"。[1] 文言选文的功能,除了用来培养学生的欣赏文学能力外,就是用来积累一些与白话表达较为近似或白话表达中也常用的词语以利于白话的表达。所以,选择时一般强调文言选文的词义浅显。如《新中学古文读本》的编辑大意称:"本书系为衔接高级小学之用,所选文字、务求浅显,且合于近代文法。"正因为如此,以艺术精湛、思想深刻的《醉翁亭记》和《岳阳楼记》并不符合其选文标准。所以,在《新中学古文读本》中所选的白居易的作品很多,共有5篇,而欧阳修的作品只有《真州东园记》(第2册第21课)和《祭石曼卿文》(第3册第49课),范仲淹的只有《渔家傲》(第3册第54课)。《新学制国语教科书》(1923) 更强调选文的艺术性和文义的浅显,如其编辑大意称:"本书所列各文,约分记叙的、写景的、抒情的、说理的、议论的五种。但以记叙文、写景文及抒情文为主,说理文、议论文居少数。""本书的选辑,以具有真见解、真感情、真艺术,不违反现代精神,而又适合于学生的领受为标准。至于高深的学术文,以非初中学生能力所胜,概不加入。"就文言作品的选择来说,虽然要多选记叙文、写景文以及抒

① 黎锦熙《三十年来中等学校国文选本书目提要》,国立北平师范大学《师大月刊》,1933年第二期第4页。

情文，但不能选“高深”之文而选“适合学生的领受”之文，那么不选叙事、写景、抒情的《醉翁亭记》和《岳阳楼记》也就不难理解了；更何况两文所抒发的古代士大夫的情怀，均含“个人之穷通利达”的意味，与“现代精神”有点相违背。

虽然教科书不选，但是还有不少人通过仿作来阐释，如蓉城四乳翁的《枉死城记（仿醉翁亭记）》（首句为“环狱皆殿也”。《余兴》，1916年第十八期）、杨柳昆的《少年杂志记（仿醉翁亭记）》（《少年》，1918年第八卷第十期）、心冷的《仿醉翁亭记》（首句为“环滁皆兵也”。《国闻周报》，1925年第二卷第四十三期）、民瘼的《患匪记（仿醉翁亭记）》（首句为“环赵皆匪也”。《蜀评》，1925年第十、十一期）[①]，等等。另外，教科书不选并不意味着学生课外就不阅读，如1925年第五期《学生文艺丛刊》就刊发过浦镇学生方波用文言的《醉翁亭记书后》，而且提到了《岳阳楼记》[②]：

余读欧阳子《醉翁亭记》，而不能无慕于心焉。夫除授则欣欣然，谪降则戚戚然，此恒情也。是故古人谪宦栖迟，因之而发牢骚者甚多矣。有放浪于山水间者，有吟咏于风月中者，无非本此抑郁穷愁之意，藉以寄托焉耳。若六一先生，则不以谪降为患，惟乐滁邑风俗之美，与其民之安闲无事。是其心只知有民，知有国，而不知有己也。且其日与滁人往来于醉翁亭上，置酒为欢，不溺志于丝竹之音，惟怡情于禽鸟之乐，则又回非俗吏所可比者矣。范文正谪守巴陵作《岳阳楼记》，苏东坡移守胶西作《超然台记》，欧阳公之为此记也，何其志同而道合欤！

可见，该生熟读过《醉翁亭记》和《岳阳楼记》，而且在文中进一步做了比较阅读，认为其旨趣相同，透露出作者因心忧天下不计个人得失而生的真正的超然之心。

三、新标准时期（1929—1936）

新学制时期，围绕文言、白话的关系、功用、地位及存留等展开了一系列的论争。随着人们对这几个问题认识趋于深入，文言作品逐渐受到重视：⑴ 文言写作

① 这种戏仿很早就有，仿《醉翁亭记》的有如恩廉舫的《讽劝食鸦片戏文：仿宋欧阳文忠公醉翁亭记体》（首句为“鸦片毒草也”。《万国公报》，1878年第四八八期）、琴孙的《活地狱记（仿醉翁亭记）》（首句为“漫海皆烟也”。《振华五日大事记》，1907年第二十九期）、搏九的《八大胡同记（仿醉翁亭记）》（首句为“环居皆衣也”。《烟尘杂记：燕报附张》，1910年第一卷第二十四期）、志侠的《新婚记（仿欧阳永叔醉翁亭记体）》（首句为“人岂尽男也”。《游戏杂志》，1914年第七期）、王象鼎的《游岳麓山记（仿醉翁亭记）》（作者为湖北电报传习所一年级学生。首句为“环麓皆湘也”。《学生》，1914年第一卷第四期），等等。仿《岳阳楼记》的有吟僧的《拟余兴部序（仿岳阳楼记）》（首句为“甲辰年夏，时报馆创设”。《余兴》，1914年第四期）。

② 方波《醉翁亭记书后》，《学生文艺丛刊》，1925年第五期第17页。

与典范之文。人们意识到，写的白话文并非说的白话，白话文写作的进步，既要模仿西方文学，又要借鉴中国古代文学，要从文言文中汲取包括词汇和句式和基本写法在内的有益成分，所以，高中国文以学习文言为主几成共识。另外，从20世纪20年代后半期开始，我国现代散文（“小品文”）创作出现了一个高潮，1934年甚至被称为“小品年”，而我国文言作品又以“古文”（散文）为正宗，所以文言文，尤其是文言散文，又重新被关注。(2) 文学源流与代表作品。无论从整理国故，还是从理解作品的角度来说，读者必须有一定的文学史知识作支撑。而文学史知识的获得，必须以典型的作品为例证，所以，在文学史的教学中，某一时代、某一流派、某一作家的代表性作品的选择，就显得尤为必要。1934年，夏丏尊和叶圣陶在《文心》的第28章《关于文学史》中，以师生往来书信的方式对选文与文学史分离的现象提出了批评。他们认为，文学作品就像铜钱，文学史就像“钱索子”，“没有钱索子，不能把一个个零乱的小钱贯串起来，固然不愉快；但是只有一条钱索子，而没有许多可以贯串的小钱，岂不是也觉得无谓？”如果专学文学史，只记得“何谓唐宋八大家”、“何谓公安体、竟陵体”、“五言诗起于何时”、“词源于何体”等这些常识是“毫无实用价值的”，所以要“先读些《诗经》以及汉以下的诗集、词集，再去读文学史”。同时，他们强调中学生应该知道一些文学的源流和演变，不过“其着手的路径并不是取一本文学史来读，却是依文学史的线索去选择历代的名作”，要以学生阅读作品为主，以教师讲解文学史为辅[①]。如果能将选文与文学史合编，则规避了就选文讲选文而流于浅表以及就文学史讲文学史而流于空泛的弊端。另外，新学制时期的教科书，摒弃了此前教科书选文按文学史（时代）逆溯或顺下的方法编排作品的方式，多按主体、题材而不顾语体、时代等来编排选文，文白夹杂就难以使学生形成文学史的观念，所以文言文学的学习最适宜的方式是按文学史发展的顺序选择有代表性的作品作为课文。(3) 民族文化与重要载体。南京国民政府成立后，便加强了三民主义教育。其中的民族主义教育就要求传承民族固有的文化，激发学生的爱国热情，培养学生的民族精神。文言是传统文化的基本表达工具，文言文传统文化的重要载体，通过学习文言文，了解传统文化，学会文言表达方法，就显得十分必要。正因为以上三方面的主要原因，1929年颁布的中学国文暂行课程标准和1932年、1936年相继颁布的正式施行的中学国文课程标准，均开始强调文言作品的学习：在课程目标中强调文言写作，强调学习民族固有文化。如1932年颁布的《初级中学

① 夏丏尊、叶圣陶著《文心》，北京：生活·读书·新知三联书店2005年版，第244—251页。

国文课程标准》的“目标”的第一条为“使学生从本国语言文字上，了解固有的文化，以培养其民族精神”。[①] 课程标准在教材组织一项中要求教材按文学史顺序选择、编排作品。如1936年颁布的《高级中学国文课程标准》指出：“选读教材之原则应顺文学史发展之次第，由古代以至近代，选取各时代中主要作家之代表作品，使学生对于文学之源流及其发展得有一系统之概念。”[②] 正是在这样的大背景下，《醉翁亭记》和《岳阳楼记》又重新出现在如下多套中学国文教科书中。

篇名	教科书名称	编者	册次	出版社	时间、版次
《醉翁亭记》	《高中国文》	朱剑芒	第2册	世界书局	1930年7月3版
	中学适用《国文研究读本》	史本直	第1册	大众书局	1933年6月初版
	《初中国文选本》	罗根泽、高远公	第6册	立达书局	1933年8月初版
	《初级中学教科书国文》	叶楚伧	第5册	正中书局	1934年7月初版
	《初级中学教科书国文》	叶楚伧	第5册	正中书局	1934年7月初版
《岳阳楼记》	《高中国文》	朱剑芒	第2册	世界书局	1930年7月3版
	高级中学用《国文教科书》	孙俍工	第1册	神州国光社	1932年3月出版
	《初中国文读本》	朱文叔	第3册	中华书局	1934年5月初版
	《初中国文读本》	朱文叔、宋文翰	第3册	中华书局	1936年2月初版

1.《醉翁亭记》的阐释

《高中国文》(1930) 共3册，分别按“文体研究”、“文学史”和“文学概论”的方式来编选课文。其编辑大意称：“第二册——文学史的编制。分散文与律文(……) 为上下两编。所选作品，断自汉代以迄清末，凡于时代或派别上足称代表的作家，各选其一二作品。在每一时代或一派别前，概将当时的社会国家状况，简单说明；并将最著 (名) 的作家汇列一表，庶使读者每习一文，即了然于时代背景；并能认识文学上的派别源流。”《醉翁亭记》就是其第2册“近古期散文二”之“宋”中的一篇作品。在此前“宋”文学史简介中编者写道，宋初杨亿等人“尚从事于四六骈俪，不脱雕砌的作风”，而“首先排斥骈偶，宣传韩柳古文的，却是柳开。欧阳修继起，竭力鼓吹，古文一派，遂大行于世。后来曾巩、王安石、苏轼父子，大都受他的影响而兴起的。从此古文遂成了散文的正统体裁；所谓唐宋八大家，也就

① 课程教材研究所编《20世纪中国中小学课程标准·教学大纲汇编 (语文卷)》，北京：人民教育出版社2001年版，第289页。

② 课程教材研究所编《20世纪中国中小学课程标准·教学大纲汇编 (语文卷)》，北京：人民教育出版社2001年版，第302页。

國文研究讀本

醉翁亭記　歐陽修

環滁皆山也；其西南諸峯，林壑尤美，望之蔚然而深秀者，瑯琊也。山行六七里，漸聞水聲潺潺，而瀉出於兩峯之間者，釀泉也。峯回路轉，有亭翼然臨於泉上者，醉翁亭也。作亭者誰？山之僧「智仙」也。名之者誰？太守自謂也。太守與客來飲於此，飲少輒醉，而年又最高，故自號曰「醉翁」也。「醉翁」之意不在酒，在乎山水之間也。山水之樂，得之心而寓之酒也。

若夫日出而林霏開，雲歸而巖穴暝，晦明變化者，山間之朝暮也。野芳發而幽香，佳木秀而繁陰，風霜高潔，水落而石出者，山間之四時也。朝而往，暮而歸，四時之景不窮，而樂亦無窮也。至於負者歌於塗，行者休於樹，前者

國文研究讀本　醉翁亭記　一　上海大衆書局印行

《国文研究读本》(1933)

成了近古文学的一种代表名称。”所以,《醉翁亭记》被认为是转变宋一代文风的文坛领袖欧阳修的“古文”中的代表作而选入教科书,以便让学生了解“近古散文”之特点。

《国文研究读本》(1933) 主要是为反对教师灌输、提倡学生自动学习而编的。为了提高学生自行研究的兴趣,课文编选不论其语体、文体,只要是艺术性高的文学作品均在选入范围;为了让学生能自行研究,编者搜罗了大量的相关资料收入书中。书中同时选了欧阳修的《秋声赋》和《醉翁亭记》作为课文。编者在“作者”及“题解”中详细地介绍了欧阳修的生平和创作,尤其是其被贬滁州而作此文的背景。然后,分别从形式和内容两方面对此文予以解说。针对其形式,编者主要分析了此文的“结构”之法:

全篇共分二大段。首段叙作亭名亭之由。从滁出山,从山出泉,从泉出亭,从亭出人,从人出名,一层一层复一层,如累叠阶级,逐级上去,节脉相生妙矣。尤妙在醉翁之意不在酒,及次段太守之乐其乐,有无限乐民之乐意,隐现言外。第二段叙朝暮及四时之景;苦役劳人滁民之游赏;太守宴酣与醉归之乐;结出太守之同乐,兼点姓名,尤入化境。且太守归矣,游人去矣,已无可写,忽转出禽鸟来,以见仁民而兼爱物之意,所谓“山穷水尽疑无路,柳暗花明又一村”也。

“山水之乐”,一“乐”字起后文数“乐”字,为一篇之骨,妙!含与民同乐意。

从其对“结构”的解说兼及主题来看,编者认为这篇文章的感情基调是“乐”,而非前文所说的“悲愤”,或者说是渲染“与民同乐”,而非宣泄一己之悲。这一点在编者对内容解说中更为明确。在“事实”中,编者称:“古来遭贬,如韩退之,柳子厚,皆抑郁不平,虽苏子瞻不免。惟永叔贬谪,心无不释,优游行乐,如无事然,亦可想见其胸襟旷达,非常人所能企及矣。吾人涵养品性,必须有此等度量而后可。”

可见，编者认为，韩愈等人被贬著文是真在意，假超脱，而欧阳修被贬著文是真超脱，而非故作超脱之词。在“推想”中，编者就课文内容思想以问答的形式作了进一步的引申：

偶与自然景物接触，何故胸襟开畅？

人吸氧呼碳，植物反是。与自然景物接触，所吸皆纯粹氧气，益以身体运动，血脉流通；此时俗念都消，胸襟故觉畅适。游览之不可少，盖以是。但狂游无度，荒废正业，亦所不宜。

涵养心性，何以宜于山野？

心性宜顺其自然，不可压迫，不可束缚。城市见闻，无非扰攘之事，能引人入于迷途。人既拥有利欲之念，则心性已为压迫束缚，不能自由；惟深山绝谷，外缘既绝，斯襟抱愈清；故涵养心性，以山野之地为宜。

醉翁之意果何在？

盖在与民同乐。观其叙宾僚，叙游人，并叙及禽鸟，一篇天机活泼之致，自有仁民爱物之意流露于行间，所谓得之心者，即《丰乐亭记》幸生无事，休养涵煦之谓。

可见，在编者看来，正是欧阳修长期优游山水，所以才胸襟开阔，才心性高洁而不为利欲所缚，才能进而与民同乐、与物同乐。

此外，其后的“批评”中对该文的形式和内容作了补充解说。关于其形式的解说，有其中二十余“也”字用法之妙及文末点出太守之名的匠心等。关于其思想内容，则解说得较前者更详细、深入。兹不嫌繁冗，照录于下：

自来文人学士，谪宦栖迟，未有不放怀山水，以寄其幽思。而或抑郁过甚，而辱之以愚；抑或美恶横生，而盖之于物，又或以物悲喜。而古人忧乐，绝不关心。甚或闻声感伤，而一己心思，讬于音曲。凡此有山水之情，无山水之乐，而皆不得为谪宦之极品也。六一公之守滁也，尝与民乐物之丰，而兴幸生无事之感。或其篇中写滁人之游，则前呼后应，伛偻提携为言，以视忧乐之不关心者，何如也？至其丝竹不入，而欢及众宾，禽鸟声闻，而神游物外，绝无沦落自丧之状，而有旷观自得之情。是以乘兴而来，尽兴而返，得山水之乐于一心，不同愚者之喜笑眷慕而不能去焉。然则此记也，直谓有文正之规勉，无白傅之牢愁，有东坡之超然，无柳子之抑郁，岂不可哉？！岂不可哉？！（参看永叔《与尹师鲁书》及《丰乐亭记》自明）

如此正面地解读该文的主旨，一方面是因为读者从文中确实可以感受得到太守之乐、百姓之乐等；另一方面，假如编者将其解读为消极，就必然违背了课程标准所确定的选文标准，如1932年、1936年颁布的《初级中学国文课程标准》就明确指出，选作精读的教材必须是“合于现实生活及学生身心发育之程序，而无浮薄淫靡或消极厌世之色彩者”。[1]

《初中国文选本》(1933) 的编辑大意称，“本书编者为引起学习兴趣、提高学习效率起见，按各篇之体裁或性质，将每册划为若干单元”。其第6册的第7单元由《醉翁亭记》、《沧浪亭记》(苏舜钦) 和《黄州快哉亭记》(苏辙) 组成。这3篇均是“记”，记“亭”相关事，摹“亭”及周边物，借“亭”抒情言志。其编辑大意又称，选入这些篇目进行教学的目的在“养成了解浅近文言文之能力”及“养成阅读书籍之习惯与欣赏文艺之兴趣”。

《初级中学教科书国文》(1934) 的编辑大意称：本书所选“记叙文以状叙明切，词意显豁，能引起学生之兴趣者为主。表抒文以声情激壮，意味隽永，能发扬学生之情意者为主”。被选入其第5册的《醉翁亭记》兼有记述、表抒两种表达方式。可见，在编者看来，该文应该属于“状叙明切，词意显豁”且“声情激壮，意味隽永”之文。第5册是第3学年学习的教材，该学年的教学目的是“阐发生活理想之涵义，作系统的整理”。该册的“编选说明”称：“本册就人生境遇及其意趣，阐明人生之意义，整理学生之思想，分为三单元：(一) 人伦与社交。(二) 学修与劳作。(三) 游赏与美感。”《游新都后的感想》(袁昌英)、《泰山日出》(徐志摩)、《记游二篇》(《始得西山宴游记》、《钴鉧潭西小丘记》，柳宗元)、《醉翁亭记》和《美术与生活》(梁启超) 同属“游赏与美感”单元。结合单元名称及前述选材标准、教学目的可以看出，可能编者认为该文所写及学生应学的是欧阳修在游赏中感受到的景物、生命之美。

综上可见，这一时期选入《醉翁亭记》的教科书编者对其艺术形式的解读，和清末民初的解读没有多大区别，但这两个时期对该文思想情感的解读却存在较大差异：此时认为该文表达了一种与民同乐、超然物外的情怀，而此前一般认为该文是借记游乐、写美景来发泄个人的“悲愤”。

2.《岳阳楼记》的阐释

《岳阳楼记》是《高中国文》(1930) 的第2册“近古期散文二”之“宋”中所选的14篇作品之一。编者在“最著 (名) 的作家”表所列的名单中，刘开之后即为范仲淹。可见，编者认为范仲淹是北宋代表性的作家之一，而《岳阳楼记》即其代表性的作品。

高级中学用《国文教科书》(1932) 并不按文学史顺序选择作品。因为编者认

① 课程教材研究所编《20世纪中国中小学课程标准·教学大纲汇编 (语文卷)》，北京：人民教育出版社2001年版，第290、297页。

为学习课文并不仅是让学生了解文学源流而主要是为了让学生学会写作，所以本书中的课文是按照体裁、题材组织的，以做到读、写结合。该书的课程总表指出，其第1册的阅读体裁为“叙事游记”，作文体裁也为“叙事游记”，即以读促写，希望学生借鉴这些古代或现代优秀的叙事游记的写法。《岳阳楼记》属其第1册中游记之一，该文之前的课文为《永州八记》、《水经注记湘水》、《水经注记庐水》和《水经注记江水》等古代游记，其后有《卜来敦记》、《浙西三瀑布记》、《斐律宾百震亨瀑布游记》、《峡江寺飞泉亭记》、《游珍珠泉记》和《新加坡洪家花园记》等现代游记。虽然编者并没有用文字对其形式和内容作阐释，但将此选作课文显然是将其作古代散文中典范之作且为易于让学生借鉴之作。如就文章的结构方式来说，《岳阳楼记》所用的起承转合之法显然要比《醉翁亭记》所用的层进逆转之法更常用也更容易模仿。这大概就是编者选《岳阳楼记》而弃《醉翁亭记》的原因。

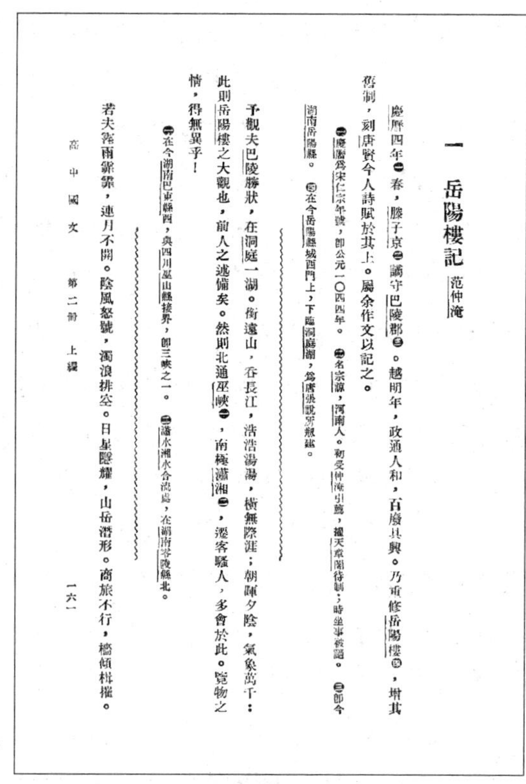

一 岳陽樓記 范仲淹

慶曆四年㊀春，滕子京㊁謫守巴陵郡㊂。越明年，政通人和，百廢具興。乃重修岳陽樓㊃，增其舊制，刻唐賢今人詩賦於其上。屬余作文以記之。

㊀慶曆爲宋仁宗年號，即公元一〇四四年。㊁名宗諒，河南人。初受仲淹引薦，擢天章閣待制；時坐事被謫。㊂即今湖南岳陽縣。㊃在今岳陽縣城西門上，下臨洞庭湖，爲唐張說所創建。

予觀夫巴陵勝狀，在洞庭一湖。銜遠山，吞長江，浩浩湯湯，橫無際涯；朝暉夕陰，氣象萬千：此則岳陽樓之大觀也，前人之述備矣。然則北通巫峽㊀，南極瀟湘㊁，遷客騷人，多會於此。覽物之情，得無異乎！

㊀在今湖南巴東縣西，與四川巫山縣接界，即三峽之一。㊁瀟水湘水合流處，在湖南零陵縣北。

若夫霪雨霏霏，連月不開。陰風怒號，濁浪排空。日星隱耀，山岳潛形。商旅不行，檣傾楫摧。

高中國文 第二冊 上編 一六一

《高中国文》(1930)

《初中国文读本》(1934)的编辑大意称：“本书选用教材之标准，除遵照课程标准所列各项外，更特别注意左列二点：甲　务求文字有内容，言之无物者不用。乙　多采积极发扬的作品，感伤沈郁足以沮丧青年精神者不用。”可见，除了一般选材所持的文质兼美的标准外，该书还特别强调内容充实、思想积极。其第3册第6组为《运河与扬子江》(陈衡哲)、《三峡记游》(高一涵)、《峡州至喜亭记》(欧阳修)、《岳阳楼记》(范仲淹)、《石钟山记》(苏轼)和《琉矿塘记》(徐宏祖)。选欧阳修《峡州至喜亭记》而不选其《醉翁亭记》，大概在编者看来《醉翁亭记》含有“感伤沈郁足以沮丧青年精神”之思想。选范仲淹的《岳阳楼记》，则因为其中含有“积极发扬”之精神。《初中国文读本》(1936)是在《初中国文读本》(1934)基础上编的，篇目没有大的改动，但是课后多了“题解”、“作者生平”、“注解”、“语文互证”、“练习”等。第3册中《岳阳楼记》的“题解”中写道：“本文为范文正应滕氏之请而作。篇末‘先天下之忧而忧，后天下之乐而乐’两句，为全篇文章的主旨，亦即孟子所谓‘乐以天下，忧以天下’的意思。”“作者生平”称其“少贫苦，而志气甚大，常以天下自任。仁宗时，率兵拒西夏，夏人相戒莫敢犯，说：‘小范老子胸中自有十万甲兵！’”其“习题”为“(一) 人们的忧乐与景物有无关系？(二) 是以《先忧后乐》为题作一篇文章。”显然编者指出了该文所具儒家积极入世、以兼济天下为先的精神，而《醉翁亭记》则有道家消极遁世、以独善其身为主的思想。与之配套的《初中国文读本参考书》(张文治等编，朱文叔校，中华书局1934年版) 称，单元的“教学目的”为学习“名胜古迹的介绍”。该参考书还逐一交代了课文的“内容”：本组首课为物语，由长江与运河的对话，表出生命的真谛在奋斗；第二课为名胜记游之作；第三、四课介绍著名古迹，并可藉以窥见作者之时代性；末二课虽为游记，而以解释物理为主材。《峡州至喜亭记》和《岳阳楼记》吐露出什么“时代性”？编者并未予以解说。在《岳阳楼记》后的“文章体制”中，编者专门介绍了“讽喻”这种写作手法，但并没有结合《岳阳楼记》而是结合此前学过的王世颖的《虎门》、郑振铎的《离别》和苏轼的《卜算子》来分别解说文章和诗词是如何采用讽喻之法来表达“言外之意”的，而且其后所列的习题也均未涉及《岳阳楼记》：“(一) 讽喻在抒情文或记叙文中所处的地位怎样？(二) 就你所读过的诗歌中，举出含有讽喻成分的词句，并说明作者寄托的所在。”可见，大概编者认为《岳阳楼记》已通过议论抒情明确地表达了主旨，并非“托物”言志而是“借物”抒情之作，在“文章体制”中介绍了“讽喻”就是让学生将其与《岳阳楼记》的写法作比较。

综上可见，《高中国文》(1930) 同时选录《醉翁亭记》和《岳阳楼记》，编者仅是从二者在文学史上地位来考虑的。只选《岳阳楼记》而不选《醉翁亭记》的教科书编者，多是认为《醉翁亭记》的主旨消极而《岳阳楼记》的主旨积极。

四、全面抗战前后与内战时期（1937—1949）

全面抗战爆发前夕，民族危机意识加强。全面抗战爆发后，民族主义更是教育的主流思想。此时，承载着中华民族固有文化的文言文日益受重视，反映中华民族不屈的斗争精神的作品，包括那些以历史上民族英雄为题材或者民族英雄所作的作品，均在教科书的选材范围之内。在战争面前，即便是没有表达抑郁之情也多写官员游乐之事的《醉翁亭记》大可不必选入教科书。然而，范仲淹是于庆历年间带兵戍守边疆以抵抗西夏入侵且令外族闻名而色变的民族英雄，选他的作品作为课文，自然有利于激发学生的民族自信心；在他的作品中选以天下忧乐为先的《岳阳楼记》，更能激发学生“天下兴亡，匹夫有责”的志气。另外，一些人认为《醉翁亭记》艺术成就不高而不应选入国文教科书，如索太称“文章贵有汉唐气象，太哀讽太小品的不宜选”，“艺术卑俗的如欧阳修《醉翁亭记》，议论荒唐的如韩愈《原道》，陈腐如苏洵策论如方姚杂文”都不应选[①]。所以，从抗战前夕至内战结束，在这期间所出版的仅有的如下几套中学国文教科书中，仍然选择了《岳阳楼记》而未选《醉翁亭记》：

篇名	教科书名称	编　者	册次	出版社	时间、版次
《岳阳楼记》	《新编初中国文》	宋文翰	第5册	中华书局	1937年8月6版
	《初中国文》	中等教育研究会	第5册	华北书局	1938年版
	《初中国文》	教育总署编审会	第5册	著者自刊	1939年8月初版
	《开明文言读本》	叶圣陶等	第2册	开明书店	1948年8月

因为战争导致一些出版社无力新编教科书，且国民政府实行教科书国定制，所以在抗战、内战期间新出的教科书很少。宋文翰的《新编初中国文》(1937) 编于抗战全面爆发前夕，后国民政府购买其版权作为官编教科书出版，“中等教育研究会”和“教育总署编审会”编的《初中国文》(1938、1939) 实际上是在购买了《新编初中国文》版权后，对其书名、编者予以更换，对其中少数篇目予以调整而已，其他一切照旧，甚至连编辑大意也予以照录。所以，这3套教科书实际上只是1套教科书。不过，从其之间的关系也可以看出，官方对这套民编教科书的编辑旨趣的认可。《新编初中国文》的编辑大意称：“本书选材，遵照修正课程标准所开七项标准，尤注意于次之三点：(甲) 思想积极，足以发扬民族之精神者。(乙) 内容充实，足以增进国民现实生活之知识者。(丙) 体制完整，堪为学者写作之模范者。”可见，“思想积极，足以发扬民族之精神”是某作品被选作课文的首要条件。该书的第5册第4组的选文为《庐山草堂记》(白居易)、《真州东园记》(欧阳修)、《岳阳楼记》和《黄州快哉亭

① 索太《选择高中国文教材标准的理论》(上)，《教育通讯》，1939年6月3日第二卷第二十三期第16页。当然，也有人认为此篇为佳作而应选，如1940年浦江清在《论中学国文》(《国文月刊》，第一卷第三期第12页) 中说：高中国文教科书，应“多选几篇像《古文观止》里面的《出师表》、《陈情表》、《归去来辞》、《醉翁亭记》……等文情并茂之作”。又如顾宗炎在《描写文学中的抒情作用：谈〈醉翁亭记〉的文学技巧》(《新学生》，1949年第六卷第三期第30页) 中说：“历来文人，因事贬谪，往往抑郁寡欢，怨天尤人，惟本文作者欧阳修襟怀旷达，人格高超，故能舍取用藏，悠然自得绝无半点闹愁；故其发为文章，冲淡闲适，畅洽性灵，洵为描写文中之极品，虽退之东坡，对此道亦差逊一筹。这是一篇杰出的文言文，但文学之道，语体文与文言颇有共通的法则。初学者于描写风物，印景寓意，将欧公此文为典范，举一反三，自有受用不意之妙！”

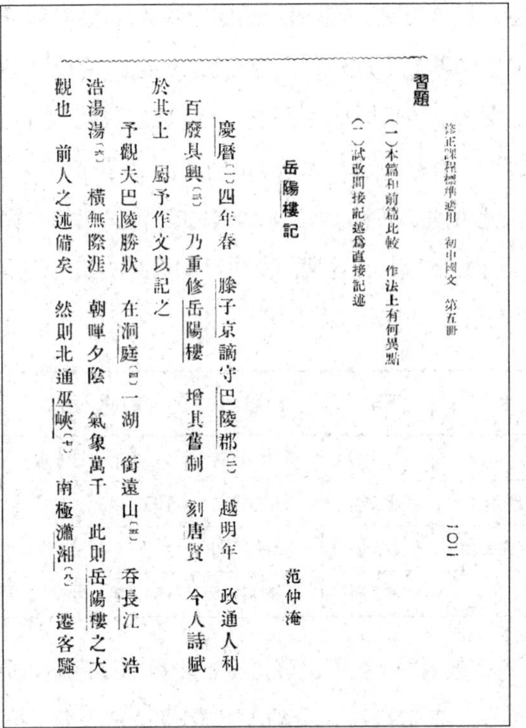
修正課程標準適用 初中國文 第五冊 一〇二

習題

（一）本篇和前篇比較 作法上有何異點

（二）試改間接記述為直接記述

岳陽樓記 范仲淹

慶曆(一)四年春 滕子京謫守巴陵郡(二) 越明年 政通人和 百廢具興(三) 乃重修岳陽樓 增其舊制 刻唐賢今人詩賦於其上 屬予作文以記之 予觀夫巴陵勝狀 在洞庭(四)一湖 銜遠山(五) 吞長江 浩浩湯湯(六) 横無際涯 朝暉夕陰 氣象萬千 此則岳陽樓之大觀也 前人之述備矣 然則北通巫峽(七) 南極瀟湘(八) 遷客騷

《新编初中国文》(1937)

记》(苏辙)。不选欧阳修的《醉翁亭记》大概是因为其思想消极，而选范仲淹的《岳阳楼记》则因为其思想积极。该书中《岳阳楼记》的“题解”和“作者生平”与前述《初中国文读本》(1934)中该文的“题解”和“作者生平”完全相同，只是课后“习题”在《初中国文读本》(1934)的基础上添加了“记中为什么参入议论的分子”一题。可见，对《岳阳楼记》的主旨解读，和此前相比并没有多少变化。

《开明文言读本》(1948)是叶圣陶和朱自清、吕叔湘合编的。叶圣陶和郭绍虞等人在《开明新编国文读本》(1943)的“序”中曾称：此前20多年中学国文成绩一直低落的一个重要原因是教材文、白混编且教学文、白混教，要改变这种局面必须教材文、白分编且教学文、白分教。《开明文言读本》就是专门的文言读本。《开明文言读本》的编辑大意称，学习文言仍有必要，因为“有时候要阅读文言的书籍；或是为了理解过去的历史，或是为了欣赏过去的文学”，不过并非为了学习文言写作，因为“写作文言的能力决不会再是一般人所必须具备的了”。不过在该书的《岳阳楼记》的课后“讨论与练习”中共设了11道题，其中的第6—11题均是完全围绕作品的体裁、语体及写法来设计的，如文中所用的赋体铺排，对偶中的平仄、韵脚，等等。第1—5题则主要与文章的内容、作者的思想有关：

[一]“先天下之忧而忧，后天下之乐而乐”，向来认为是作者的名言，即此可见作者是正统的儒家。现在的观念，个人包含在大群之中，个人跟大群息息相关，所以一切思虑行动都该以大群为前提。这跟作者的“先忧后乐”的说法是同是异？

[二]“忧其民”跟“忧其君”，忧的是什么？

[三]第四段说的是迁客骚人“以己悲”，第五段说的是迁客骚人“以物喜”，第六段说古仁人是“不以物喜，不以己悲”的。作者记岳阳楼为什么提及迁客骚人？只因

为“迁客骚人，多会于此”吗？又为什么提及古仁人？只因为他自己归向古人吗？

［四］说“予尝求古仁人之心，或异二者之为。”又说“其必曰……乎？噫！微斯人吾谁与归？”都是婉转的说法，其实这一段就是作者自己的见解，为什么要用婉转的说法？

［五］“政通人和，百废待兴。”似乎也可以不说，说了有什么用？

编者在设题以阐释《岳阳楼记》的内容、思想时，时时联系现实。将“先天下之忧而忧，后天下之乐而乐”解读为“个人包含在大群之中，个人跟大群息息相关，所以一切思虑行动都该以大群为前提”的“现在的观念”，是因为无论在抗战还是内战期间，在进行思想教育时特别强调集体主义观念的培育。如抗战全面爆发之初，1938年8月28日，蒋介石在中央训练团第一期毕业典礼上讲话，将以前的教育改革统统否定，称此前种种所谓“新教育”是没有目的的“糊涂教育”，是“亡国灭种的教育”，因为根本就没有培养真正的国民，而今后教育目的就是教出一般能担当建设国家复兴民族建设的健全国民！[①] 国民教育的核心就是集体主义观念的养成。又如内战期间，1947年，有学者称：“我们应放弃个人主义而转向集体主义，换言之，应以全体互利的集体主义，代替偏狭自私的个人主义，亦即以社会为本位，而非以个人为中心。”[②] 编者选入此文，作此种阐释，是否为了契合时势变化的需要呢？可能性较大。因为，抗战期间，为了民族得以保存，每个国民都应为此牺牲个人的利益，甚至生命；抗战胜利后，一切“百废待兴”，每个国民应为国家建设而同样应舍弃小我、小家。

醉翁亭记

欧阳修

环滁皆山也。其西南诸峰，林壑尤美。望之蔚然而深秀者，琅琊也。山行六七里，渐闻水声潺潺，而泻出于两峰之间者，酿泉也。峰回路转，有亭翼然临于泉上者，醉翁亭也。作亭者谁？山之僧曰智仙也。名之者谁？太守自谓也。太守与客

① 蒋中正《革命的教育》，《教育通讯》，1938年11月26日第三十六期第18页。

② 王学孟《中国教育的更新与转向》，《中华教育界》，1947年复刊第一卷第四期第1页。

来饮于此，饮少辄醉，而年又最高，故自号曰“醉翁”也。醉翁之意不在酒，在乎山水之间也。山水之乐，得之心而寓之酒也。

若夫日出而林霏开，云归而岩穴暝，晦明变化者，山间之朝暮也。野芳发而幽香，佳木秀而繁阴，风霜高洁，水落而石出者，山间之四时也。朝而往，暮而归，四时之景不同，而乐亦无穷也。

至于负者歌于途，行者休于树，前者呼，后者应，伛偻提携，往来而不绝者，滁人游也。临溪而渔，溪深而鱼肥；酿泉为酒，泉香而酒洌；山肴野蔌，杂然而前陈者，太守宴也。宴酣之乐，非丝非竹，射者中，弈者胜，觥筹交错，坐起而喧哗者，众宾欢也。苍颜白发，颓乎其中者，太守醉也。

已而夕阳在山，人影散乱，太守归而宾客从也。树林阴翳，鸣声上下，游人去而禽鸟乐也。然而禽鸟知山林之乐，而不知人之乐；人知从太守游而乐，而不知太守之乐其乐也。醉能同其乐，醒能述其文者，太守也。太守谓谁？庐陵欧阳修也。

选自《高中国文》1930年版第2册。

岳阳楼记

范仲淹

庆历四年春，滕子京谪守巴陵郡。越明年，政通人和，百废具兴。乃重修岳阳楼，增其旧制，刻唐贤今人诗赋于其上。属余作文以记之。

予观夫巴陵胜状，在洞庭一湖。衔远山，吞长江，浩浩汤汤，横无际涯；朝晖夕阴，气象万千：此则岳阳楼之大观也，前人之述备矣。然则北通巫峡，南极潇湘，迁客骚人，多会于此，览物之情，得无异乎？

若夫霪雨霏霏，连月不开。阴风怒号，浊浪排空。日星隐耀，山岳潜形。商旅不行，樯倾楫摧。薄暮冥冥，虎啸猿啼。登斯楼也，则有去国怀乡，忧谗畏讥，满目萧然，感极而悲者矣。

至若春和景明，波涛不惊。上下天光，一碧万顷。沙鸥翔集，锦鳞游泳。岸芷汀兰，郁郁青青。而或长烟一空，皓月千里。浮光跃金，静影沉璧。渔歌互答，此乐何极。登斯楼也，则有心旷神怡，宠辱俱忘，把酒临风，其喜洋洋者矣。

嗟乎！予尝求古仁人之心，或异二者之为，何哉？

不以物喜，不以己悲。居庙堂之高，则忧其民；处江湖之远，则忧其君。是进亦忧，退亦忧。然则何时而乐耶？其必曰：先天下之忧而忧，后天下之乐而乐乎！噫！微斯人，吾谁与归！

时六年九月十五日。

选自《高中国文》1930年版第2册。

第九章

《六国论》与思想教育、文体选择的演变

现在，一提到秦的灭亡，我们就会想到贾谊的《过秦论》；一提到六国的灭亡，就会想到苏洵的《六国论》，并能随口念出“六国破灭，非兵不利，战不善，弊在赂秦”等名句。其实，以六国为题材的史传不少，如《虞卿议割六城与秦》（《战国策》）；史论也很多，如以“六国论”为题材或题目的还有宋代苏轼、苏辙以及清朝李桢的作品。为什么《六国论》会被我们所熟悉呢？在这多篇同样论六国灭亡、同样是史论的《六国论》中，为什么只有苏洵的《六国论》被我们所熟悉呢？

《六国论》被我们所熟悉，可能与其在教科书中的传播存在着极大的关系。教科书是一种特殊的传媒，它的接受对象是心性正在发育、人格正在形成中的学生而非成年人；它的传播形式带有一定的强制性，学习收入其教科书的每个学生必须阅读的，而非自由阅读时可凭自己的好恶作出选择；它的传播范围比一般的出版物更广。如果某一作品在不同时代的教科书中持续出现，或在同一时代的多套教科书中出现，那么其必然会被人们所熟悉。《六国论》被我们所熟悉的原因即在于此。

只有苏洵的《六国论》被我们所熟悉的原因，这可能又与其本身的主要观点、文体及教科书编者的编写旨趣直接相关。就主要观点来说，苏洵在《六国论》中认为，六国破灭系赂秦所致（“六国破灭，非兵不利，战不善，弊在赂秦。赂秦而力亏，破灭之道也。或曰：‘六国互丧，率赂秦耶？’曰：‘不赂者以赂者丧，盖失强援，不能独完。故曰，弊在赂秦也’”）。苏轼在《论养士》中认为，六国长期不亡，是因为虽然其国君们均残暴无比，但热衷养士（“六国之君虐用其民，不减始皇二世，然当

是时百姓无一叛者；以凡民之秀杰者，多以客养之，不失职也。其力耕以奉上，皆椎鲁无能为者，虽欲怨叛，而莫为之先，此其所以少安而不即亡也”），言外之意，即六国迅速灭亡的原因在于其国君们驱逐宾客。苏辙在《六国论》中认为，六国的破灭的原因在于，六国不仅不协力抗秦反而相互出卖（“贪疆埸尺寸之利，背盟败约，以自相屠灭，秦兵未出，而天下诸侯已自困矣”）[①]；李桢在《六国论》中认为，六国的灭亡与秦的胜利是实力较量的必然结果，是历史的选择，所以他在文中反复说到天意（“六国皆欲为秦之所为，而秦独为之而遂焉者，所谓得天助云尔。嗟夫！自春秋以来，兵祸日炽，迄乎战国，而生民之荼毒，有不忍言者。天之爱民甚矣，岂其使六七君者肆于人上，日驱无辜之民，胼手胝足、暴骸中野，以终刘于虐乎？其必不尔矣！是故秦不极强，不能灭六国而帝，不帝，则其恶未极，其恶未盈，亦不能以速亡。凡此者，皆天也，亦秦与六国之自为之也。后之论者，何厚于六国，而必为之图存也哉？”）。这些人的观点，都很独到。不过，就史论来说，其基本的写作目的和手法是“以古喻今”、“借古讽今”。北宋朝廷，对内通过“杯酒释兵权”之类的手段限制武将的权力，对外通过供“岁币”（银、绢）给辽、西夏等国以换取苟安。所以，苏洵在《六国论》中所论，不仅观点精辟，而且切合时弊：告诫北宋统治者应吸取六国灭亡的教训，以免重蹈历史的覆辙。近代中国，从1840年鸦片战争失败开始，被迫与西方列强所签订的不平等的条约连绵相继，割地、赔款接踵而至。于是，救亡图存成为近代中国的时代主题。语文教育，自然应承担国民教育的重任。语文教材，必然要选择有利于时势的作品。鉴于此，在以上4篇《六国论》中，最不可选为教材的是李桢的《六国论》，因为将这篇关于国家的存亡完全凭实力、靠天意的“实力说”、“天意论”的作品选作教材，无疑是在长敌人的威风、灭自己的志气，学生读着这篇作品、面对着富足强大的西方诸国和积贫积弱的中华帝国，必然会对国家的前途命运悲观失望。另3篇均可选，因为这3篇均传递了救亡图存的理念，且为时局的改善提供了一种途径，如苏轼的“养士论”自然可以与人才培养联系起来，苏辙的“协力论”可以与民族团结来联系起来，而苏洵的“不赂论”在领土不完整、主权不独立的中国显得尤为必要和迫切，所以，在这3篇可选的《六国论》之中，苏洵的《六国论》最应选作教材，更何况苏洵在《六国论》中也主张“协力”与“养士”呢！

① 1914年，钱基博在《国文教授私议》（《教育杂志》第六卷第四号第74—75页）中谈选文标准的确立时指出，其不选的第一类文章是“文字有江湖气”者，他认为这类文章多系“强词夺理”、“善搭空架子”，而其所举的例证竟然是“最近国文读本多选之”的苏辙的《六国论》：“如苏子由《六国论》最脍炙人口，谓读之可利笔性。其实一派浮议、无话寻话，最为敷衍冗长文字妙诀。”

正因为以上原因，苏洵的《六国论》从清末开始至民国结束，出现在如下多套中小学语文教科书中。当然，其在清末民国的语文教科书中的显隐，又同文言与白话（语体）及实用文章与文学作品（文体）在中小学语文教育中的地位变化相关。所以，本文将以政治思想教育、写作文体的选择变化为主，兼及读写语体的变化，来分析苏洵的《六国论》在教科书中的接受与阐释情况。

编　　者	教科书名称	册次	出版社	时间、版次
林纾	《中学国文读本》	第3册	商务印书馆	1908年5月初版 1915年1月重订8版
庄俞、沈颐	高等小学校学生春季始业用《共和国教科书新国文》	第6册	商务印书馆	1913年2月29版
沈颐等	高等小学《新制中华国文教科书》	第9册	中华书局	1913年12月2版
潘武	讲习适用《国文教科书》	前编上卷	中华书局	1914年6月3版
郭成爽、汪涛、何振武	高等小学用《新制中华国文教科书》	第9册	中华书局	1915年9月9版
北京教育图书社	高级小学用《实用国文教科书》	第6册	商务印书馆	1915年12月8版
樊炳清、庄俞	高等小学校秋季始业用《共和国教科书新国文》	第6册	商务印书馆	1920年7月43版
穆济波	高级中学用《新中学古文读本》	第1册	中华书局	1932年6月17版
高远公、罗根泽	《初中国文选本》	第5册	立达书局	1933年8月初版
中学国文科教学进度表委员会	初级中学适用《标准国文》	第5册	中学生书局	1934年8月出版
傅东华	《复兴初级中学教科书国文》	第5册	商务印书馆	1934年9月12版
沈荣龄	《实验初中国文读本》	第6册	大华书局	1935年出版
教育部教科书编辑委员会	《初级中学国文甲编》	第6册	重庆国定中小学教科书七家联合供应处	1946年12月1版

一、清末民初（1902—1919）

从1902到1919年，就有上表所列6套中小学国文教科书选择了苏洵的《六国论》。我们从政治思想教育和写作文体选择两个角度，来看教科书编者对其所作的阐释。

(一) 思想教育

前文提到,清政府和民初北洋政府为了维持自己的统治,和西方列强签订了一系列割地、赔款的条约。倍感屈辱的知识分子和受尽奴役的普通民众,对无能的政府一味地以土地、金钱换取"和平"都十分不满,他们希望政府能通过各项改革以增强国力、抵抗侵略。这种救亡的意识和改革的愿望,十分强烈。教科书编者,作为公共知识分子中的一员,更是自然希望通过教育从小培养国民的自强不屈精神。所以,从进行政治思想教育的角度来说,苏洵的《六国论》算是一篇针砭时弊的好教材。

中學國文讀本

阿大夫易知也。左右譽阿而毀即墨者幾人。易知也。從其易知而精之。故用心甚約而成功博也。天下之事。譬如有物十焉。吾舉其一而人不知吾之不知其九也。歷數之至於九而不知其一。不如舉一之不可測也而況乎不至於九也。

六國

蘇洵

六國破滅。非兵不利。戰不善。弊在賂秦。賂秦而力虧。破滅之道也。或曰。六國互喪。率賂秦耶。曰。不賂者以賂者喪。蓋失強援。不能獨完。故曰弊在賂秦也。秦以攻取之外。小則獲邑。大則得城。較秦之所得與戰勝而得者。其實百倍。諸侯之所亡。與戰敗而亡者。其實亦百倍。則秦之所大

《中学国文读本》(1908)

早在1897年出版的作为儿童读物用的《蒙学报》的第4册中,就有一篇《论六国不能拒秦由于交邻失道内乱败事》直指六国破灭弊在统治者施政不当而造成内外交困所致,针对当时内外形势的倾向十分明显,其中写道:

我观六国摈秦而合纵,苟能交亲于外,政修于内,则东诸侯之局甚固,而秦不能出函谷一步也。乃遍考六国合纵之局,凡三起,而卒难拒绝蛇豕,立救危亡者,何也?是由六国皆喜自大,而相构怨,兵争谋猜,不能相见以心,使交不终离,一也。六国不自修其内政,嬖宠擅权,而贵公子缘以市重,游客亡将,生闲利己,而国君因以重任,二也。斯二弊者,无国无之,而秦则强公抑私,任法以用才,远交近攻,离党以弱邻。内政外交,较胜六国万万。此秦终以得,而六国之终于失也。

我国第一本文选型中学语文教科书《中学国文读本》(1908) 的编者林纾是一位著名的爱国者。1895年《马关条约》签订时,他与其他士子联名上书朝廷表示反对。在编写《中学国文读本》(1908) 前,他曾借创作和翻译向学生宣传爱国思想。如他在《闽中新乐府》(1897) 之《村先生》中反对私塾先生用陈腐的经书教育儿童而主张改用爱国的乐府,他写道:"今日国仇似海深,复仇须鼓儿童心……强国之基在蒙养,儿童智慧须开爽,方能凌驾欧人上。"他在自己所译的《云中燕》

(1905) 的“叙言”中写道:“回首故国,荆棘铜驼,瓜分之危,为奴之惨,近在眉睫,社会腐败,已达极度,欲施针砭,着手无从,尚有一线之希望者,惟吾辈少年同胞之兴起耳。”① 他撰写“达旨”置于所翻译的《爱国二童子传》(1907) 的卷端,并于其中以问答的形式阐明自己的强国主张:“强国者何恃? 曰:恃学、恃学生,恃学生之有志于国,尤恃学生人人之精实业。”该书的原序主张将“本国之利病,一一明诏童子。”② 他将苏洵的《六国 (论)》选入《中学国文读本》,也就可让学生思考“本国之利病”,进而寻求兴利除弊之道。该书“凡例”称:“本书于文中之大节目处特加圈点并附评语以引起读者之注意。”虽然他在《六国 (论)》中并没有下任何评语,但是对一些关键的语句以密圈加点的形式作了强调:“……弊在赂秦……不赂者以赂者丧,盖失强援,不能独完。故曰,弊在赂秦也……然则诸侯之地有限,暴秦之欲无厌,奉之弥繁,侵之愈急,故不战而强弱胜负已判矣……齐人未尝赂秦,终继五国迁灭,何哉? 与嬴而不助五国也。五国既丧,齐亦不免矣……呜呼! 以赂秦之地,封天下之谋臣;以事秦之心,礼天下之奇才;并力西向,则吾恐秦人食之不得下咽也……苟以天下之大,而从六国破亡之故事,是又在六国下矣!”从其对以上语句的圈点可以看出,他主张当时的统治者不能像六国赂秦那样割地、赔款给列强,否则会重蹈六国灭亡的覆辙。

民国初年,统治者为了维护自己的统治,主张对内维系五族共和,对外与列强共处。高等小学用《共和国教科书新国文》(1913) 的编辑大意指出,注重“养成共和国民之人格”,“注意体育及军事上之智识,以发挥尚武之精神”。其第6册的第13—16课分别为《通商》、《博览会及商品陈列所》、《六国论》(苏洵) 和《留侯论》(苏轼)。编者将现实的世界大势 (各国竞相以与中国通商为名侵略中国) 与历史上列国纷争联系在了一起。面对强敌,到底是奋起抵抗,还是暂时忍耐呢? 编者借苏轼《留侯论》对此作出了回答:“匹夫见辱,拔剑而起,挺身而斗,此不足为勇也。天下有大勇者,卒然临之而不惊,无故加之而不怒。此其所挟持者甚大,而其志甚远也。”张良建功,在于能忍;项羽兵败,在于不能忍。其实该书的编者在该书的第5册第8课《战争与和平》中就明确表示不主张首先以斗争解决国际争端和矛盾,如其开头写道:“对外人宜宽大,固矣。然宽大者非置权利荣誉于不顾之谓也。苟外国而损我权利、毁我荣誉,则我政府当与敌国政府抗争。抗争之不得,当委托裁判于某一国,而待其调停。调停之不得,则虽赌一国之存亡以争之,而亦不容已,此

① 胡从经著《晚清儿童文学钩沉》,上海:儿童文学出版社1982年版,第168、182页。

② 胡从经著《晚清儿童文学钩沉》,上海:儿童文学出版社1982年版,第168页。

战争之事所由起也。”然而，“不宜轻举妄动”，因为我国也有人居住在敌国，而且“权利与荣誉非我国所独有者也。战争之前，尤不可不三思之”。换句话说，尽量不要和国外发生战争。

不过，与《共和国教科书新国文》相配套的高等小学校秋季始业教员用《共和国教科书新国文教授法》（谭廉编纂，商务印书馆，1913年6月10版）的编者，对本文旨意的解读与此颇为不同。如其编者在该课“目的”中称：“本课论六国灭亡之道，以赂秦二字断定之。”在“内容提示”中围绕“赂秦”所作的解说更为具体：

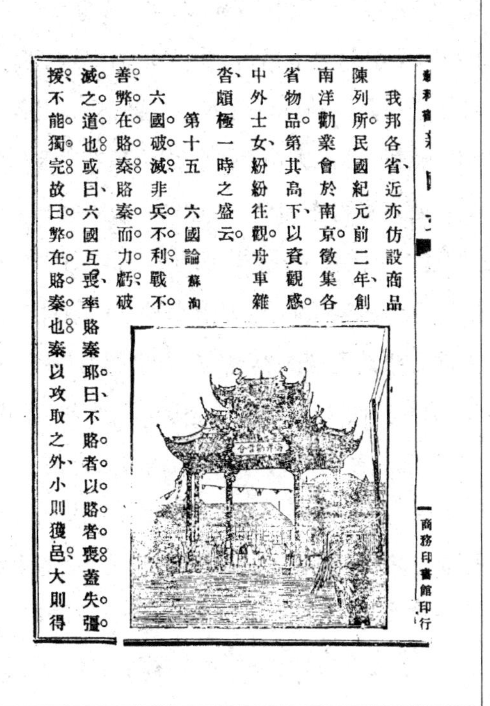
我邦各省、近亦仿設商品陳列所。民國紀元前二年、創南洋勸業會於南京。徵集各省物品。第其高下、以資觀感。中外士女、紛紛往觀。舟車雜沓、頗極一時之盛云。

第十五 六國論 蘇洵

六國破滅、非兵不利、戰不善、弊在賂秦。賂秦而力虧、破滅之道也。或曰、六國互喪、率賂秦耶。曰、不賂者以賂者喪。蓋失強援、不能獨完。故曰弊在賂秦也。秦以攻取之外、小則獲邑、大則得

商務印書館印行

《共和国教科书新国文》(1913)

一、不赂者以赂者丧，则不赂者本无亡国之道，特为赂者破坏大局，致势孤力弱，不能图存耳。

二、秦人虎视狼吞，得步进步，有难填之欲壑在也。赂秦以缓兵，无异剜肉医疮，焉能救亡国之祸。

三、齐人虽不助五国，其罪较赂秦者尤甚，因事秦而破坏合纵之局，足为灭亡六国之导火线也。

四、韩魏之割地与秦，固韩魏之失计，然燕赵不知合力以守韩魏，扼秦兵东下之路，任韩魏独当其冲，燕赵亦未免失计。

五、以赂秦地封谋臣，以事秦心礼奇才，六国未尝失利而亡国之祸可免。为六国画策，未有善于此者。

六、赂秦二字为全篇主脑，中间无数波澜，不外本此而发挥之耳。

可见，教授书的编者所重点强调的，是不能割地赂秦。

《新制中华国文教科书》(1913) 的第9册第1—4课为《为学》、《问说》、《问说(续)》和《六国论》。如果说前3课谈的是学问，那么《六国论》则说的是国事。与之配套的《新制中华国文教授书》（方钧、杨喆编，中华书局，1913年12月2版）在对

该文“内容”进行解说时，在文末“苟以天下之大，而从六国破亡之故事，是又在六国下矣”数句之下指出：“当苏洵时，宋与西夏攘兵，屡战辄败。朝臣惮于伐征，有倡和亲之议者。故苏洵借六国之事，以寄其感慨也。”其“练习”连续发问：“课文末三句之感慨，苏洵因何而发？史论贵有断制，本课以何语为断制？何处借古事影射时事？所谓影射者如何？（宜含浑说不宜显露）本课文皆根据赂秦一句否？何谓一线到底？”由此看来，教授书的编者也认为本文主旨是借六国赂秦之事来刺北宋苟安之弊。非常有趣的是，从其所确立的解说主旨时“宜含浑说不宜显露”来看，编者一方面希望儿童通过学习“借古事影射时事”的方法，将古之六国与今之中国联系起来，另一方面又因受制于民初政府所确定的国际政策而指出不宜明确地加以说明。

《国文教科书》(1914)的编辑大意明确了选文的编排方式，“本书秩序。每册于上卷中，略以文词之相类为比次。首纂杂记小品之文，次纂赠序书信之文，次纂叙事议论之文，而以古经传子史楚词及哀祭箴铭诗赋之类殿其后。下卷则依事类及。务使读者互相校对。读毕数篇，意思联贯，文境开拓，有相为发明之妙，则兴味自生，研求之心益切，亦引起学者文学思想之一助也”。上编是古文，下编是题材、主旨与上编近似的现代文。上下卷相互配合，上编主要为了学习作法，下编主要为了扩充思想。苏洵的《六国论》即为前编上卷中的一篇“论说之文”，下卷由《国家》、《社会》、《国体之别》、《政体之别》、《共和政治》、《国会》、《宪法》、《法律》、《共和国民之责任》、《共和国民之自治》、《地方自治》、《英国宪法之由来》、《法兰西之革命》、《葡萄牙之革命》、《路德》、《华盛顿之轶事》、《克虏伯》、《孙唐》、《英国人之品性》、《西国余谈》、《利用天然力》、《汽机》、《历》、《波士顿报》、《博物院》和《微菌》等26篇课文组成，内容涉及了西方的政治、经济、军事、名人、科学等。由此看来，教师讲解上卷的《六国论》必定会结合下卷诸篇内容，讲解下卷诸篇内容必然会联系《六国论》。《六国论》在此处是否承担思想教育的任务？不言而喻。教师会对其主旨作何种阐发？可想而知。

《实用国文教科书》(1915)的第6册第14—19课分别为《巴拿马运河》、《南洋诸岛致富强说》、《六国论》、《留侯论》、《论李广程不识将兵》和《最近战术之进步》。编者将《六国论》置于主张富国强兵与韬光养晦的课文之间，也许是自己也无法判断对错，也许是为了让学生作比较、取舍，也许是受当时政府所确立的外交政策影响而不便明说。

（二）文体选择

1901年，清政府“谕以策论试士禁用八股文程式”，于是科举考试就抛弃了八股文的程式和内容。1902年、1904年，清政府颁布了《钦定学堂章程》和《奏定学堂章程》。章程规定，高等小学学写“日用浅近文字”，中学则学习“适于实用”的古文。1905年，清政府宣布停科举。不过，因为此前科举考试的文体主要是策论，所以，虽然科举已停，但是普通学堂的写作教学因受其影响而仍以教学策论写作为主。如范祥善所说的，“清之末造，学堂初设时，所出文题，大半为经义策论，如《学而时习之说》、《秦皇汉武论》、《开通民智策》，几至触目皆是”[①]。在各校平时写作教学中，旧派国文教师所出如《梁亡义》、《鲁平公将出义》、《秦皇汉武合论》等题目，新派国文教师所出如《大彼德论》、《秦始皇拿破仑合论》、《求富强策》、《开铁路以利交通说》等题目[②]。民初，小学写作命题“史论文题，尚占多数。而《说革命》、《说共和》之抽象题，十居三四。教师以空泛题相授，学生以空泛文相应，极其流弊，不切实用”[③]。1914年，黄炎培在长江下游一带考察教育时发现，不少学校的教师思想陈腐、教学无法：“作文命题，往往是三代秦汉间史论。其所改笔，往往是短篇之东莱博议。而其评语，则习用于八股文者为多。”[④]1914年5月，江苏巡抚考察该省小学教育，发现国文教学存在诸多弊端，现象之一就是“作文题目，偏重论说体裁”[⑤]。阮真曾对这一时期的中学作文题目进行过统计分析，发现“教师所出作文题目，以史论为主，陈说次之，书启杂记又次之，经论通论又次之，其余各类所占分量甚少”。[⑥]所以，从以读促写的角度来说，史论《六国论》也可作写作的模范文。

《中学国文读本》(1908) 总共309篇选文，其中“论辩”就有45篇，仅次于“杂记”75篇。可见，该书对“论辩”文体的重视。第3册第1—14课选的全是宋代的“论辩”：《礼论》(王安石)、《王霸》(王安石)、《伯夷》(王安石)、《纵囚论》(欧阳修)、《败谕》(种放)、《明论》(苏洵)、《六国》(苏洵)、《乐论》(苏洵)、《荀卿论》(苏轼)、《伊尹论》(苏轼)、《秦始皇帝论》(苏轼)、《日喻》(苏轼)、《李郭论》(张耒) 和《原孝》(陈尧)。像《六国》这样的论辩文，虽然从题材上看是史论，但其实际功能又如策论。林纾选文，恪守桐城派的“义法”观念，所以虽然他并没有直接对该文下评语，但不难推知，在他看来，该文应是一篇典型的言之“有物”且“有序”的作品。

① 范祥善《缀法教授之根本研究》，《教育杂志》，1919年第十一卷第二号第32页。
② 阮真《时代思潮与中学国文教学》，《中华教育界》，1934年第二十二卷第一期第4页。
③ 范祥善《缀法教授之根本研究》，《教育杂志》，1919年第十一卷第二号第32页。
④ 黄炎培《考察本国教育笔记》，《教育杂志》，1914年第六卷第一号第6页。
⑤《苏巡按使注重国文教授》，《中华教育界》，1914年第三年六月号“纪事”第10页。
⑥ 阮真《时代思潮与中学国文教学》，《中华教育界》，1934年第二十二卷第一期第5页。

《共和国教科书新国文》(1913) 的编辑大意的第10、11条分别为“选录古今名人著作，以养成文字之初基”和“各种文体略备，使学生略知其梗概”。既然是为了养成作文之初基，要求略知课文之梗概，那么课文的形式、作法的介绍自然就不会是其重点。所以《共和国教科书新国文教授法》(1913) 对《六国论》的阐释，重在解说其内容，对其形式的分析，只在“文字应用”中称其“论说体”，然后告之五段的起讫和段意。

和《共和国教科书新国文教授法》(1913) 不同的是，《新制中华国文教授书》(1913、1915) 第9册除在《六国论》的“练习”中就其内容来设问，还特设“文法”一项对其作法予以了解说：

此为论古文。先立作意，说六国之亡，在于赂秦。并申明赂秦之足以亡国。次说赂秦之非计，并引抱薪救火之说为证。再说齐燕赵之所以亡。虽非赂秦，咎在为赂秦者相牵引，以致不能自振，并反言以明之。再次为赂秦者代画良策，而致慨于积威所弱。末以影射时事作收。全课论古，先以弊在赂秦作断制，而举当时事实反复说明之，一线到底，以伸己意，为史论文之正法。

在此处，编者不仅解说了文章的文体、构成之法，还解说了其多样的论证之法，如例证、反证、开篇论断、一线到底，等等。

《国文教科书》(1914) 是中学师范所用的教科书，其所选课文多出自当时的其他国文教科书中“脍炙人口”者。其编选目的正如其编辑大意所称：“本书宗旨在示学者以文章轨范，及为教授国文之预备。”每篇之后附有评语，指点作法，“以资学者隅反”。如《六国论》课文后就附有一段较长的评语：

此文为论史体。劈头数语，直从六国说起，而决其弊在赂秦。有单刀直入、凌厉无前之概。或曰一折，以警快之笔，自圆其说。以下即从秦与六国两面，说出秦之所大欲，与诸侯之所患，不在于战。“思厥先祖父”一段，痛说赂秦之愚，而引古人之言以作证。又提齐未尝赂秦一层，以自诘难。随即以与嬴不助五国为解，并以燕赵二国用兵有效为证。“向使”一段，假设其词，以论秦与六国之存亡胜负，议论极为透辟。“呜呼”以下，愈说愈起劲。“悲夫”一转，不胜叹息之意。末段之意，暗指宋赂契丹以岁币，以六国赂秦为借鉴，而全篇作意，亦于此结出，此为借题发挥。文人讽刺时政，往往用此法。

因为对象是中等师范生，所以编者对其作法的解说较前述小学国文教授书的解说更为深入。

《实用国文教科书》配套的教师用书，目前尚未发现，所以无从知晓其编者是如何解说其文体的，不过将其选作论说课文之一，说明教科书编者认为这是一篇典范之作。

二、新学制前后(1920—1928)

(一) 思想教育

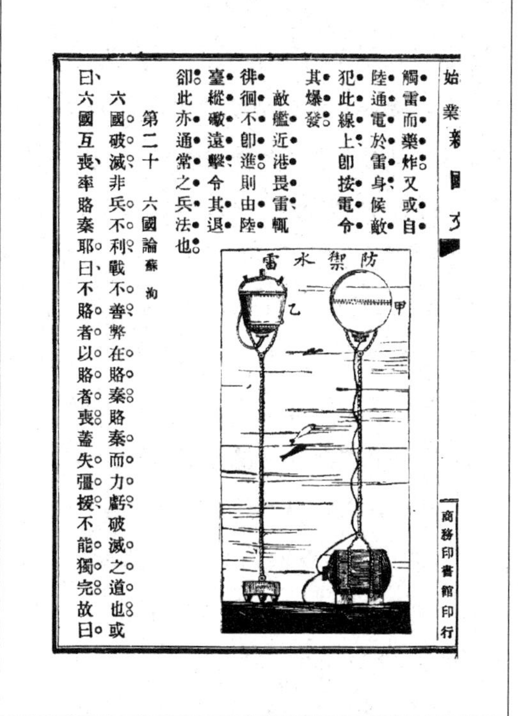
始業新國文

觸雷而藥炸。又或自陸通電於雷身，候敵犯此線上，卽按電令其爆發。

敵艦近港，畏雷，輒徘徊不卽進。則由陸臺縱礮遠擊，令其退卻。此亦通常之兵法也。

第二十　六國論　蘇洵

六國破滅，非兵不利，戰不善，弊在賂秦。賂秦而力虧，破滅之道也。或曰，六國互喪，率賂秦耶。曰，不賂者以賂者喪。蓋失强援，不能獨完。故曰

商務印書館印行

《共和国教科书新国文》(1920)

1919年1月18日，巴黎和会召开，作为战胜国之一的中国也派代表参加。中国代表提出，应取消列强在华的特权，取消中日“二十一条”及换文，归还山东半岛。巴黎和会不仅拒绝了中国代表的要求，还在和约上把战败国德国在山东的特权转让给了日本。这个消息传到国内后，北京大学、北京高等师范学校等校的学生于5月4日云集天安门，向政府施压，要求政府拒绝在和约上签字。这场著名的反帝反封建的五四运动激发了国人的民族主义情绪，国家至上观念也开始深入人心。在1925年前后，国家主义教育思潮也开始兴盛。由此看来，这段时间，苏洵的《六国论》是应该选作课文的。

在1920—1928年出版的中小学语文教科书中，选入了苏洵的《六国论》，目前所见，仅1920年7月43版的高等小学校秋季始业用《共和国教科书新国文》。既然出至43版，那么该书应该初版于1920之前，且很可能出版于民国初年，即和高等小学校学生春季始业用《共和国教科书新国文》出版于同一时期。也就是说，在新学制前后新出的中小学语文教科书中，根本就没有选入苏洵的《六国论》。这是为什么？

(二) 文体和语体的选择

新学制前后新出的中小学语文教科书根本就不选苏洵的《六国论》，应该与此时中小学读写语体和文体的变化有关。1920年，北京政府教育部宣布小学“国文”改为“国语”之后不久，教科书选文的语体、文体发生了很大的改变。新出的初小国语教科书全是白话的儿童文学，高小国语也是以白话儿童文学为主，

偶尔夹杂一点浅易的文言诗词，中学则随年级由低到高，白话递减、文言递增，而且其所选白话多为文学作品，所选文言作品也词义浅显且富有文学情趣，因为文言选文主要是让学生欣赏以培养其阅读兴趣、能力，而不再是写作的范文。就写作来说，因为小学实行设计教学法，所以多强调记叙文的写作，而不主张进行议论文写作，如1925年9—12月、1926年1—6月，赵欲仁在东大附小422名五、六年级的学生中进行了两次写作设计教学实验。在其所收集的3 490篇作文的题目中，记叙、说明、议论类分别为1 752、1 640、134篇，所占比例分别为50.20%、45.96%、3.84%[①]。1930年，阮真对从《全国中学国语文成绩大观》中选取的，及1929年秋天他从广东、福建、浙江、安徽、江西十所学校和长沙明德学校征集来的1 112道中学作文题目进行了统计、分析，发现新学制时期的文题，"特重记叙陈说；议论文题及杂体文题，已不占重要位置"[②]。这样一来，从读写方面来说，作为文言议论文章典范的《六国论》就失去了其此前在中小学国文教科书中的优势；即便是从思想教育的角度来说，《六国论》不及此时已出现在多套教科书中的《最后一课》和《柏林之围》等的主旨更鲜明。

我们再来看秋季始业用《共和国教科书新国文》的编者对《六国论》的阐释。秋季始业用《共和国教科书新国文》和春季始业用《共和国教科书新国文》的编者之中均有庄俞。而且，二书的课文也相似，如秋季始业《共和国教科书新国文》第6册的第18—21课分别为《军备》、《鱼雷水雷》、《六国论》(苏洵)和《留侯论》(苏轼)，只是将春季始业用《共和国教科书新国文》中的《通商》和《博览会及商品陈列所》替换成《军备》和《鱼雷水雷》，是否因为编者的思想发生变化而主张以军事手段抵抗侵略而非商业手段互通有无呢？不得而知。尤其是主张隐忍的《留侯论》还保留着，这又为什么呢？也不清楚。与之配套的春季始业用《共和国教科书新国文教授法》的编者对《六国论》一文的主旨解读，是照抄秋季始业教员用《共和国教科书新国文教授法》，还是有所改变呢？对其形式又作如何的解读呢？因为目前没有见到春季始业用《共和国教科书新国文教授法》，所以，具体情况不得而知。

三、新标准时期(1929—1936)

1929年，暂行国语、国文课程标准颁布，1932、1936年又相继颁布了正式的

① 赵欲仁《小学生作文题目之分析的研究》，《教育杂志》，1927年第十九卷第一号第9页。
② 阮真《中学作文教学研究》，国立中山大学《教育研究》，1930年第十九期第1259页。

国语、国文课程标准。这些课程标准对新学制时期的国语课程标准进行了持续的调整。

（一）思想教育

课程标准首先是要求国语、国文课程要加强政党思想教育，教材中要出现反映三民主义的课文。尤其是1931年九一八、1932年一·二八事变爆发和1932年伪满政府在东北成立，面对民族危亡、国土沦丧的现实，民族主义教育被强调，宣传国耻、反抗侵略成为国语、国文教育的分内之事。无论是从宣传守卫每一寸国土，还是从鼓动同心勠力抗敌的角度来说，让苏洵的《六国论》回归教科书，也在情理之中。

（二）文体、语体的选择

不过，正如前文所说，创作或翻译的宣传国耻、表达反抗主题的白话作品已经很多了，选《六国论》作为课文，大概与文言、议论文地位回升关系更大。古老的文言学习不仅对白话的生长有利，而且文言本身是记载和保存传统文化的一项基本工具。尤其是在民族主义教育兴盛时期，学习文言被赋予保存文化的神圣色彩，换句话说，在某种程度上，实行文言教学就是在进行民族主义思想教育。白话与文言作品在中学教科书中的分配比例是，初中至高中，白话文逐渐减少，文言文逐渐增多，有些高中国文教科书中的课文几乎全是文言，而且按文学史的顺序来编排。尤其是1930年前后，中学生文言写作水平低下广遭诟病，“中学国文程度低落”几成共识，所以文言写作训练，尤其是高中的文言写作训练也因此而加强。议论文地位的提高，可从课程标准里的规定和考试命题所用文体看出：1929年颁布的初中暂行国文课程标准规定国文教科书中的选文“第三年偏重议论文应用文”[①]，1936年颁布的初中国文课程标准还对国文教科书中议论文的比例作了具体的规定，即3年在课文总数中所占的比例分别为10%、15%和15%。议论文为中学毕业升学考试中常用的文体，如1932年有人指出，当年军委会的政治训练班所出的国文试题为《从〈离骚〉一书中论屈平之为人》，行政部监狱训练班的试题为《刑乱国用重典论》，政治学校土地研究班的试题为《论王者之政必自经界始》，法官考试试题为《分争辩讼非礼不决论》，等等[②]。因为文言、议论文在读写中的地位得以回升，所以苏洵的《六国论》便又多次出现在初中高年级和高中低年级的国文教科书中。

① 课程教材研究所编《20世纪中国中小学课程标准·教学大纲汇编（语文卷）》，北京：人民教育出版社2001年版，第283页。

② 未署名《国文试题与科举精神》，《中学生》，1932年第三十号第3页。

之，安危之統，相去遠矣。野諺曰：「前事之不忘，後事之師也。」是以君子爲國，觀之上古，驗之當世，參以人事，察盛衰之理，審權勢之宜，去就有序，變化有時，故曠日長久而社稷安矣。

注 〔一〕秦分天下爲三十六郡。殽函以東三十餘郡，即六國故地。〔二〕裹屋而食、言軍無儲糧，隨處而食也。〔三〕鴻門、在陝西臨潼縣東，今曰項王營，項羽駐兵四十萬，與沛公會飲處。〔四〕章邯、秦將，其後降項羽爲雍王。要、劫也，市、恃也，要市、謂劫持而有所恃也。〔五〕子嬰、二世兄子，趙高殺二世，立子嬰爲秦王，後爲項羽所殺。〔六〕幷、合幷也。〔七〕有其道，爲天下所歸，而無其術者曰素王。〔八〕拂、矯也，逆也。〔九〕雍、同壅，塞也。

六〇 六國論 蘇洵

六國破滅，非兵不利，戰不善；弊在賂秦。賂秦而力虧，破滅之道也。或曰：六國互喪，率賂秦邪？曰：不賂者以賂者喪。蓋失彊援不能獨完，故曰：弊在賂秦也。秦以攻取之外，小則獲邑，大則得城。較秦之所得與

過秦論下 六國論 一四八增一

《新中学古文读本》(1932)

高级中学用《新中学古文读本》(1932)的编辑大意对选文的教学目的交代得很清楚:“本书教学之目的,以(甲)养成发表思想之技能(乙)养成阅读古书之能力为主。”为了达到这个目的,课文的选择和组织都颇精心:“材料均从梁胡诸家书目中,取其重要名著,精心选择;其篇目均为有意义之排比与连接,俾学者可资比较。次序略以时代为先后,取便与文学史相合。”其“第一年多选诸史”。其第1册第57—62课就是《过秦论》(上、中、下)、《六国论》、《原性》和《性情》。《六国论》之后的“题解”在介绍苏洵时称:“洵著《权书》、《衡论》。文凡十数首,《权书》以论史,《衡论》以论事。权、衡者谓平其事之轻重得失也。是篇属《权书》第八。”虽然编者并没有具体地分析该文的主旨和作法等,但明确了该文是在“论史”时“平其事之轻重得失”。

《初中国文选本》(1933)的编辑大意称:“本书之目标在:(甲)培养民族精神,(乙)养成用语体文叙事、说理、表情、达意之技能,(丙)养成了解浅近文言文之能力,及(丁)养成阅读书籍之习惯与欣赏文艺之兴趣。”选文编排时,“按各篇之体裁或性质,将每册划为若干单元”。选文呈现时,常附补白,“补白以正篇著者译者之作品为限,俾可互相启发”。其第5册第14单元由《唐雎不辱使命》(《战国策》)、《六国论》及其补白《名二子说》(苏洵)、《复多尔衮书》(史可法)并附《致史可法书》(多尔衮)构成。从《六国论》前后的课文编排来看,编者试图告知读者,面对强敌不能卑躬屈膝,要据理力争。不过,将《名二子说》与《六国论》“相互启发”,其用意颇令人费解:

轮辐盖轸,皆有职乎车,而轼独若无所为者。虽然,去轼,则吾未见其为完车也。轼乎,吾惧汝之不外饰也。

天下之车莫不由辙,而言车之功,辙不与焉。虽然,车仆马毙,而患不及辙,是

辙者，祸福之间。辙乎，吾知免矣。

编者选录这则补白，是告诉读者，面对强敌每个人都应像“轮辐盖轸，皆有职乎车”那样勠力同心、各负其责呢？还是不能像“轼”那样不遮掩而要隐忍呢？还是要像“辙”那样默默奉献而不言事功呢？还是仅仅因为苏洵的两个儿子，一个叫苏轼，一个叫苏辙呢？

初级中学适用《标准国文》(1934) 的第5册第2—5课分别为《雪耻与御侮》(俞平伯)、《荆轲刺秦王》(《战国策》)、《太子丹论》(侯方域) 和《六国论》(苏洵)。侯方域的《太子丹论》原文如下：

天下有绳墨之论，而挫英雄志士之气者，如以荆轲为盗是也。况乎狃于成败之形，而不察于确然之数，以忠臣孝子不得已之深心苦行，不痛惜其不幸而反以为罪，则何以为后之国家处仇敌法也？

昔者燕太子丹遣荆轲入秦刺始皇，不中，秦人来伐，王喜斩丹头以献于秦，国竟以灭。宋儒曰：“丹有罪焉，故书斩”。呜呼，丹之心事，可以告之皇天后土而无憾矣。其死也，将下见其始祖召公奭于九原，即引而进之周之先文王、武王之侧，亦岂有惭色哉！本意欲杀敌，不遂则死，已决绝于易水送轲之日矣。其书斩者，固其所笑而不受也。然则何以罪丹乎？曰：“召衅也。”夫强秦之欲灭燕，岂待有衅哉？彼六国之见灭者，又坐何衅也？刺亦亡，不刺亦亡，三尺童子能辨之矣。即云幸而苟延焉，乃蜉蝣之朝夕也，尚不得为蟪蛄之晦朔也。有两人行而遇虎者，其一惶恐拜跪而乞哀以死，其一大呼奋臂斗不胜而死。而论者顾以乞哀为智，以大呼奋臂为狂佻而撄虎之怒，则何其愚且谬也？

且太子丹之遣轲也，或筹之熟矣。秦之横行而不可御，乃天下惊魂震魄自慑伏于秦，非秦果能制天下也。斩竿一呼而天下瓦解，相去几时？秦既无德以入人，而其势又非蟠结而不可动。设一旦其万乘之君立死于匹夫之手，国有不内乱乎？天下豪杰，因以知其不足畏；而太子丹者，且收合六国之余烬，以西向而前，吾恐嬴氏之亡，不待沛公之入关矣。其以泄暴秦之威而倡天下之义，莫此一击若也。他日张良之椎，盖犹踵荆轲之剑而为之者也。其不能成，则天也。

故荆轲之与聂政，不可同日语也。宋人有见于战国之世，圣人之道不明，先王之法不立，其公子养客而侠士轻生，故一切以儒者之论绳之。恶聂政之以私害公，而并及之于轲；恶原尝、春申之属，而并及于太子丹。譬如有医之于药者，不察其人之何病，而概以乌附为不可用，日以宽和之剂养其肠胃，又安能起久痼而生之乎？且天下固多散缓肥重以死者，何必其暴蹶也？宋之亡也，秦桧、汤思退之流，日

國文　第五册　三八

（四）戰爭應該廢止嗎？
（五）破除迷信。
（六）美育之重要。

七　六國論　蘇洵

六國破滅、非兵不利，戰不善；弊在賂秦。賂秦而力虧，破滅之道也。或曰：六國互喪，率賂秦邪？曰：不賂者以賂者喪。蓋失彊援不能獨完，故曰弊在賂秦也。秦以攻取之外，小則獲邑，大則得城。較秦之所得與戰勝而得者，其實百倍；諸侯之所亡、與戰敗而亡者，其實亦百倍；則秦之所大欲、諸侯所大患，固不在戰矣。思厥先祖父暴霜露，斬荆棘，以有尺寸之地；子孫視之不甚惜，舉以與人，如棄草芥；今日割五城，明日割十城，然後得一夕安寢；起視四境，而秦兵又至矣！然則諸侯之地有限，暴秦之欲無厭，奉之彌繁，侵之愈急；故不戰而強弱勝負已判矣，至於

《复兴初级中学教科书国文》(1934)

以挑衅之说，挟持其君，杀戮天下之谋臣战将，始终和议以误其国。仅有一大儒如考亭者，犹所见之如此。亦何怪乎三百年间多议论而少成功哉！

然则轲可为忠臣，丹可为孝子乎？曰：由今日论之，轲可为忠臣矣。而要之其人则英雄而感恩者也；设其遇严仲子，未必不为之用也。若太子丹者，虽与日月争光可也！

文中认为，荆轲为忠臣而丹为孝子，他们为国捐躯值得赞赏；然而，批评他们的那些宋儒恰恰是在“挟持其君，杀戮天下之谋臣战将”、议和误国而应该遭到唾弃。将《六国论》与这几课放置在一起，显然是告诉读者，面对强敌，要奋起抵抗，甚至要像荆轲和太子丹那样为国、为家不惜牺牲生命。

《复兴初级中学教科书国文》(1934) 取名“复兴”，有希望被日军炸毁的商务印书馆得以复兴和被日军侵凌的中华民族得以复兴的双重含义。其第5册的第6—20课分别为《虞卿议割六城与秦》(《战国策》)、《六国论》(苏洵)、《过秦论(上)》(贾谊)、《奋斗的研究》(谭熙鸿)、《亚尔莎洛林两州》(梁启超)、《教战守策》(苏轼)、《赵武灵王胡服骑射》(《战国策》)、《勾践栖会稽》(《国语》)、《国家的出路和个人的出路》(无灵)、《民族斗争的前途》(金兆梓)、《指南录后序》(文天祥)、《国殇》(《楚辞》)、《梅花岭记》(全祖望)、《论死篇》(《论衡》) 和《不朽》(胡适)。不难看出，编者是希望学生思考民族的出路问题，显然是主张无畏抗争而非求和苟安。

《实验初中国文读本》(1935) 的“编辑大纲”称：“本书选材以青年心理为本位，社会环境为对象。将教材多方组织，联络一贯，使学生习得适应时代及改造社会之需求，更注意于民族复兴之训练，以完成国文教学之新使命。”属于第3学年的第6册“选文，对于振起民族精神，端正青年志向各点，亦颇注意”，“用时代编制

法，一则由今溯古而以社会问题为中心；一则由古及今而以文学系统为线索，使学生对于学习国文之本身及应用得一归结，以为升学就业之准备”。其第5单元“宋代文”共选了《送徐无党南归序》(欧阳修)、《六国论》(苏洵)、《六国论》(苏辙)、《宋儒语录五则》和《词三首》——《破阵子》(辛弃疾)、《诉衷情》(陆游)、《渔家傲》(范仲淹)。同时选择苏洵的《六国论》和苏辙的《六国论》，意在告诉读者，只有合力抵抗，才能保存自己。

教科书中收录的《六国论》，也引发了学生对六国破灭原因探究的热情，《学生文艺丛刊》1924—1926年连续刊登了四篇学生的读后感，分别是河南省立×县第四农校马世和的《秦灭六国论》(1924年第一卷第五期)、安徽肥东自强学校王恂庵的《书苏子由六国论后》(1924年第一卷第五期)、香港师范李俊超的《秦并六国论》(1925年第二卷第七期)和四川岳池县立高小杨幻僧的《六国论》(1926年第三卷第四期)。这些文章都是用文言写成的，就学生的认知来说，也确实阐发了一点新意，如马世和就在文中称：六国因“不合群遂为秦人所灭”。王恂庵认为，六国灭亡是因为秦势力太强大，“六国不合纵，固亡；即合纵，亦未必不亡”。李俊超认为，六国灭亡是因为其不“不和而反自争”、“不自相救助”。杨幻僧认为，秦能灭六国是因为“秦因地利，而六国不得人和也”。

四、全面抗战内战时期(1937—1949)

(一) 思想教育

全面抗战爆发后，中华民族处在生死存亡的关头，一切以抗战为主。如教育部官员陆殿扬说：“抗战时期多编抗战教材，强化敌忾同仇之心。”[①] 有人提出，要将抗战前出版的各国语、国文教科书中反映不屈精神的课文选择出来，然后合编一本，其中就提到了苏洵的《六国论》。

(二) 文体、语体的选择

1946年，《初级中学国文甲编》这本编写于抗战之前的国定本教科书正式开始出版。这是遵照蒋介石手谕而编写的。蒋介石主张实行民族主义教育，而且重视文言教育。该书的“编辑经过”又称：“二十七年(1938年——引者)中央颁布《抗战建国纲领》，又有改编教材之规定。”《抗战建国纲领》强调教育要以宣扬民族主义为中心。其实1941年福建省政干团官员吴有容在谈到国定中学国文教科书

① 陆殿扬《中小学国定教科书编纂之经过及其现状》，《中华教育界》，1947年复刊第一卷第一期第93页。

编写时就指出，“教材之选择与分配之适当与否，统一与否，对于民族精神之兴衰，国家事业之隆替，关系至巨”，所以选文应“以发扬民族精神，增进教育效率，而收‘意志统一’，‘精神集中’，‘抗战胜成’之效”①。该书的“编辑要旨”称：“本书系精读教材，其教学目的在于熟诵，务期因此充分达到训练学生获得运用语体文或文言文叙事、说理、表情、达意之技能。”因为抗战宣传，直接说理的议论文显然比文学作品更重要。所以，该书选文有三大特点：⑴ 以宣传民族主义为中心。甚至有人讥讽其内容“尤不免有类《圣谕广训》，主张偏颇，有时甚至不惜歪曲历史事实”②。⑵ 以文言文居多。1944年，这套教科书供试用的第1册出版时，就有人指出，该书“编辑要旨”虽然说明其编写遵照的是1940年颁布的《修正初级中学国文课程标准》所确定的标准，“可是细按该项标准，‘遵照’的程度是颇有伸缩的余地的，尤其在语体文和文言文分配的比例上，比较部定的标准出入最大”，“对于本书特别强调文言文的态度，我们还找不出一个最为合理的解释”③。⑶ 以实用文章为主。其“编辑要旨”称：“本书所选诸文文体，限于记叙文、说明文、抒情文、议论文四大类。每学年择一种或二种文体为中心，加重其分量，以便学习。此外并选取与文情有关或具有代表性质之诗词附列于各文之后，以作补充，稍养成学者欣赏文艺趣味，但非为必读之资料。”1947年，邓恭三（广铭）就曾因此对其提出“控诉”，他认为，书中多实用文章，尤其是那些党政要人写的“文札文（公）告和某种纪念节日的讲演词或纪念论文之类”，而少文学作品，尤其是“有很多在现代文坛上极有声誉的作家，其作品全都未被收进”④。如果从主旨、语体和文体三方面来看，苏洵的《六国论》在这三方面都适合选作该书中的课文。

该书的第6册第9—14课分别为《康济录序》（蒋中正）、《新建预备仓记》（王守仁）、《战论》（王源）、《六国论》（苏洵）、《争取国家的自由平等》（蒋中正）和《负起我们光荣的任务》（蒋宋美龄）。书后《六国论》的“题解”称：“本篇为纯议论文，起首即评论六国破灭之道在于赂秦，然后再据此点详加发挥，系以演绎法写出，故觉精澈有条理。按《唐宋文淳》：‘宋仁宗增岁币于契丹，当时皆谓契丹无厌之求奚其可从？竭中国之膏血，不足以为赂矣。于是志士扼腕耻之，洵作《几策·审敌篇》，极言当绝其使，勿与岁币，而《权书》内作《六国论》，以先发其端焉……’则

① 吴有容《从国文教材的革新谈到各科教材的革新和国家编印的图书》，《国文月刊》，1941年第一卷第八期第27页。

② 一心《教科用书应该开放》，《中华教育界》，1947年复刊第一卷第二期“教育论坛”第1页。

③ 林举岱《国定初中国文甲编第一册商榷》，《国文杂志》，1944年第三卷第一期第27页。

④ 邓恭三《我对于国定本教科书的控诉》（“上海大公报三十六年星期论文”），转引自龚启昌《中学国文问题之检讨》，《教育杂志》，1948年第三十三卷第九号第38—39页。

知此篇，则更别有寄托也。”将蒋介石的论文置于其前后，如此编排的言外之意，就是歌颂蒋主席不屈从日本的侵略，带领大家，同心协力，共同抗敌，最终获得了“国家的自由平等”。蒋介石在《争取国家的自由平等》的开头写道：“我们要建立真正自由、平等的新中国，一定先要我们全体国民，统统能够牺牲自己个人的自由，个人的平等。这就是说：在国家不自由、不平等的时候，全体国民要把一切自由、平等的权利统统贡献给国家，来争取整个的国家的自由，国家的平等！”书后该课注释称：“我们中国现在为甚么不能自由……此句含有愤激意味，因当时适值‘九一八’之后，敌人对我国节节进逼，施以最大之压力，故蒋委员长有如此愤慨之语句。”

且夫出軍行師惟敵是求不戰而屈人之兵，不可以數數也。然善戰者必有先勝之形而後合戰；不輕於戰，善於戰者也。是故敵無釁，善戰者不戰，敵有人，善戰者不戰。敵强而我弱，善戰者不戰。敵弱而能謀，善戰者不戰。

敢問敵已敗亡，可以戰乎？曰，敵自置於死地，所謂窮寇也，善戰者不戰。我可以無亡矢遺*鏃之費而收全利，善戰者不戰。法曰：「形之，敵必從之，予之，敵必取之；從之，吾則可以乘其隙，取之吾則可以攻其亂」。形之而敵不從，予之而敵不取，善戰者不戰。偏師失律，爲敵所乘，師徒恐懼，百姓震驚，賞不可勸，罰不可懲，如是而驅之戰，則望風潰耳，善戰者不戰。投之死地而後生，陷之亡地而後存，苟未至於死地，而可自守以觀變，善戰者不戰。法曰：「勝兵先勝而後求戰，敗兵先戰而後求勝」。

一二　六國論　蘇洵

六國破滅，非兵不利，戰不善；弊在賂秦。賂秦而力虧，破滅之道也。或曰：六國互喪，率賂秦耶？曰：不賂者以賂者喪。蓋失强援不能獨完，故曰弊在賂秦也。秦以攻取之外，小則獲邑，大則

一一　戰論　一二　六國論　二三

《初级中学国文甲编》（1946）

六　国　论

苏　洵

六国破灭，非兵不利，战不善；弊在赂秦。赂秦而力亏，破灭之道也。或曰：六国互丧，率赂秦耶？曰：不赂者以赂者丧，盖失强援不能独完，故曰弊在赂秦也。

秦以攻取之外，小则获邑，大则得城。较秦之所得，与战胜而得者，其实百倍；诸侯之所亡，与战败而亡者，其实亦百倍；则秦之所大欲，诸侯之所大患，固

不在战矣。

思厥先祖父暴霜露，斩荆棘，以有尺寸之地；子孙视之不甚惜，举以予人，如弃草芥；今日割五城，明日割十城，然后得一夕安寝；起视四境，而秦兵又至矣！然则诸侯之地有限，暴秦之欲无厌，奉之弥繁，侵之愈急；故不战而强弱胜负已判矣，至于颠覆，理固宜然。古人云："以地事秦，犹抱薪救火，薪不尽，火不灭。"此言得之。

齐人未尝赂秦，终继五国迁灭，何哉？与嬴而不助五国也。五国既丧，齐亦不免矣。燕、赵之君，始有远略，能守其土，义不赂秦。是故燕虽小国而后亡，斯用兵之效也。至丹以荆卿为计，始速祸焉。赵尝五战于秦，二败而三胜；后秦击赵者再，李牧连却之。洎牧以谗诛，邯郸为郡，惜其用武而不终也。且燕、赵处秦革灭殆尽之际，可谓智力孤危；战败而亡，诚不得已。向使三国各爱其地，齐人勿附于秦，刺客不行，良将犹在，则胜负之数，存亡之理，当与秦相较，或未易量。

鸣呼！以赂秦之地，封天下之谋臣，以事秦之心，礼天下之奇才，并力西向，则吾恐秦人食之不得下咽也。悲夫！有如此之势而为秦人积威之所劫，日削月割以趋于亡。为国者无使为积威之所劫哉！

夫六国与秦皆诸侯，其势弱于秦，而犹有可以不赂而胜之之势，苟以天下之大，而从六国破亡之故事，是又在六国下矣！

选自《初级中学国文甲编》1946年版第6册。

六　国　论

苏　辙

尝读六国世家，窃怪天下之诸侯以五倍之地，十倍之众，发愤西向，以攻山西千里之秦，而不免于亡。常为之深思远虑，以为必有可以自安之计，盖未尝不咎其当时之士，虑患之疏而见利之浅，且不知天下之势也。

夫秦之所以与诸侯争天下者，不在齐、楚、燕、赵也，而在韩、魏之郊。诸侯之所与秦争天下者，不在齐、楚、燕、赵也，而在韩、魏之野。秦之有韩、魏，譬如人之有腹心之疾也。韩、魏塞秦之冲，而蔽山东之诸侯。故夫天下之所重者，莫如韩、魏也。

昔者范雎用于秦而收韩，商鞅用于秦而收魏。昭王未得韩、魏之心，而出兵以攻齐之刚寿，而范雎以为忧，然则秦之所忌者可见矣。秦之用兵于燕、赵，秦之危事也。越韩过魏而攻人之国都，燕、赵拒之于前，而韩、魏乘之于后，此危道也。而秦之攻燕、赵，未尝有韩、魏之忧，则韩、魏之附秦故也。夫韩、魏，诸侯之障，而使秦人得出入于其间，此岂知天下之势耶？委区区之韩、魏以当强虎狼之秦，彼安得不折而入于秦哉。韩、魏折而入于秦，然后秦人得通其兵于东诸侯，而使天下遍受其祸。

夫韩、魏不能独当秦，而天下之诸侯借之以蔽其西，故莫如厚韩亲魏以摈秦。秦人不敢逾韩、魏以窥齐、楚、燕、赵之国，而齐、楚、燕、赵之国因得以自完于其间矣。以四无事之国，佐当寇之韩、魏，使韩、魏无东顾之忧，而为天下出身以当秦兵。以二国委秦，而四国休息于内以阴助其急。若此，可以应夫无穷，彼秦者将何为哉？不知出此，而乃贪疆场尺寸之利，背盟败约，以自相屠灭。秦兵未出，而天下诸侯已自困矣。至于秦人得伺其隙以取其国，可不悲哉！

选自朱一清主编《古文观止鉴赏集评（第四卷）》，合肥：安徽文艺出版社1997年版，第235—236页。

第十章

《过秦论》与思想教育及读写的文体、语体演变

《过秦论》是西汉贾谊的政论名篇，其政论文除此之外还有《治安策》(《陈政事疏》)、《论积贮疏》等。这些政论，或论史实，或议时事，其目的均是针砭时弊。其中《过秦论》分为上、中、下三篇。上篇从秦孝公窥伺周室写到始皇统一六国，再由始皇既殁写到陈涉发难、诸侯灭秦，从秦由弱到强、由强变弱而对手则前强后弱的对比中，得出“仁义不施而攻守之势异也”的结论。中篇写秦统一六国之后，始皇贪鄙，二世无道，尤其是二世不谙安民之术，直接导致了秦之灭亡的下场。下篇写时至三世子婴，因积弊已久，虽杀赵高，但大势已去，回天乏术。然后从秦之盛衰中谈国之安危：“其强也，禁暴诛乱而天下服；其弱也，五伯征而诸侯从；其削也，内守外附而社稷存。故秦之盛也，繁法严刑而天下震；及其衰也，百姓怨望而海内畔矣。故周王序得其道，而千余岁不绝；秦本末并失，故不长久。由是观之，安危之统，相去远矣。”最后提出，“君子为国”因其能“观之上古，验之当世，参之人事，察盛衰之理，审权势之宜，去就有序，变化因时，故旷日长久，而社稷安矣”。贾谊写作该文的最终目的是希望西汉统治者能做到“前事之不忘，后事之师也”。文中所论述的深刻的兴亡之道，所表达的作者强烈的爱国热忱，及其所运用的精湛的论辩之术，均对后世同类散文的写作产生了极大的影响。所以鲁迅在《汉文学史纲要》中称其为“沾溉后人，其泽甚远”的“西汉鸿文”。

这篇名文也多次出现在清末民国的中学国文教科书中，编者曾从不同层面对其进行过阐释。不过，因为各个时期对课文的思想、文体、语体的要求不同，其

在每个时期出现的频次也有多有少，人们对其关注的程度有高有低，对其阐释的角度也有同有异。本文将其接受分为清末民初（1902—1921）、新学制（1922—1928）、新标准（1929—1937.6）、全面抗战和内战（1937.7—1949）等四个时期，试图从语文教育中思想教育、读写的文体和语体的变化这三个角度，来分析其间中学语文界对其的接受和阐释的情况。下面，我们先看其在不同时期中学国文教科书中的收录情况。

编　者	教科书名称	册次	出版社	时间、版次	文本
林纾	中学国文读本	第8册	商务印书馆	1908年5月初版、1915年11月许国英订正8版	上
吴曾祺	中学国文教科书	第4册	商务印书馆	1908年9月初版、1914年2月许国英订正10版	上中下
许国英	共和国教科书国文读本	第4册	商务印书馆	1913年8月初版	上
刘法曾、姚汉章	中华中学国文教科书	第4册	中华书局	1913年版	上
刘宗向	中等学校国文课本《国文读本》	第1册	宏文图书社	1914年4月初版	上
谢蒙	新制国文教本	第3册	中华书局	1915年10月再版	上
穆济波	新中学古文读本	第1册	中华书局	1925年8月初版、1930年6月17版	上中下
朱剑芒	高中国文	第2册	世界书局	1930年7月3版	上
徐公美等	新学制中学国文教科书《高中国文》	第6册	南京书店	1933念月初版	上
沈颐编著	高级中学用《新中华国文》	第2册	中华书局	1934年6月6版	上中下
河北省省立北平高级中学	国文读本	第3册下	编者自刊	1934年8月出版	上
薛无兢等	高中当代国文	第3册	中学生书局	1934年8月初版	上
傅东华	复兴初级中学教科书国文	第5册	商务印书馆	1934年9月12版	上
宋文翰、张文治	新编高中国文	第2册	中华书局	1937年2月初版	上
教育总署编审会	高中国文	第1册	编者自刊	1938年8月初版、1941年5月修正出版	上

一、清末民初（1902—1921）

（一）思想教育

秦始皇因统一六国而在中国建立了第一个中央集权统一的国家，因派蒙恬讨伐匈奴而有效地抵抗了外族的入侵。不过，他对知识分子所实行的焚书坑儒的愚民政策，对普通百姓所实行的修长城、征戍边的劳民政策，又使其所建立的统一中国、开疆拓土的历史功绩大打折扣。所以，史家对其评价贬多于褒。如新会黄用端式如甫著、时敏书局1900年初版的《妇孺浅史歌》之《秦楚》写道："始皇灭六国，自尊称皇帝；当时造此名，至今为定制。烧尽古今书，恐人多识字；因憎读书人，推人坑中死。万里筑长城，禁人带刀兵；谁知秦二世，国灭楚汉争。楚王是项羽，放火烧秦宫；不听范增计，有始竟无终。"

1840年，鸦片战争中国战败之后，被迫割地赔款，由此进入了一个半殖民地半封建社会，于是建立一个主权独立、领土完整的民族国家成为有识之士奋斗的目标。教育自然要担负这项救亡图存的重任，其中的国文教育自然也不例外，尤其是1895年甲午战败之后，国人对教育救国的认识更加明确。就像英国埃里克·霍布斯鲍姆在《民族与民族主义》中所说的，要"把民族建立成领土国家"，必须激发人民对"国家传统的情感"的诉求，如在19世纪初的希腊民族主义运动中，知识分子和民族主义者都想利用古希腊的光荣历史作为建国的号召[①]。所以，将述论我国历史上的盛世和英雄课文收入教科书必然会让学生在重温历史的过程中对未来充满信心。因为嬴政在国家统一、民族独立方面建立了不朽的功勋，所以值得歌颂而不是批评，自然也应该在教科

中學國文讀本第八

過秦論

賈誼

秦孝公據殽函之固擁雍州之地君臣固守以窺周室有席卷天下包舉宇內囊括四海之意并吞八荒之心當是時也商君佐之內立法度務耕織修守戰之具外連衡而鬭諸侯於是秦人拱手而取西河之外孝公既沒惠文武昭蒙故業因遺策南取漢中西舉巴蜀東割膏腴之地收要害之郡諸侯恐懼會盟而謀弱秦不愛珍器重寶肥饒之地以致天下之士合從締交相與爲一當此之時齊有孟嘗趙有平原楚有春申魏有信陵此四君者皆明智而忠信寬厚而愛人尊賢而重士約

中學國文讀本 第八册 秦漢三國文 一 商務印書館印行

《中学国文读本》（1908）

① ［英］埃里克·霍布斯鲍姆著，李金梅译《民族与民族主义》，上海：上海人民出版社，2000年版第86—87页。

书中有所体现。如1902年无锡三等学堂编写的《蒙学读本全书》第三编的约旨起首便称，日本将丰臣秀吉征韩事编入读本，歌颂功德，极情尽美，无非是将爱国之思想印识于儿童脑髓。所以要仿其例，述开国盛业、平逆中兴以激发儿童的爱国热情。其第六编约旨更是明确地提到秦始皇的丰功伟绩可作为爱国主义的教材，因为“吾国智识之活动，以战国嬴秦为最盛”，所以选择反映此时情状的《战国策》及诸子散文20多篇，其目的是希望儿童读此，激发其爱国敌忾之气象，以成完全之国民。

民初教科书对秦始皇的统一中国之功与虐民之过评述较为客观，不过更主要的是赞赏其功绩，尤其是其督修万里长城这项伟大工程。如1912年6月庄俞与沈颐编辑，高凤谦，张元济校订、商务印书馆初版的国民学校春季始业用《共和国教科书新国文》的第6册的第8、9课《秦始皇》和《万里长城》：

秦 始 皇

秦始皇并吞六国，一统中原，北逐匈奴，南取南越。土地日广，国势大振。然重税繁刑，虐待人民。虑民之叛已也，收天下兵器，铸为金人。恶民之议已也，烧诗书，坑儒生。及始皇死，叛者群起，秦遂以亡。

万 里 长 城

我国北方，自昔有匈奴之患。燕赵诸国，筑城以防之，各保疆土，不相联属。及始皇伐匈奴，大败之，乃修筑旧城，合而为一，后世号为万里长城。年久颓废，累加修筑。今所存者，东起山海关，西至嘉峪关，长凡五千余里，为世界著名之巨工。

又如1914年在《共和国新国文》基础上编成、商务印书馆初版的国民学校用《单级国文教科书》的第10册第15、16课《秦始皇》和《万里长城》，主旨与前书相同，只是文字稍显简略。

李步青与沈颐编、中华书局1916年版《新式国民学校国文教科书》的第6册第6课《秦始皇》和第7课《长城》对秦始皇的评价与《共和国教科书新国文》、《单级国文教科书》的态度相同：

秦 始 皇

秦庄襄王灭周，其子政即位。自号曰始皇帝。灭六国，统一中原。北逐匈奴，南取南越，国土大辟。乃收兵器以杜民乱，焚诗书以绝民智。专擅威刑，百姓咸怨。始皇既殁，子二世尤无道。叛者四起，秦遂以亡。

长 城

长城在我国北方，长五千余里。

周末，匈奴寇边，燕赵秦诸国筑城御之。然不相连属。秦始皇统一中国，北却匈奴，乃修筑旧城，合而为一。

后人屡加修筑，倚为北方屏蔽。迄乎近代，吾国疆域，远及漠北。所存长城，无关于国防矣。

关于修长城，文中并未谴责秦始皇劳民伤财，反而很客观地指出其所做只是连属旧城，而且指出长城之用延及近代。所以从总体上看，编者对秦始皇所建立的历史功绩是持赞颂的态度的，如其第8课为歌颂汉武帝“伐匈奴，通西域，定南粤”的《汉武帝》。可见，秦皇、汉武因功绩相齐故名可并列。

贾谊的《过秦论》虽是“言秦之过”，但纵观其上、中、下三篇，我们会发现作者对秦始皇的批评较少，反而在上篇中列数秦国所具的地理优势，实行了变法图强的举措，采取了正确的战争策略，经历了几代人的苦心经营，尤其是在对秦始皇横扫吞并六国的气势的铺叙中流露出的是作者的赞赏之情；中、下篇主要批评的是秦二世胡亥和三世子婴，又流露出些许怒其不争的意味。正如传统蒙学教材《龙文鞭影》所说的，“亡秦胡亥，兴汉刘邦”。所以，从1908年商务印书馆相继出版的我国最早的两本文选型中学国文教科书《中学国文读本》和《中学国文教科书》开始，直至民初重订、新编的中学国文教科书，多数会将《过秦论》选作课文，而且多选其上篇。当然，这还与该文符合此段时间读写的文体、语体要求有关。

董江都以天人三策、擢爲舉首、此其問題也、比之文帝之世、亦少文矣、

蓋聞上古至治。畫衣冠。異章服。而民不犯。陰陽和。五穀登。六畜蕃。甘露降。風雨時。嘉禾興。朱屮生。山不童。澤不涸。麟鳳在郊藪。龜龍遊於沼。河洛出圖書。父不喪子。兄不哭弟。北發渠搜。南撫交阯。舟車所至。人迹所及。跂行喙息。咸得其宜。朕甚嘉之。今何道而臻乎此。子大夫修先聖之術。明君臣之義。講論洽聞。有聲乎當世。敢問子大夫。天人之道。何所本始。吉凶之效。安所期焉。禹湯水旱。厥咎何由。仁義禮知。四者之宜。當安設施。屬統垂業。物鬼變化。天命之符。廢興何如。天文地理人事之紀。子大夫習焉。其悉意正議。詳具其對。著之於篇。朕將親覽焉。靡有所隱。

賈誼過秦論上

前敘秦之盛、後敘秦之衰、一篇之中、自爲章法、而議論煥發、文采爛然、如遊五都之市、光怪陸離、令人不可逼視、後人雖極意摹擬、而才力所限、固不能規其萬一也、

秦國勢之盛始於孝公變法故從此說起

秦孝公據殽函之固。擁雍州之地。君臣固守。以窺周室。有席卷天下。包舉宇內。囊括四海之意。并吞八荒之心。當是時也。商君佐之。內立法度。務耕織。修守戰之具。外連衡而鬬諸侯。於是秦人拱手而取西河之外。孝公既沒。惠文武昭。蒙故業。因遺策。南取漢中。西舉巴蜀。東

中學國文教科書四集　讀文　十三

《中学国文教科书》(1908)

(二) 读写文体

1901年，清政府谕“以策论试士禁用八股文程式”。1904年颁布的《奏定中学堂章程》规定，“中国文学”科的目的是写作成篇的“清真雅正”、“适于实用”的古文。《奏定学务纲要》对文体也作了规定，“宜随时试课论说文字，及教以浅显书信、记事、文法，

以资官私实用”。1923年，穆济波在《中学校国文教授之我见》一文中回忆当初的作文教学时说：“二十年前废八股兴学校的过渡期间曾经经过‘策论’的一个时代。那时策论和八股所不同的点在什么地方呢？便在加入时务及格致学艺等项，这时务和格致的策论，便是后来学校中一切科学的起源了。但是策论是纸上空谈的文章，故虽以格致那样的实学，但是考官所考者与学生所学者仍然就还是纸上的这一段。这种方法到学校兴起以后，还是不曾改的。”[①]

共和國教科書 國文讀本第四册

第一 過秦論 賈誼

秦孝公據殽函之固擁雍州之地君臣固守以窺周室有席卷天下包舉宇內囊括四海之意并吞八荒之心當是時也商君佐之內立法度務耕織修守戰之具外連衡而鬭諸侯於是秦人拱手而取西河之外孝公既沒惠文武昭蒙故業因遺策南取漢中西舉巴蜀東割膏腴之地收要害之郡諸侯恐懼會盟而謀弱秦不愛珍器重寶肥饒之地以致天下之士合從締交相與爲一當此之時齊有孟嘗趙有平原楚有春申魏有信陵此四君者皆明智而忠信寬厚而愛人尊賢而重士約從離橫兼韓魏燕趙宋衛中山之衆於是六國之士有甯越徐尚蘇秦杜赫之屬爲之謀齊明周最陳軫召滑樓緩翟景蘇厲樂毅之徒通其意吳起孫臏帶佗兒良王廖田忌廉頗趙奢之倫制其兵嘗以十倍之地百萬之衆叩關而攻秦秦人開關而延敵九國之師逡巡而不敢進秦無亡矢遺鏃之費而天下諸侯已困矣於是從散約解爭割地而賂秦秦有餘力而制其弊追亡逐北伏尸百萬流血漂櫓因利乘便宰割天

第一 過秦論 一 中學

《共和国教科书国文读本》(1913)

既然要谈“时务”(针砭时弊，探寻良策)，那么最好先议“史实”(以史为鉴，察得失兴替)。与当下积贫积弱、分崩离析的大清形成鲜明对比的，自然是在历史上国力强盛、领土完整的秦汉了。所以，这一时期，教师又常以秦始皇命题来让学生作策论。如1919年范祥善称：“清之末造，学堂初设时，所出文题，大半为经义策论，如《学而时习之说》、《秦皇汉武论》、《开通民智策》，几至触目皆是。”[②] 又如1934年阮真称：虽然当时“专练八股出来的国文教师，能做策论的还是很少；而学生的倾向要做时务策论了”[③]。各校平时国文教学中的写作文体也多为策论。平时写作，“旧派国文教师所出作文题目如：《梁亡义》、《鲁平公将出义》、《秦皇汉武合论》等；新派国文教师所出题目如：《大彼德论》、《秦始皇拿破仑合论》、《求富强策》、《开铁路以利交通说》等”[④]。又如1981年茅盾(1896—1981)在《我走过的道路》中称：读小学时国文课本是《速通虚字法》和《论说入门》，“《速通虚字法》帮助我造句，《论说入门》则引

① 常乃德《中学校国文教授之我见》，中国中等教育协进社编辑《中等教育》，1923年第二卷第一期第2页。

② 范祥善《缀法教授之根本研究》，《教育杂志》，1919年第十一卷第二号第32页。

③ 阮真《时代思潮与中学国文教学》，《中华教育界》，1934年第二十二卷第一期第4页。

④ 阮真《时代思潮与中学国文教学》，《中华教育界》，1934年第二十二卷第一期第4页。

导我写文章。那时，学校月月有考试，单考国文一课，写一篇文章（常常是史论），还郑重其事地发榜，成绩优秀的奖赏。所以会写史论就很重要。沈听蕉先生每周要我们写一篇作文，题目经常是史论，如《秦始皇汉武帝合论》之类。他出了题目，照例要讲解几句，暗示学生怎样立论，怎样从古事论到时事。我们虽然似懂非懂，却都要争分数，自然跟着先生的指引在文章中'论古评今'"[①]。从这三处回忆文字都提及秦始皇来看，以秦始皇作为策论的题材在当时十分流行。民初，多数学校的写作教学仍然延续着清末的这种写作文体的要求及选材的嗜好。如1916年1月，广益书局出版了陆树勋编、陆宝璿评点的4册《新撰小学论说精华》。这是小学生写的论说文汇集，是专门供高等小学写作参考之用的。其卷二第18至30篇分别为《周公辅相成王论》、《齐子奇治河论》、《魏乳母不贪财不畏死论》、《说警务与地方之关系》、《论孟母教育之善》、《秦皇汉武论》、《汉七国晋八王之乱论》、《苏武牧羊论》、《土木之变论》、《锡兰采珠记》、《学者当治生业论》、《宋承五季之敝更立制度化勇武之俗为和平论》和《诸葛亮治蜀论》，其中就有不少史论，而且再次出现了论说秦皇汉武的作文。兹照录如下：

秦皇汉武论

匈奴西域，皆自古不臣属中国者也。秦时匈奴强大，屡寇北边。秦始皇欲保种族以张国威，遣蒙恬发兵三十万讨之，大败匈奴；又筑万里长城以固边防，匈奴乃不敢入。中国之威用以张，岂非始皇之功哉？！秦末中国衰乱，匈奴之势又强大，复逾长城侵内地，武帝遣张骞通西域，断匈奴右臂，命卫青、霍去病等出塞，征讨匈奴。开边拓土，其功不亚于秦皇。一时秦汉之威名，震惊于遐方，焜耀于历史。然论其文德，则始皇绝无可称，焚书坑儒，千古罪之；而武帝能崇儒术奖文学，文治武功，一时并茂，然则谓武帝之功，实远胜于始皇可也。

作法 第一二句，先就对面落笔。第三至十三句，论秦皇之武功。第十四至二十三句，论汉武之武功。第二十四至二十五句，总括一笔。第二十六句，折到文德以为一篇之结束。

评语 武功虽同，文德不无轩轾。反复推勘，包举靡遗。

从这篇习作的论述可以看出，虽然秦皇文德有亏，但武功斐然，所以在当下的中国，尤应彰显其在反抗外族入侵方面所建立的不朽功勋。

从以读促写、读写结合的角度来说，既然写以论说文为主，那么在读本中就应

① 茅盾《我走过的道路（上）》，北京：人民文学出版社，1981年版第64页。

该多选论说文；既然写常以秦皇汉武为题材，那么读本中就应该出现相应的课文。正因为如此，《过秦论》多次出现在清末民初的中小学国文教科书中。清末民初的中学国文教科书选文，依据的是桐城派所确立的“义法”标准，即“言有物”、“言有序”。桐城派三大家之一的姚鼐在《古文辞类纂》中称《过秦论》“雄骏宏肆”，于是曾深得桐城派大家吴汝伦赞赏的林纾将其选入《中学国文读本》，曾编《涵芬楼古文钞》等古文汇集、著《涵芬楼文谈》等古文作法著作的吴曾祺将其选入《中学国文教科书》作为课文，也就显得十分自然。

民初的选文标准沿袭清末，所以民初所出版的主要中学国文教科书《共和国教科书国文读本》、《中华中学国文教科书》、中等学校国文课本《国文读本》和《新制国文教本》等均选入了此文。这些教科书的编者均将《过秦论》作为写作议论文的范本来使用的。如《中学国文读本》的凡例称："本书所选之文各类略备，使读者稍知其门径。"《中学国文教科书》的例言称："学生至入中学堂，多读经书，渐悉故事。此时急宜授以作文之法。"《共和国教科书国文读本》的编辑大意称："中学国文程度，较高于小学，故宜授以适当之作文法理，且使略知本国古今文章轨范，以期共保国粹。"《中华中学国文教科书》的编辑大意称："中学校学生，国文程度渐深，急宜授以古人作文义法。"《国文读本》的叙例称："夫立国赖学，而文为之枢。"这些教科书多数按文学史逆溯或顺下而将其列入秦汉文，或按文体将其纳入“论著之属”(如《新制国文教本》)。

清末的《中学国文读本》和《中学国文教科书》等多以圈点评注的方式对其作法加以阐释，而民初在出版教科书之余还出版有配套的评注本，如《共和国教科书国文读本评注》和《新制国文教本评注》，教科书只有课文，评注本“参合教授书与参考书两例成之”(《共和国教科书国文读本评注》编辑大意)，有文有注。

无论是清末的教科书，还是民初的评注本，其评注均是阐释课文的作法，如《中学国文教科书》的例言称："今于每篇之中，略言其命意所在，间及其经营结构之法。"编者在《过秦论》上篇题下文前总论："前叙秦之盛，后叙秦之衰。一篇之中，自为章法，而议论焕发，文采烂然，如游五都之市，光怪陆离，令人不可逼视。后人虽极意摹拟，而才力所限，故不能规其万一也。"然后逐段评点，在“秦孝公据崤函之固……于是秦人拱手而取西河之外”上评点道："秦国势之盛，始于孝公变法，故从此说起。"在“孝公既殁，惠文武昭……强国请服，弱国入朝”上评点道："极写诸侯势力之厚，正以形秦之强。"在“延及孝文王、庄襄王，享国之日浅，国家无事”一句上评点道：“轻轻带过。”在“及至始皇，奋六世之余烈，振长策而御宇内……良将劲弩守要害之处，信臣精卒陈利兵而谁何”上评点道：“言秦一天下及开疆拓土之略。”在“天下已定，始皇之心，自以为关中之固，金城千里，子孙帝王万世之业也”句上评点道：“作小顿挫，上半篇洋洋气势到此少住。”在“始皇既没……山东豪俊遂并起而亡秦族矣”上评点道：“写陈涉之征，正以见秦之敝，与上半篇同一作法，惟前用实写后用虚写，微有不同。”在“且夫天下非小弱也……然后以六合为家，崤函为宫”上评点道：“将通篇文字极力团结，用笔之雄迅挺拔，足以推倒一切。”在最后一句“一夫作难而七庙隳，身死人手，为天下笑者，何也？仁义不施而攻守之势异也”上评点道：“直追到底，始醒出主意，如层峦叠嶂，寻出结穴处。”中、下两篇评点文字较少，总评只在中篇题下：“前篇于秦亡国之本，略引其端。此二篇始详言之。”段上的评点也只有三处，且用语简略。

（三）读写语体

清末虽然有不少人提出应让学生读写白话文，但直至民初，“国语”运动的推行仍然缓慢，学校里读写的语体仍是文言，只不过小学读写的是浅易的文言，而中学读写的是古雅的文言而已。

二、新学制时期（1922—1928）

和清末民初《过秦论》出现在大多数中学国文教科书中不同，在新学制时期目前只发现该文被穆济波编撰的《新中学古文读本》收入，而在其他文言教科书以及文白兼收的教科书中没有发现，这与这期间的思想教育、读写文体和语体直接相关。

（一）思想教育

1919年，五四运动爆发之后，在民主、自由精神勃兴的同时，反帝反封建思潮也在高涨。此时，

新制國文教本　第三　　二六

年而遭王莽之亂。計其殘夷滅亡之數。又復倍乎秦項矣。以及今日名都空而不居。
百里絕而無民者。不可勝數。此則又甚於亡新之時也。悲夫。不及五百年。大難三起。
中間之亂。尚不數焉。變而彌猜。下而加酷。推此以往。可及於盡矣。嗟乎。不知來世聖
人救此之道。將何用也。又不知天若窮此之數。欲何至邪。

賈誼過秦論

秦孝公據殽函之固。擁雍州之地。君臣固守。以窺周室。有席卷天下。包舉宇內。囊括
四海之意。并吞八荒之心。當是時也。商君佐之。內立法度。務耕織。修守戰之具。外連
衡而鬬諸侯。於是秦人拱手而取西河之外。孝公既沒。惠文武昭。蒙故業。因遺策。南
取漢中。西舉巴蜀。東割膏腴之地。北收要害之郡。諸侯恐懼。會盟而謀弱秦。不愛珍
器重寶肥饒之地。以致天下之士。合從締交。相與爲一。當此之時。齊有孟嘗。趙有平
原。楚有春申。魏有信陵。此四君者。皆明智而忠信。寬厚而愛人。尊賢而重士。約從離
橫。兼韓魏燕趙宋衛中山之衆。於是六國之士。有甯越徐尚蘇秦杜赫之屬爲之謀。
齊明周最陳軫召滑樓緩翟景蘇厲樂毅之徒通其意。吳起孫臏帶佗兒良王廖田

《新制国文教本》（1915）

国家主义教育者提出教育应为国家建设而非儿童生活服务，应向儿童灌输一种集体主义而非个人自由的观念。此种思想渐成为一种思潮。在这种思潮的影响下，秦始皇建立统一国家、维护民族独立之功绩就被凸显了出来：如邵伯棠撰述、邵人模语译、上海会文堂新记书局于1923年8月初版的《言文对照初学论说文范》卷三之白话体《说万里长城》写道：

长城是我国第一个大工程，也是世界上一个大工程。在那个时候，秦始皇因为防备匈奴，所以不惜发三十万兵去建筑。唉！真有魄力哩。讲到秦始皇，不过一个暴虐的君主，他的事业，不犯着说。只是这筑长城，虽然替儿孙打算，也是“夷不乱华”，替中国大局打算。我本来厌恶秦始皇，说他是专制的首恶，但是他驱逐匈奴，到了现在，还知道有华夷的境界，他的功业，怎么可以埋没呢！

这里显然在赞颂其修长城而遮蔽焚书坑儒等。正如其“批评”所言：“始皇之罪罄竹难书，但其严华夷之界，使匈奴贱种不敢南下而牧马，则中国一人也。”当时的中国正需要这样的强人统治，以结束国内军阀割据、分崩离析的乱象，改变对外广受列强凌辱、屡遭瓜分的困局。

在国家主义思潮高涨时，中学语文教员穆济波积极相应国家主义者的号召，并坚持要在中学国文科中落实国家主义的教育理念。1924年，穆济波发表了《中学校国文教学问题》一文。他在文中针对教育联合会颁布的新学制初级和高级中学国语课程纲要，而重订了一个《初级高级中学必修国文课程纲要草案》[①]：

（甲）拟定本纲要之三大要件：(1) 本科教学目的在贯澈中等教育的宗旨，反对专以本科知识与技能为主的教学。(2) 本科教材与教学计划，绝对采用语文分级教学办法，反对语文混合的编制与兼习。(3) 规定两级各班特殊教学之标准，矫正历来随意教授不相联络的积习。

（乙）本科教学唯一之目的：养成有思想，有作为，有修养，在中等教育范围以内，有充分使用本国语文技能的新中国少年。

（丙）本科教学各方面之目的。

初级中学必修国文科：

1. 在人生教育上，须使明瞭人生现实之可贵，及社会的共存，与个人应有之责任。2. 在国家教育上，须使明瞭国民资格之修养，职业的联合，及今日国际的侵略，与压迫的危险，起谋自卫。3. 在民族教育上，须使明瞭民族之特有精神，及现世的

① 穆济波《中学校国文教学问题》，中国中等教育协进社编《中等教育》，1924年第二卷第五期第10—11页。

堕落现象，与其补救的方法。4. 注意社会现象的观察，奖掖青年能力可能以内的救济。5. 注意青年团体的团结，与共同生活应有的知识与修养。

高级中学必修国文科：

1. 在人生教育上，须使明了人生之究竟，及社会的永存，与人类进化的轨迹与趋向。2. 在国家教育上，须使明瞭国家政治与国民生计的变迁；注重改进社会经济，与树立民本政治的途径。3. 在民族教育上，须使明瞭中国民族结合的渊源，与其文化之发展。4. 注意时代进化的程序，与学术思想的更新。5. 注意往哲精神生活的向上，训练个人精神独立的思想与习惯。

穆济波所拟定的国文课程“唯一之目的”为“养成有思想，有作为，有修养，在中等教育范围以内，有充分使用本国语文技能的新中国少年”，他所拟的初中、高中国文课程目的各5条，也都是有关人生、国家、民族、社会和青年问题的内容，没有一条涉及“语文”本体问题，就像他自己说的，他“反对专以本科知识与技能为主的教学”。

如果把课程目的仅定为灌输国家主义的工具，那么其言语形式不必过多考虑，而只要关注其言语内容是否进步，即主要考察其是否与国家主义有关。如穆济波在《国家主义与中学国文教学问题》中拟编了数本中学国文、国语教科书，其中初中用的3册《新制中学初级国语读本》的“内容概要”分别为“注重现实生活的观察与纪述。取材短篇美文及散文诗，实写小说”，“注重人生的基本观念之养成与时事的论述和批评。取材多论辩演讲等发表文字”，“注重本科的基础常识与文艺的修养。取材除纯文艺作品外，兼取研究文字”；高一、高二“语体文选”要分别按“青年之责任”、“今日社会之实际生活状况”、“社会病象之原因”、“外交之失败”、“国际间之不平等待遇”、“中国之危机与其未来之运命”、“国民自拔的途径”、“我中华民族性之尊严”、“政治理想与理想社会”和“吾人实在之真生命”等10个主题以及“中国圣哲之精神”、“我先族先民对于世界文化之努力”、“周秦诸子之政治理想”、“古代之民本精神”、“中国的文学与文学家”、“现代社会经济与古代社会经济”、“时代思潮及现代思想家”、“时代思潮及现代思想家”、“未来之世界”和“自然之歌颂”等10个主题选择组织作品[①]。

正因为如此，从思想教育的角度来看，穆济波将《过秦论》收入自己编撰的《新中学古文读本》中，而且是将其上、中、下三篇全收，并在其后安排的是苏洵的

① 穆济波《国家主义与中学国文教学问题》，《中华教育界》，1925年第十五卷第二期第6、9—10页。

《六国论》，就不令人奇怪了，更何况就是从该文的形式来看也堪称典范呢！

另外，1925年朱廷照在第二卷第六期《学生文艺丛刊》上发表《读贾谊过秦论因赋过秦二律》用史论诗歌的形式申说原文过秦之旨：

百二雄关据上游，崤函西峙水东流。销锋铸鐻凭权术，勒石巡行属诈谋。卅六宫人歌舞夜，八千子弟渡江秋。咸阳一炬连三月，大好河山让汉刘。

成败兴亡不自由，帝皇万世苦奢求。渭川腻涨胭脂水，沙苑风飘卢荻秋。函谷关前争逐鹿，霸陵桥上看归牛。一场泡影繁华梦，吊古闲登百尺楼。

縱橫。

題解 天寶末、祿山既陷京師，肅宗以太上皇命、卽位靈武。杜甫避亂移家至鄜，竟陷賊中。至德二載、聞天子在鳳翔，方奔赴行在，拜右拾遺。尋告歸，詔許至鄜迎家，有北征詩紀其事。此詩次北征，當係初至鄜州時作。

五七 過秦論上 賈誼

秦孝公[一]據殽函[二]之固，擁雍州[三]之地，君臣固守而窺周室，有席卷天下、包舉宇內、囊括四海之志，并吞八荒之心。當是時、商君[四]佐之，內立法度，務耕織，修守戰之備；外連衡而鬬諸侯。於是秦人拱手而取西河之外。

孝公既沒，惠王、武王[五]、蒙故業，因遺策，南兼漢中，西舉巴蜀，東割膏腴之地，收要害之郡。諸侯恐懼、會盟而謀弱秦，不愛珍器重寶肥美之地、以致天下之士，合從締交，相與爲一。當是時、齊有孟嘗[六]，趙有平原，楚有春申[七]，魏有信陵，此四君者、皆明知而忠信，寬厚而愛人

羌村三首 過秦論上 一三九

《新中学古文读本》（1925）

（二）读写文体

民初，随着实用主义思潮的兴起，应用文写作受到重视；1917年，以胡适、陈独秀为首的文学革命者所提出的新文学革命爆发后，使得文学写作也受到重视。但是，议论文一直是中学写作教学中所训练的主要文体。尤其是新学制实行前后，中学语文教师的课堂教学多大谈“问题”和“主义”，必然引发学生们的指点江山、激扬文字的豪情。

虽然我们在下文谈语体时将要提到当时不再强调文言古文的写作，但《过秦论》作为讨论国是的经典议论文，从写作的角度来说其写法仍值得借鉴。1925年，上海世界书局出版了《新体广注论说文自修读本》，其中就有清顺治十五年（1658）进士毛际可论述张良刺秦的专文。张良家族五世相韩，韩被秦灭之后，张良伺机为韩复仇。秦始皇东游至阳武博浪沙中，张良令武士狙击始皇，误中副车。始皇幸免，张良逃亡。对此，毛际可在文中虽然没有赞颂秦始皇，但也没有认为秦始皇残暴应该被诛杀而张良此举值得赞颂，反而认为秦朝灭亡应归咎秦二世而非秦始皇，张良此举看似义举实则不合时宜。下面，我们看其就此事而展开的论述：

子房击秦论

昔张子房击始皇于博浪沙中，误中副车，论者惜之，予谓正天之巧于亡秦也。夫论世者不于一事之成败，而审于数世治乱之由。

天之厌秦德久矣，然考其时，天下之大势已定，即令击之而中，其长子扶苏，聪明仁恕，又知诵法孔子，一旦嗣位，必能力反始皇之所为，而断不流于胡亥之庸且暴。虽有胜广之徒，何自揭竿而起欤？盖秦之亡，以胡亥之得立也，而胡亥之得立，以人不知始皇之已死，而赵高得以居中用事也，然犹李斯持之于前，蒙恬疑之于后，其危不啻千钧之引于一发。使其不死于沙邱而死于博浪沙，则诏不可得而矫废立之权，不可得从中而制也。秦社何至于遽屋耶？

予故谓荆轲刺始皇于战争未定之日，不幸而不中，而六国以亡；子房击始皇于兼并既成之后，幸而不中。而秦以亡，时与势之异也，皆天也。或有诘予者曰：若是，则子房博浪沙之举非欤？予又以为不然。夫子房发愤于五世之仇，枕戈待旦，而藉手于力士之一击，亦安能预知扶苏之必不得嗣位，胡亥之必至于亡，而徐以俟始皇之自毙哉？然而子房之原本忠孝，又非荆轲之借交报仇所敢望也。

所以，从读本可以为写作提供话题、素材及作法示范的角度来说，《过秦论》与《子房击秦论》相比，在有些编者看来，更应该收进教科书作为文言读写的范文。如《新中学古文读本》的编者穆济波就在该文上篇之末的“题解”中写道：“贾生《过秦论》，太史公选附《始皇本纪》，以其论制谨严，见理切至，可鉴后世故也。”

不过，随着新文学革命的推进，多数中学国文教科书编者的文言作品选文标准发生了较大的变化，“即选古文者，亦渐具文艺的眼光与整理国故之新头脑”①。随着国语运动的开展，多数编者对文言选文的功能的设定也发生了变化，不再只作为文言写作的模范，更多是作为阅读鉴赏的凭借。所以，当时其他中学文言教科书以及文白兼收的教科书均不收录这篇篇幅较长、内容较深的文言政论。

（三）读写语体

1920年，教育部宣布改“国文”为“国语”时，要求小学文言教科书逐年废除而采用新编的白话教科书。虽然中学没有完全禁止学习文言，但课程标准已将此课程名称改为“国语”，且对文言写作未作硬性规定；而且随之出版的中学教科书也冠名“国语”，其中出现了大量的白话课文，而且年级越低白话课文所占比重越大。这在多数人看来，就意味着最终中学也会完全读写白话文。所以，也因为文言

---

① 黎锦熙《三十年来中等学校国文选本书目提要》，国立北平师范大学《师大月刊》，1933年第二期第4页。

的式微、白话兴起而导致文言教科书数量变少，文白兼收的教科书中文言课文的数量减少。这样一来，《过秦论》在此期间出版的中学教科书中出现的机会，就明显比其在清末民初出版的中学国文教科书中出现的机会少。

三、新标准时期(1929—1937.6)

从上表可以看出，在新标准时期，《过秦论》的接受出现了一个高潮，共有7套教科书收录此文。究其原因，仍然与思想教育及读写的文体、语体相关。

(一) 思想教育

1928年，南京国民政府成立。随即推行党化教育，并加强对教育的控制。在1929年、1932年、1936年频繁地颁布中学国文课程标准，纠正此前国文教育过分注重审美情趣培养的取向，而强调灌输三民主义思想。于是，民族主义思潮开始兴起。尤其是受1931年九一八和1932年一·二八事变爆发及1932年伪满政府的成立的危机形势所逼，在中学进行民族主义思想教育在教育者看来已是天经地义的事，而且成了他们的自觉行为。

秦孝公(一)據殽函(二)之固，擁雍州(三)之地；君臣固守，以窺周室。有席卷天下，包舉宇內；囊括四海之意，并吞八荒之心。當是時商君(四)佐之：內立法度，務耕織，修守戰之備；外連衡而鬬諸侯。於是秦人拱手而取西河(五)之外。

(一)始皇五世祖，名渠梁。(二)即今河南崤山及函谷關——殽通崤。(三)古九州之一，即今陝、甘二省。(四)即刑法家衞公子鞅，仕秦，封於商，因稱商君。(五)今陝西黃河，尙書禹貢稱雍州之西河。

孝公既沒，惠王、武王(六)，蒙故業，因遺冊。南兼漢中，西舉巴蜀，東割膏腴之地，北收要害之郡。諸侯恐懼，會盟而謀弱秦。不愛珍器、重寶、肥美之地，以致天下之士。合從，締交，相與爲一。當是時，齊有孟嘗，趙有平原，楚有春申，魏有信陵(一)：此四君者，皆明知而忠信，寬厚而愛人，尊賢，重士，約從，離橫，并韓魏齊楚燕趙宋衞中山(二)之衆。於是六國之士，有甯越(四)、徐尙(五)、蘇秦(六)、杜赫(七)之屬爲之謀；齊明(八)、周最(九)、陳軫(十)、召滑(十一)、樓緩(十二)、翟景(十三)、蘇厲(十四)、樂毅之徒通其意；吳起(十五)、孫臏(十六)、帶佗(十七)、兒良(十八)、王廖(十九)、田忌(二十)、廉頗，(二一)趙奢(二二)之倫制其兵。嘗以十倍之地，百萬之衆，叩關而攻秦。秦人開關延敵：九國之師，逡巡遁逃而不敢進。秦無亡矢遺鏃之費，而天下諸侯已困矣。於是從散，約解，爭割地而奉秦。秦有餘力而制其敝，追亡，逐北，伏尸百

高中國文　第二冊　上編　三

《高中国文》(1930)

1932年、1936年颁布的初、高中国文课程标准均强调，作为课文的精读教材应"含有振起民族精神，改进社会现状之意味者"①。1936年颁布的《初级中学国文课程标准》中课程目标的第二条为"使学生从代表民族人物之传记及其作品中，唤起民族意识并发扬民族精神"。② 显然，面对日本步步紧逼的现状，若要抵抗外族入侵，就须以御侮

① 课程教材研究所编《20世纪中国中小学课程标准·教学大纲汇编(语文卷)》，北京：人民教育出版社，2001年版第290、294页。

② 课程教材研究所编《20世纪中国中小学课程标准·教学大纲汇编(语文卷)》，北京：人民教育出版社，2001年版第296页。

奴于国门之外、使国力达到强盛极点的秦始皇为榜样来激励学生的斗志，所以《过秦论》重新被众多中学国文教科书选作课文，与这段时间思想教育的强化存在着一定的关联。如选入此文的沈颐编著的高级中学用《新中华国文》的编辑大意称其"选例"的第一条标准便是"适应时代需要"，而其第2册中的《过秦论》之后便是近人薛福成的文言政论《再论俄罗斯立国之势》，该文分析了"欧罗巴诸国之畏俄罗斯"的原因在于"知其虽败而不困也"，其针砭我国现实的旨意不言而喻。河北省省立北平高级中学编《国文读本》第3册下将《屈原贾生传》、《陈政事疏》、《过秦论（上）》放置在一起，并在其后附录《贾谊论》，显然是让学生"读其书"而"知其人"，以做到"知人论世"。薛无兢等注的《高中当代国文》的编辑大意，完整地抄录了高中国文课程标准关于课程目标及选文标准的规定，其第3册第32—37课分别是《谏起昌陵疏》、《论兵事书》、《过秦论》、《陈政事疏（节录）》、《李将军传》和《李广传》，这种以主题或题材组织课文的方式，暗示了阅读时应关注课文的思想内容。

宋文翰、张文治编的《新编高中国文》的编辑大意称："本书教材，务取思想积极，足以发扬民族精神；内容充实，足以矫正空虚浮靡之弊。"其第2册前8课分别为《过秦论》、《论贵粟疏》、《狱中上梁王书》、《七发（观涛）》、《长门赋》、《项羽本纪》、《屈原列传》和《太史公自叙》，均可归入思想积极之范畴，其目的自然是促使学生"发扬民族精神"。

不过，若要从三民主义之民权、民生主义的角度来看，秦始皇的愚民、劳民政策显然又是应该批判的。可能因为如此，邵伯棠著，会文堂新记书局1934年版的《言文对照评注高小论说文范》中的《秦始皇论》，就对秦始皇的对内政策提出了批评，我们看该文的白话文体：

秦始皇真是愚笨得很哩？江山是公共的东西啊，不好远永霸占他的。昏聩的始皇，竟想从一世两世传到千万世做皇帝啦。从前的夏、商、周三代，有圣德的君主，功劳德泽，普及到百姓，他的子孙，应该永远保住江山呢；那传世都不过几百年。何况始皇的功德，万万及不来三代么？但是始皇并不觉悟啊，推翻封建的制度，变成郡县制度；收天下的军器，铸成十二个金人。甚至于烧诗书，坑士子，他道是从今以后，愚民政策的实现了；我的天下，不但说一万世，便是万万世也保得住呢。那知道病根都种在一个不经意的事，难事都发生在一个不提防的地方。陈涉和吴广，不过一个极贱的戍卒啊。他揭了竿子起来，那秦始皇的社稷宗庙，早已变了一片焦土。照这样讲来，始皇还料不到二世，若是到千万世，越发不知道称帝称王的，有多少人呢。唉！秦始皇真愚笨得很哩，并且始皇喜欢长生，差遣许多方士，广觅不死的仙方灵药。我说他后来辒辌车里，才是始皇长生的时候啦。这个何止万世呢！所以世间尽有说始皇是聪明的，我却不敢信他。

要旨：“愚人者适以自愚。”原文说秦始皇的愚，注重在“愚民之策行”一语。

课外的良友：这一个论调，并不是翻新的。照我看来，始皇的愚民政策，也叫骑虎之势。因为要把天下当作自己的家私，不是“天下皆愚而我独智”，那就不行了。假如始皇真个开通民智，难道就没有造反作乱么？原文的妙处：好在吞吞吐吐，不下一句断语，是最狡猾的手笔。

（二）读写文体

新标准时期，为了纠正新学制时期教科书课文多为纯文学作品的倾向，而加强议论文的阅读要求。如1936年颁布的《初级中学国文课程标准》就明确规定精读教材中议论文三年所占的百分比分别为10%、15%、15%。高中虽然没有明确教科书中议论文所占的比例，但以此类推，其在课文中所占比例必然不小。更何况，一般的大学入学考试所命多是议论文作文题目。

國文 第五册 四〇

作者 蘇洵，字明允，宋眉山人，與子軾、轍，俱以文名，世稱三蘇。著有嘉祐集，權書，衡論等。——嘉祐集

注解 ㊀〔嬴〕秦姓。㊁燕見秦滅韓趙，兵臨易水，禍且至，太子丹陰使荆軻襲刺秦王政，不中。秦王怒，使將軍王翦擊燕，拔薊。後四年，卒滅燕。㊂〔李牧〕初爲趙邊將，嘗大破匈奴兵，後封大將軍，數敗秦軍。秦賂趙王寵臣郭開行反間，趙王使趙葱代李牧。李牧不受命，趙王使人斬之。秦將因急擊趙，殺趙葱，虜趙王遷，遂滅趙。

暗示 這篇和前篇同是對於一個特殊事件發議論，但前篇是一件未來事的預測，這篇是一件已成事的原因的推求。

八 過秦論上 賈誼

秦孝公㊀據殽函㊁之固，擁雍州㊂之地，君臣固守以窺周室，有席卷天下，包舉宇內，囊括四海之意，并吞八荒之心。當是時，商君㊃佐之，內立法度，務耕織，修守

《复兴初级中学教科书国文》(1934)

徐公美等编的新学制中学国文教科书《高中国文》的编辑大意称：“说理文：初中不连选教篇，常与记叙文取联络；高中每一集团大都以一个问题为联络之核心；在高中三年级更侧重学术思想。”《过秦论》被收入其供高三使用的第6册中，和刘孝标的《广绝交论》、鲍照的《芜城赋》、谢庄的《月赋》一同归属于第9组，这显然是让学生从选文中揣摩论体和赋体之间的异同及各自的写法。在傅东华编著的《复兴初级中学教科书国文》第5册中，该课之后的“暗示”称：“也就已成的事实论其原因，全篇叙述都为最后一句议论而作。”可见，选择该文不仅是希望能以此为凭借进行思想教育，还希望能以此为示范传授议论文的写法。选入此文的宋文翰、张文治编的《新编高中国文》的编辑大意称：本书选材“体制完备，文辞明达，堪为写作之模

范，并有助于创造国语新文学者”。可见，该书也是将《过秦论》作为学生学习议论文写作的范文。

（三）读写语体

新标准时期，文言文的地位得以恢复，这不仅是因为文言难以从社会上的读写中陡然去除，更因为文言本身就是中华民族传统文化的一个载体和象征，而如果要传承民族文化必然起码要会阅读文言。如1932年颁布的初、高中国文课程标准中课程目标的第一条均将语言文字与民族文化、精神等联系在一起：“使学生从本国语言文字上，了解固有的文化，以培养其民族精神。”“使学生能应用本国语言文字，深切了解固有的文化，以期达到民族振兴之目的。”[①] 尤其是1932年颁布的《高级中学国文课程标准》加强了高中文言读写能力的要求，如其课程目标的第二、三条分别为“除继续使学生能自由运用语体文外，并养成其用文言文叙事说理表情达意之技能”和“培养学生读解古书，欣赏中国文学名著之能力”[②]。所以，新标准时期，课程名称又被恢复为“国文”，高中国文教科书的课文又以文言为主，甚至完全是文言文，如沈颐编著的高级中学用《新中华国文》的编辑大意称：“专选文言文——语体文初本并选，且曾试行编制，颇感庞杂疏略之弊，故卒删去，程度现至高中，语体文本可自读专著；如教授时需要确切，可另印单篇补充。”而且，这些文言选文多按照文学史顺序来编排，作为西汉政论名篇的《过秦论》自然应选入高中国文教科书，这样就不难理解为什么新学制时期收入此文的7套国文教科书，除《复兴初级中学教科书国文》外，均在高中学段了。如朱剑芒编《高中国文》的编辑大意称：高中三册按文章体制、文学史和文学概论的体例来编写，其中第2册文学史中的选文分律文和散文两种，“断自汉代以迄清末，凡于时代或派别上足称代表的作家，各选其一二作品”。该册中古散文知识短文称西汉“其足称一时代的代表者，惟政论家贾谊、晁错，与史学家司马迁三人而已；其中以司马迁尤为伟大”。所以该教材分别选了贾谊的《过秦论》、晁错的《论募民徙塞下疏》和司马迁的《滑稽列传》、《报任少卿书》作为西汉散文的代表。又如宋文翰、张文治编的《新编高中国文》的编辑大意称：“本书选材，遵照部颁修正课程标准所定之原则，顺文学史发展之次第，由古代以至现代，选取各时代中主要作家之代表作品，使学生对于文学史源流及其发展得一有系统

① 课程教材研究所编《20世纪中国中小学课程标准·教学大纲汇编（语文卷）》，北京：人民教育出版社2001年版，第289、293页。

② 课程教材研究所编《20世纪中国中小学课程标准·教学大纲汇编（语文卷）》，北京：人民教育出版社2001年版，第293页。

之概念。”所以全书6册所收作品的时代分别为秦以前、汉至隋、唐五代、宋金、元明、清及现代。《过秦论》便为其第2册第1课。

四、抗战、内战时期(1937.7—1949)

1937年7月7日，日本全面侵华开始，抗日战争全面爆发。中华民族处在生死存亡的关头，国文教育也由此进入“非常时期”，其思想教育、读写文体及语体也与此前发生了很大的变化。在这种形势下，《过秦论》的接受进入了另一番面貌。

(一) 思想教育

为了抵抗日本在军事和文化上的侵略，1938年5月，国民政府教育部制定了《小学特种教育纲要》和《国立中学课程纲要》。前者规定：“在国语、音乐、社会等科目中应注重阐明关于唤起民族意识之教材”[①]。后者规定[②]：

依据中华民国教育宗旨及其实施方针，以实施三民主义教育为训育之最高原则，以实践新生活为其入手方法……国文应酌选发挥民族意识民族道德之文字及历史上成仁取义之模范人格之传记为教材，历史地理须注重本国部份(分)，外国史地可酌量减少。历史教学须于本国历史上过去之光荣、抗战民族英雄及甲午战争以来日本侵略中国之史实等项，特别注重。地理须注意历代疆域之沿革，总理实业计划，现时国防形势与各战区地域之认识。对于学校所在地及学生家乡之乡土情形，亦应比照研究。

1

高中國文 第二冊

一 過秦論 賈誼

秦孝公據殽函(一)之固 擁雍州(二)之地 君臣固守 而窺周室 有席卷天下 包舉宇內 囊括四海之志 并吞八荒(三)之心。當是時 商君佐之 內立法度 務耕織 修守戰之備 外連衡(四)而鬬諸侯。於是秦人拱手而取西河(五)之外

孝公既沒，惠王 武王(六) 蒙故業 因遺策 南兼漢中 西舉巴蜀(七)，東割膏腴之地，收要害之郡 諸侯恐懼 會盟而謀弱秦 不愛珍器 重寶 肥美之地 以致天下之士 合從締交 相與爲一 當是時 齊有孟嘗 趙有平原 楚有春申 魏有信陵(八)——此四君者 皆明知而忠

過秦論

《高中国文》(1938)

1940年颁布的《修正初级中学国文课程标准》和《修正高级中学国文课程标准》在课程目标

① 《小学特种教育纲要》，《教育通讯》，1938年5月21日第九期第14页。

② 《国立中学课程纲要》，《教育通讯》，1938年5月10日第八期第11、12—13页。

中都强调民族主义的灌输，如前者规定："使学生从本国语言文字上，了解固有文化，并从代表民族人物之传记及其作品中，唤起民族意识与发扬民族精神。"①

无疑，秦统一六国属于"本国历史上过去之光荣"，秦始皇可归入"代表民族人物"的行列。正因为如此，1941年颁布的《小学国语科课程标准》在"初级各学年教材范围"之"关于民族国家的"中规定，第3学年要有"有关黄帝、大禹、孔子、秦始皇等的故事的"；"高级各学年教材范围"之"关于历史的"中规定，第5学年要有"有关尧舜禅让、夏禹治水、汤武革命和周公、孔子、勾践、秦始皇、汉高帝、汉武帝、张骞、班超、诸葛亮、谢安、魏孝文帝、隋炀帝、唐太宗、王安石、岳飞、文天祥、元太祖、明太祖、郑和、戚继光、史可法、郑成功等名人传记和历史故事的"②。两个学段的教材，均要求收录有关"秦始皇"的故事，这大概因为如毛泽东在1936年创作的《沁园春·雪》中所说的，虽"秦皇汉武，略输文采"有些可"惜"，但其所建立的武功还是可赞的。1943年7月，教育部教科用书编辑委员会编辑、国定中小学教科书七家联合供应处出版发行的国定教科书《初级小学国语·常识课本》初版，其第6册第21课常识是《巨大工程的长城》，国文是《登万里长城》。前者所介绍的"建筑的概况"为"战国时候，已分段筑有边墙。秦始皇把边墙连接成长城。每公里设一堡和一烽火台。险要地方并设堡塞二三重。从河北山海关起，到甘肃嘉峪关止，全长二千三百公里"。此处对长城的介绍和此前不同的是更多从军事角度而仅非战略功用。后者全文如下：

有一次，我和爸爸去游万里长城。

我们从北平出发，乘平绥路的火车到八达岭。

爬上长城一看，只见到处是山。城墙沿着山头，曲曲折折，像一条长蛇。不知头尾都在哪里。

爸爸对我说："你看！这工程多么伟大！从前没有飞机大炮的时候，长城在国防上的功用，确实不小呢！"

忽然从远处传来一阵悲壮的歌声，唱着：

万里长城万里长，长城外面是故乡。高粱肥，大豆香，金银煤铁遍地藏。自从大难平地起，倭奴到处逞疯狂。大家拼命打回去，杀尽倭奴回故乡。

爸爸说："这大约是东北学生唱的《长城谣》，由他们唱出来，特别动人。"

---

① 课程教材研究所编《20世纪中国中小学课程标准·教学大纲汇编（语文卷）》，北京：人民教育出版社2001年版，第304页。

② 课程教材研究所编《20世纪中国中小学课程标准·教学大纲汇编（语文卷）》，北京：人民教育出版社2001年版，第44、47页。

提到伟大的长城，必然让人联想到同样伟大的秦始皇。如教育总署编审会编《初小国语教科书》(编者自刊，1940年8月初版) 的第7册第6课《长城》结尾所写的，“今日进化非昔比，科学万能放光芒。二千年前大建筑，但为民族显力量”，虽然长城在现代已无法在军事上起到御敌的作用，但具有很强的象征意义，对处于亡国灭种关头的国民有着无穷的激励作用。古代秦始皇修筑万里长城抵御匈奴入侵，今天唱着《长城谣》的中国军民必然会在心中筑起一道钢铁长城抗击日寇的侵略。

1937年全面抗战爆发前，国民政府准备实行教科书国定制，即由政府编写教科书让民间翻印；抗战爆发后，因物价飞涨、纸张匮缺，民间出版机构也就不再新编而是重印过去的教科书。所以，虽然在此期间《过秦论》目前只发现在中学教科书中出现一次，而且教育总署编审会于1938年8月初版、1941年5月修正出版的《高中国文》是购买1937年2月宋文翰、张文治编的《新编高中国文》的版权而更名出版的，但是该书被教育总署编审会选做国定教科书，而且其中的《过秦论》等没有被替换，最起码在官方看来该书正如其编辑大意所称的，“本书教材，务取思想积极，足以振发民族精神，矫正虚浮者为主”。

（二）读写文体

1940年颁布的《修正初级中学国文课程标准》“附注”标明：“第一学年以记叙文为中心，第二学年以说明文为中心，第三学年以说明文、议论文为主。”并对第一至三学年中各种文体所占比例作了明确的规定：记叙文 (包括描写文) 所占的比例分别为70%、20%和20%，说明文所占的比例分别为20%、60%和30%，抒情文 (包含韵文) 所占的比例分别为10%、10%和20%，议论文所占的比例分别为0、10%和30%[①]。《修正高级中学国文课程标准》规定，“第一学年以记叙文为中心……第二学年以说明文为中心……第三学年以议论文为中心”，第一至三学年各种文体所占的比例如次：记叙文所占的比例分别为60%、10%和20%，说明文所占的比例分别为15%、60%和20%，抒情文所占的比例分别为10%、10%和20%，议论文所占的比例分别为15%、20%和40%[②]。所以从以读促写的角度来说，教科书也应该选入《过秦论》这篇政论。

（三）读写语体

1940年，关于中学生国文程度是否低落的争论再起。《国文月刊》、《国文杂

① 课程教材研究所编《20世纪中国中小学课程标准·教学大纲汇编 (语文卷)》，北京：人民教育出版社2001年版，第305页。

② 课程教材研究所编《20世纪中国中小学课程标准·教学大纲汇编 (语文卷)》，北京：人民教育出版社2001年版，第310页。

志》等发表了大量的讨论文章。人们说学生的国文程度低落实际上是指其文言写作水平低下。当时,主张文言写作也应训练者不少。如浦江清认为,文言文和“语体文”都应该学习,而且认为若要做到二者不相互掣肘就需要“把中学国文从混合的课程变成分析的课程;把现代语教育,和古文学教育分开来,成为两种课程(名称待后讨论),由两类教师分头担任。这样可以使教师发挥特长,教本的内容纯粹,作文的训练一贯而有秩序,而且有分别练习语体文文言文两种作文的机会”[①]。尤其是我们在上文说过,文言本身就是传承传统文化的载体和象征。在抗战期间,学习文言本身就是在保存传统文化。所以,文言文的读写比此前更受重视。这样一来,也就可将《过秦论》选作议论文读写的模范了。

过 秦 论

贾 谊

上 篇

秦孝公据殽函之固,拥雍州之地,君臣固守,以窥周室,有席卷天下,包举宇内,囊括四海之意,并吞八荒之心。当是时也,商君佐之,内立法度,务耕织,修守战之具;外连衡而斗诸侯。于是秦人拱手而取西河之外。

孝公既没,惠文、武、昭,蒙故业,因遗策,南取汉中,西举巴、蜀,东割膏腴之地,收要害之郡。诸侯恐惧,会盟而谋弱秦,不爱珍器重宝肥饶之地,以致天下之士,合从缔交,相与为一。当此之时,齐有孟尝,赵有平原,楚有春申,魏有信陵。此四君者,皆明智而忠信,宽厚而爱人,尊贤而重士,约从离衡,兼韩、魏、燕、赵、宋、卫、中山之众。于是六国之士,有宁越、徐尚、苏秦、杜赫之属为之谋,齐明、周最、陈轸、召滑、楼缓、翟景、苏厉、乐毅之徒通其意,吴起、孙膑、带佗、儿(倪)良、王廖、田忌、廉颇、赵奢之伦制其兵。尝以十倍之地,百万之众,叩关而攻秦。秦人开关而延敌,九国之师,遁逃而不敢进。秦无亡矢遗镞之费,而天下诸侯已困矣。于是从散约解,

① 浦江清《论中学国文》,《国文月刊》,1940年第三期第10页。

争割地而赂秦。秦有余力而制其弊，追亡逐北，伏尸百万，血流漂橹。因利乘便，宰割天下，分裂河山。彊国请伏，弱国入朝。施及孝文王、庄襄王，享国之日浅，国家无事。

及至始皇，奋六世之余烈，振长策而御宇内，吞二周而亡诸侯，履至尊而制六合，执敲扑以鞭笞天下，威振四海。南取百越之地，以为桂林、象郡；百越之君，俛首系颈，委命下吏。乃使蒙恬北筑长城，而守藩篱，却匈奴七百余里。胡人不敢南下而牧马，士不敢弯弓而报怨。于是废先王之道，燔百家之言，以愚黔首；隳名城，杀豪俊，收天下之兵，聚之咸阳，销锋鍉（镝），铸以为金人十二，以弱天下之民。然后践华为城，因河为池，据亿丈之城，临不测之谿以为固。良将劲弩，守要害之处，信臣精卒，陈利兵而谁何。天下已定，始皇之心，自以为关中之固，金城千里，子孙帝王万世之业。

始皇既没，余威震于殊俗。然而陈涉瓮牖绳枢之子，甿隶之人，而迁徙之徒也；材能不及中庸，非有仲尼、墨翟之贤，陶朱、猗顿之富；蹑足行伍之间，俛起阡陌之中，率罢散之卒，将数百之众，转而攻秦，斩木为兵，揭竿为旗，天下云集而响应，赢粮而景从。山东豪俊，遂并起而亡秦族矣。

且夫天下非小弱也，雍州之地，殽函之固，自若也。陈涉之位，非尊于齐、楚、燕、赵、韩、魏、宋、卫、中山之君也；锄耰棘矜，非铦于钩戟长铩也；谪戍之众，非抗于九国之师也；深谋远虑，行军用兵之道，非及曩时之士也。然而成败异变，功业相反。试使山东之国，与陈涉度长絜大，比权量力，则不可同年而语矣。然秦以区区之地，致万乘之权，招八州而朝同列，百有余年矣。然后以六合为家，殽函为宫。一夫作难而七庙隳，身死人手，为天下笑者，何也？仁义不施而攻守之势异也。

中　篇

秦并海内兼诸侯，南面称帝，以养四海。天下之士，斐然乡风。若是者，何也？曰：近古之无王者久矣。周室卑微，五霸既灭，令不行于天下。是以诸侯力政，彊侵弱，众暴寡，兵革不休，士民罢敝。今秦南面而王天下，是上有天子也。既元元之民，冀得安其性命，莫不虚心而仰上。当此之时，守威定功，安危之本，在于此矣。

秦王怀贪鄙之心，行自奋之智，不信功臣，不亲士民，废王道，立私权，禁文书而酷刑法，先诈力而后仁义，以暴虐为天下始。夫并兼者高诈力，安定者贵顺权，此言取与守不同术也。秦离战国而王天下，其道不易，其政不改，是其所以取之守之者异也。孤独而有之，故其亡可立而待。借使秦王计上世之事，并殷、周之迹，以制御其政，后虽有淫骄之主，而未有倾危之患也。故三王之建天下，名号显美，功业长久。

今秦二世立，天下莫不引领而观其政。夫寒者利裋褐，而饥者甘糟糠。天下之嗷嗷，新主之资也。此言劳民之易为仁也。乡使二世有庸主之行，而任忠贤，臣主一心而忧海内之患，缟素而正先帝之过；裂地分民，以封功臣之后，建国立君，以礼天下；虚囹圄而免刑戮，除去收帑污秽之罪，使各反其乡里；发仓廪，散财币，以振孤独穷困之士；轻赋少事，以佐百姓之急；约法省刑，以持其后，使天下之人，皆得自新，更节修行，各慎其身；塞万民之望，而以威德与天下，天下集矣。即四海之内，皆讙然各自安乐其处，惟恐有变。虽有狡猾之民，无离上之心，则不轨之臣，无以饰其智，而暴乱之奸止矣。

二世不行此术，而重之以无道：坏宗庙与民，更始作阿房宫；繁刑严诛，吏治刻深；赏罚不当，赋敛无度。天下多事，吏弗能纪；百姓困穷而主弗收邺。然后奸伪并起，而上下相遁；蒙罪者众，刑戮相望于道，而天下苦之。自君卿以下至于众庶，人怀自危之心，亲处穷苦之实，咸不安其位，故易动也。是以陈涉不用汤、武之贤，不藉公侯之尊，奋臂于大泽，而天下响应者，其民危也。

故先王见终始之变，知存亡之机。是以牧民之道，务在安之而已。天下虽有逆行之臣，必无响应之助矣。故曰“安民可与行义，而危民易与为非”，此之谓也。贵为天子，富有天下，身不免于戮杀者，正倾非也。是二世之过也。

下　篇

秦并兼诸侯，山东三十余郡，缮津关，据险塞，修甲兵而守之。然陈涉以戍卒散乱之众数百，奋臂大呼，不用弓戟之兵，鉏櫌白梃，望屋而食，横行天下。秦人阻险不守，关梁不阖，长戟不刺，彊弩不射。楚师深入，战于鸿门，曾无藩篱之艰。于是山东大扰，诸侯并起，豪杰相立。秦使章邯将而东征，章邯因以三军之众，要市于外，以谋其上。群臣之不信，可见于此矣。

子婴立，遂不寤。藉使子婴有庸主之才，仅得中佐，山东虽乱，秦之地可全而有，宗庙之祀未当绝也。秦地被山带河以为固，四塞之国也。自缪公以来至于秦王，二十余君，常为诸侯雄。岂世世贤哉？其势居然也。且天下尝同心并力而攻秦矣。当此之世，贤智并列，良将行其师，贤相通其谋。然困于阻险而不能进。秦乃延入战，而为之开关。百万之徒，逃北而遂坏，岂勇力智慧不足哉？形不利，势不便也。秦小邑并大城，守险塞而军，高垒毋战，闭关据阨，荷戟而守之。诸侯起于匹夫，以利合，非有素王之行也。其交未亲，其下未附，名为亡秦，其实利之也。彼见秦阻之难犯也，必退师安土息民以待其敝，收弱扶罢，以令大国之君，不患不得意于海内。贵为天子，富有天下，而身为禽者，其救败非也。

秦王足己不问，遂过而不变。二世受之，因而不改，暴虐以重祸。子婴孤立无亲，危弱无辅。三主惑而终身不悟，亡不亦宜乎？当此时也，世非无深虑知化之士也，然所以不敢尽忠拂过者，秦俗多忌讳之禁，忠言未卒于口，而身为戮没矣。故使天下之士，倾耳而听，重足而立，钳口而不言。是以三主失道，忠臣不敢谏，知士不敢谋。天下已乱，奸不上闻，岂不哀哉！先王知壅蔽之伤国也，故置公卿、大夫、士，以饰法设刑而天下治。其彊也，禁暴诛乱而天下服；其弱也，五伯征而诸侯从；其削也，内守外附而社稷存。故秦之盛也，繁法严刑而天下震；及其衰也，百姓怨望而海内畔矣。故周王序得其道，而千余岁不绝；秦本末并失，故不长久。由此观之，安危之统，相去远矣。

野谚曰："前事之不忘，后事之师也。"是以君子为国，观之上古，验之当世，参以人事，察盛衰之理，审权势之宜，去就有序，变化有时，故旷日长久，而社稷安矣。

——选自《中学国文教科书》1914年版第4册。

结 语

选文接受史研究的视角

教科书中选文接受史的研究，大致可以选择作品、作家、主题、体裁等四个视角。

(一) 作品接受的研究

就作品来说，值得研究的，还有《乌鸦喝水》、《抬驴》、《铁达利号遇险》、《爱的教育》、《口技》、《核舟记》、《五人墓碑记》、《左忠毅公逸事》、《大铁椎传》及除《红楼梦》之外的其他三大名著（尤其是其他三大名著在中小学国文、国语教科书中出现的频率远高于《红楼梦》和《老残游记》），等等。

特别是《爱的教育》这篇教育小说在中小学的接受历程，非常值得研究。教育小说这种特殊的文体兼有文学审美和思想教化双重功能，所以清末创办的《教育杂志》及民初出版的《中华教育界》就刊发过大量翻译或创作的教育小说。意大利作家亚米契斯的《爱的教育》最早的中译应该是1909年包天笑从日译本转译改编而成的《馨儿就学记》。因为是改译，所以在1909年《教育杂志》创刊号上开始连载时，在题上标明“教育小说”，在作者“天笑生”下注明“本社撰稿”，这就给人造成是小说系创作而非翻译的错觉。其实翻译者包天笑在《钏影楼回忆录》(大华出版社，1971年版）中回忆早年翻译教育小说的经过时提到了《馨儿就学记》，他说：“再说《馨儿就学记》。写此书时，却有一重悲痛的故事，原来我最先生育的一个男孩子，他的名字是唤作可馨，这孩子生得俊美而聪明，又因我们前此有几个孩子不育，我夫妇颇钟爱之，因此我写这小说时，便用了《馨儿就学记》的书名，不想写未及半，馨儿还未满三岁，又殇亡了。(关于馨儿殇亡的事，后再拟提及。）后来夏丏尊先生所译的《爱的教育》一书，实与我同出一源。不过我是从日文本转译得来的，日本人当时翻译欧美小说，他们把书中的人名，习俗、文物、起居一切改成日本化。我又一切都改变为中国化。此书本为日记体，而我又改为我中国的夏历，（出版在辛亥革命以前）有数节，全是我的创作，写到我的家事了。如有一节写清明时节的《扫墓》，全以我家为蓝本，今试摘录一小段于下……这都与《爱的教育》原书原文无关的，类此者尚有好多节，无需赘述了。当时尚不用语体文，那也是时代背景使然。以现在一般人的目光，那种文言，已成过去了。”[①]《馨儿就学记》的译文是文言，编者在译者志中以一成人悔恨过往的口吻说道："甚望世之少年勿轻掷此好光阴”[②]，明显带有教化的意味。既然在著名的《教育杂志》上刊出，那么肯定有不少老师阅读过，接着可能在课间宣讲给学生听，也可能会推荐学生阅读。又因为“一、那书的初版是在庚戌年，即辛亥革命的前一年，我全国的小学正大为发展。二、那时的商务印书馆，又正在那时候向各省、各大都市设立分馆，销行他们出版的教课（科）书，最注重的又是国文。三、此书情文并茂，而又是讲的中国事，提倡旧道德，最合十一二岁知识初开一般学生的口味。后来有好多高小学校，均以此书为学生毕业时奖品，那一送每次就是成百本，那时定价每册只售三角五分……”所以其单行本与译者翻译的另外两本教育小说《苦儿流浪记》及《弃石埋儿记》相比销售量要大得多，甚至1937年迁至长沙设总管理处的商务印书馆还在重印此书，“除商务出版以外，各地方翻印的也不少呢”，“所以此书到绝版止，当可有数十万册”。民初商务印书馆出版的高小《共和国教科书新国文》，将《馨儿就学记》中《扫墓》一节选作课文，正如包天笑在20世纪70年代回忆该书时所说的，“现今年已五六十岁的朋友，凡读过商务高小国文教课（科）书的，犹留有印象咧”[③]。

1924年，《爱的教育》又被夏丏尊用白话翻译成中文在《东方杂志》上连载。1929年，孟德格查的《续爱的教育》又被夏丏尊翻译并在《教育杂志》上连载。二书后来均由开明书店出版了单行本[④]。夏丏尊最初读到《爱的教育》时不禁流泪，甚至是流着泪翻译完的，可见该书的感人之处，读者解释其中的原因是“儿童读这

① 包天笑《钏影楼回忆录》，香港：大华出版社出版1979年版，第386—387页。

② 天笑生《馨儿就学记》，《教育杂志》，1909年第一卷第一期第1页。从第一卷第一期连载至第七期。

③ 包天笑《钏影楼回忆录》，香港：大华出版社1979年版，第387—388、392页。

④ 1931年第十一期《中学生》所登《续爱的教育》的广告称：亚米契斯《爱的教育》（考莱）为全世界儿童的爱读书，书中的少年主人公安利·柯，因此也就成了大家的熟人。安利·柯入中学校后，更受到何种的教育呢？这大约是读者们关心着的问题吧。欲知安利·柯的消息，请读《续爱的教育》，它会把中学时代安利·柯的情形告诉你。原著者孟德格查为亚米契斯的畏友。斯书在意大利，曾给与许多青年以大刺激。凡读过《爱的教育》的诸君，应该续读斯书。

本书，会觉得自己和书里面那些孩子原来是熟朋友。大人读这本书，会觉得自己又回到了儿童的时代。全书充满着一种纯真的感情，很自然的使读者得到最深的感动”[①]，“《爱的教育》里所记过的故事，都是孩子们自己的事，也就是每一个孩子自己经验范围以里的事，所以孩子们读起来，都觉得很亲切，不会有一点生疏之感。本书在我国所以能这样普遍流行，这也是个重要原因”[②]。不少被感动过人，回忆初读时的情景时仍然很激动，如称：“我记得：我对于中间一段《少年笔耕》的故事，发生了绝大兴趣。一读再读，读得兴奋，读得出神，读得掬了不止一次的同情泪。”[③] 费孝通认为该书是自己最喜欢的书时说：“这书里所流露的人性，原来本是我早年身受的日常经验。何怪我一翻开这书，一字一行，语语乡音，这样熟悉。我又怎能不偏爱这本读物？”[④]《爱的教育》被译成中文后，其部分章节如《少年爱国者》、《少年侦探》和《少年笔耕》等也被众多中小学国语、国文教科书收做课文，其单行本在多种课外阅读调查中位列受欢迎的作品前列。译者夏丏尊在1930年回答别人关于《爱的教育》与《续爱的教育》的销路如何的提问时得意地笑道：“当然是很好的，哈哈，我现在就靠这两本书的版税吃饭。人家吃蛋炒饭，或加利鸡饭，我却吃《爱的教育》与《续爱的教育》的饭。哈哈！”[⑤] 如1931年有人说：“开明出版的《爱的教育》一书，四年级以上儿童差不多把它当着圣经，人手一编了。”[⑥] 1940年，龚启昌进行的一项中学生课外阅读调查后发现，“《爱的教育》这一册含有教育意味的小说，自初一至高三止都很占势力，在初一占到第一位，初二占第二位，初三占第三位；在高一占第三位，高二高三都占到第四位”。接着他说：“这不可以不说是一册最普遍的读物了，这一类富有情感的教育小说，都能这样引起各级学生普遍的爱好，这是很值得我们注意的。”初一女生爱读的37人，占女生总人数70%以上，男生爱读的62人，占男生总人数37%，可见，女生较男生尤为爱读。[⑦] 1946年，费孝通在回忆早年接受教育的经历时说：“每逢有朋友问起我最喜欢的书时，我总是毫不犹豫的回答是《爱的教育》。有时我也自觉可怪，为什么这本书对我会这样亲切？”[⑧] 1947年，有人在谈问题儿童教育时说：“小的时候，我首

① 小俞《夏丏尊先生与〈爱的教育〉》，《开明少年》，1946年第十一期第4页。
② 傅彬然《夏丏尊先生与〈爱的教育〉》，《文艺春秋》，1946年第二卷第六期第25页。
③ 赵志华《爱的教育》，《中建》，1947年第一卷第二十一期第8页。
④ 费孝通《〈爱的教育〉之重沐》，《上海文化》，1946年第十期第28页。
⑤ 贺玉波《夏丏尊访问记》，《读书月刊》，1931年第二卷第三期第219页。
⑥ 曹刍《如何使用小学国语教科书和补充读物》，《中华教育界》，1931年第十九卷第四期第118页。
⑦ 龚启昌《中学生的阅读兴趣》，《教育通讯》，1940年11月30日第三卷第四十六期第7、9页。
⑧ 费孝通《〈爱的教育〉之重沐》，《上海文化》，1946年第十期第28页。

次看的长篇小说便是爱的教育这一本日记式的著作；它给我良好的印象一直保持到现今还没有磨灭，甚至时常引起我的深省。”[①] 1948年，一位老师在其所任教的高中调查，结果显示《爱的教育》是高一学生爱读的书目，列第五位。[②] 1949年，有人称从六岁入小学到当时至少读了500余本书，但最爱读的还是《续爱的教育》一书，在他看来，“一本最令人爱读的书，至少要有这几项特点：第一，它的内容可以给人有用的知识，第二，它的文章要流利生动”，从这两个标准出发，“孟德格查所著的《续爱的教育》，是再适当不过了”[③]。

教师也推荐学生阅读此书，如1944年庞翔勋在《我的中学读文教学经验》中就提到自己1935年在广东清远教学时向学生推荐过此书：“在课外，他们一向没有听到过阅读参考书，更谈不到杂志，于是我便为他们开了一个书目，还特地替他们跑广州去买了一大批书，其中如《寄小读者》、《爱的教育》、《文心》等买的人尤多，《中学生》也订了好几份，这一工作在当时颇起了些启蒙作用。”[④] 1936年，一位教师所拟的初高中阅读书目中初一为《爱的教育》、《馨儿就学记》，初二为《寄小读者》、《萍踪寄语》、《续爱的教育》、《俘虏》。[⑤] 甚至有学校将单行本做课内精读教材使用，如1946年有人在《爱的教育》一文中回忆道：“我记得：还在我小学级六年读书的时候，先生要我们读亚米契斯的《爱的教育》。不是课外读物，而是必修读本；不但要细看，并且要熟读——熟读得能够背诵。”[⑥] 这本书确实也给中小学生以很大的影响，如夏丏尊去世之后，有人在悼念文章中说：“像我们这一辈三十岁上下的人，几乎都受过夏先生著译熏陶的影响。二十年前，我在乡间的一个高级小学念书，每天上国文课，只是背些《大铁椎传》、《卖柑者言》之类的文章，后来看到夏先生译的《爱的教育》和他编的《中学生》，这才使我扩大了眼界，渐渐地对于新的思潮发生了兴趣。我想不但是我个人，恐怕有许多中年朋友，都有这么的一段经历吧。”[⑦] 如果说一提到《背影》，必然让人想起朱自清的话，那么一提起《爱的教育》，必然会将其与夏丏尊联系在一起，就像1946年有人在《夏丏尊先生与〈爱的教育〉》中称：“我国的少年们，大概多读过《爱的教育》，都熟

① 徐文玉《爱的教育与顽劣儿童》，《南大教育》，1947年第一期第58页。
② 张存拙《中学国文教材的改进和社会本位文化》，《国文月刊》，1948年第七十四期第4页。
③ 丁讯《我最爱读的一本书——〈续爱的教育〉》，《中学生》，1949年第二一三期第30页。
④ 庞翔勋《我的中学读文教学经验》，《国文月刊》，1944年第二十五期第23页。
⑤ 赵思伯、洪北平等《江苏省中学师范各科教学研究委员会国文组报告》，《江苏教育》，1936年第五卷第七期第69页。
⑥ 赵志华《爱的教育》，《中建》，1947年第一卷第二十一期第8页。
⑦ 艾纳《悼夏先生》，《消息半周刊》，1946年年第七期第103页。

悉介绍这部书到我国来的夏丏尊先生的名字吧。”[①] 同年，另有人在同题的文章中称：《爱的教育》在“这二十几年中，已经印过三十多版，感动了无数的儿童，父母，和教师”，“夏先生在中国的教育界播下了‘爱’的种子”[②]。此言不虚，因为《爱的教育》而使《爱的教育》也成为像《最后一课》一样的经典了，如1936年称：“现代父母因鉴于过去家庭教育的失败，遂渐渐采取‘爱的教育’的途径。”[③] 1946年，费孝通在重温25年前求学时几个小朋友畅想未来时的情景时说：“总好像又重温了一课《爱的教育》。”[④] 1947年有人称：“《爱的教育》由已往到现在都被教育家们拥戴着，登在崇高的宝座；他们承认若教育的施行上没有了‘爱’在其中，必定会失败的。”[⑤]

（二）作家接受的研究

就作家来说，新文学作家的作品在中小学的接受也很值得研究。鲁迅、周作人、胡适、叶圣陶、朱自清、巴金、冰心、陈衡哲、苏雪林等人的作品在中小学教科书中出现的频率很高，而且也是学生课外常读的书目。

目前，已有人研究鲁迅、周作人等在中小学语文教育中的接受情况，但多数研究者并不清楚二人作品在教科书中的收录情况，更不清楚在20世纪前期的教科书中周作人的著译作品远超于其兄鲁迅的，虽然在1923年颁布的、叶绍钧起草的《新学制课程标准纲要初级中学国语课程纲要》的“毕业最低限度标准”之“略读书目举例”之13种小说中就有4种是周氏兄弟的“点滴。（周作人）欧美小说译丛。（周作人）域外小说集。（周作人）……小说集。（尚未出版）（鲁迅）”，甚至鲁迅尚未出版的小说集《呐喊》也列入课程[⑥]；虽然初级中学用《新学制国语教科书》等新学制时期的中小学国语、国文教科书选入了大量周氏兄弟著译的作品；虽然20世纪30年代初穆木天称：“‘五四’以来，中国的语言是相当地科学化了。如周作人，鲁迅，徐志摩，郭沫若，胡适等等的‘五四’以来的作家，文气是已相当地科学化了。我们的国文教师是应使学生从我们的‘五四’以来的巨匠去开始学习”[⑦]，但是，周氏兄弟的一些作品如鲁迅的《秋夜》和周作人的《喝茶》在收入

---

① 傅彬然《夏丏尊先生与〈爱的教育〉》，《文艺春秋》，1946年第二卷第六期第24页。
② 小俞《夏丏尊先生与〈爱的教育〉》，《开明少年》，1946年第十一期第4、5页。
③ 冯瓒璋《现代的父母教育——爱的教育》，《公教学校》，1936年第二卷第三十期第33页。
④ 费孝通《〈爱的教育〉之重沐》，《上海文化》，1946年第十期第28页。
⑤ 徐文玉《爱的教育与顽劣儿童》，《南大教育》，1947年第一期第59页。
⑥ 课程教材研究所编《20世纪中国中小学课程标准·教学大纲汇编（语文卷）》，北京：人民教育出版社2001年版，第276页。
⑦ 穆木天《从文言文之复活谈到国文教学问题》，《社会月刊》，1934年第一卷第三期第43页。

教科书后就被论者微辞，认为学生难懂而不应选入，也就是说，“怕周树人”的心理并非始自当下，如1933年夏丏尊、叶圣陶著的《文心》中就将鲁迅的《秋夜》作为难懂的现代人的文章的代表来分析的，其中写到一中学生通读全文，仍有许多莫名其妙的地方，于是埋怨道：“为什么学校要叫我们读不懂的文章呢？”[①] 甚至1934年二人故乡所办的刊物《浙江青年》上登的一篇关于中学生课外读物的建议中就提到，“就是前几年的小品文，如鲁迅《热风》、周作人《谈龙集》这种随感录式的短文，流弊或可较少，仍以少看为好”[②]。又如1937年阮真称周作人、徐志摩等人的文章过分欧化，往往“词句累赘”且句意“极含混晦涩”，所以不宜选作教材[③]。又如1942年余冠英在谈教科书时称：“如周作人的《喝茶》，所写的是前一辈闲人的‘生活艺术’，和青年人的生活是隔膜的。无论作者谈得怎样透澈微妙，青年人绝不能体味‘于瓦屋纸窗之下，清泉绿茶，用素雅的陶瓷茶具，同二三人共饮’的趣味，也看不起这种趣味。(假使这种趣味能影响青年，更不是什么可喜的事。)”“《秋夜》这篇文章写意深隐，在白话文里实在不算是容易懂的，我就曾听好几位教中学国文的朋友说讲解这篇时颇感困难。”[④] 李广田完全赞成余冠英的观点，并补充道：“只顾应景而不顾学生程度与教材的深浅是否相当，是一个绝大的错误，而且，由我看来，不但初中一年级不能读《秋夜》，高中三年级也未免勉强。”[⑤] 1948年龚启昌在谈中学教科书选择白话文的困难时说：“至若近人的文字中，真是平易而可作为中学生范本的实在并不多。鲁迅的文章，无论内容与形式，显然是不合于作中学生的范本用的。周作人的散文，在形式方面很可作为中学生范本，但在内容方面与青年人的生活是隔膜的。例如《喝茶》、《幽默》等类文章，非青年人所能体验得到。况且我国的传统习惯，是文以人存，在抗战时期，他做了不名誉的汉奸，他的文章从此亦将被人轻视”，所以周氏兄弟文章不必选，而在“新文学作家中，叶绍钧、朱自清、朱光潜等人的作品，差堪合于作为中学生诵习范本之用”[⑥]。

还有，虽然鲁迅的作品一直是学生课外喜欢的读物，但几份中学生课外阅读材料中均显示其作品和在中小学生中受欢迎的程度比巴金的要逊色得多。1941年，

① 夏丏尊、叶圣陶著《文心》，北京：中国青年出版社，1983年版第3、4页。
② 陈训慈《中学生的课外读物》，《浙江青年》，1934年第一卷第二期第20页。
③ 阮真《中学国文教本应如何指示学文途径》，《中华教育界》，1937年第二十五卷第一期第137页。
④ 余冠英《坊间中学国文教科书中白话文教材之批评》，《国文月刊》，1942年第十七期第20、21页。
⑤ 李广田《论中学国文应以文艺性的语体文为主要教材》，《国文月刊》，1944年第三十一、三十二期合刊第6页。
⑥ 龚启昌《中学国文教学问题之检讨》，《教育杂志》，1948年第三十二卷第九号第38页。

有人对此有所记述并分析了其中的原因：在老师列举的冰心、鲁迅、茅盾、巴金等20多位现代作家中，“叫他们各自选择一个他所最崇拜的人”，结果“以崇拜巴金的为最多”，他说：“讲到描写的技术，别人且不必提，鲁迅比起巴金来，总高明得多。为什么他们不崇拜鲁迅，却崇拜巴金呢？”他认为有两个主要原因：“(一) 鲁迅的作品，描写得过于深刻，初中学生的生活经验浅薄，自然难于瞭解，对他的作品，不能瞭解，自然也就引不起崇敬之念了。反之巴金却不然，他处处在替年轻人说话，并且把他的勇气，热情，充分地放散在他的作品里，这勇气与热情，正是青年们渴求的东西；他站在时代的前面，针对着时代，给年轻的人们寻找出路，这也是青年们趋之如鹜的原因。(二) 又因他的作品，是激情迸发而成的，所以行文极其流畅。青年们读了他的书，自然觉得亲切有味了。因此对于他，自然也就会崇拜了。”他进而由此引申道：“由此可知坊间出版的国文教科书，选一些艰于瞭解的《秋夜》(鲁迅作)，《给亡妇》、《背影》(朱自清作)，《墓前》(盛焕明作) 之类的文章，在二年级以下的教本内，是不合学生需要的。”[①] 又如，上述1940年龚启昌的有关中学生阅读兴趣的调查显示：“关于新文艺的位置……势力最大的有《家》、《春》、《子夜》等几种书。”[②] 1948年的一项调查统计也显示：“高中男女生对于巴金的作品最感兴趣，其次是鲁迅的作品，再次是张恨水的作品，初中男女生对巴金的作品最感兴趣，其次是张恨水的作品，再次是鲁迅的作品。”[③] 当然，这并不能说明鲁迅的作品的价值就比巴金、张恨水的低，或者据此就将鲁迅的作品排除在语文教科书之外，而是告诉我们要思考作品的内容、形式与中学生的阅读心理之间的存在的关系，进而采取更好的课内外阅读指导策略。胡适、叶圣陶针对中小学语文教育写过不少论文，多数论者忽视了二者的论文和作品被选入教科书作为最重要的课程资源的意义，如胡适的《建设的文学革命论》等论文及《上山》等新诗曾被许多教科书选作课文，而叶圣陶的《小蚬的回家》是多数小学国语教科书的常选篇目，甚至他还直接为自己编的教科书创作课文。忽视这部分内容而大谈“胡适与语文教育思想”或“叶圣陶的语文教育思想”都显得偏狭。

(三) 题材接受的研究

从题材来看，还有大量的课文值得研究。如涉及“乌鸦”、“狐狸”、“狼”、“青蛙”和“蟋蟀”等题材的课文有成百上千篇，能否从教育社会学的角度来探讨

① 李树声《初中学生国文学习心理之研究》，《国立十三中学校刊》，1941年第一期第6页。

② 龚启昌《中学生的阅读兴趣》，《教育通讯》，1940年11月30日第三卷第四十六期第7页。

③ 陈志君《中学生课外阅读兴趣的研究》，《教育半月刊》，1948年第七期附刊第20页。

“乌鸦”等的多重形象及其演变；含有“种痘”二字文题的课文也有50篇以上，能否从医学伦理学的角度来分析近代“天花”预防的问题？还有大量的“国歌”和“国旗歌”，或以“爱国”和“中华民国”为题材的课文，能否从政治学的角度来对其进行分析呢？

（四）体裁接受的研究

从文体上看，还有新诗、话剧的接受历程值得研究。最初其如何遭受一些学者和教科书编者的抵制，又是如何逐步进入中小学教科书的，作者有哪些，题材怎样，教学参考书中对其教学内容的确定和教学方法的选择如何，这些都有待于进一步地研究。

以上这些都是很有意义的也是值得去研究的问题，希望有人能去继续探索。

参考文献

王森然编《中学国文教学概要》，上海：商务印书馆，1929年版。

阮真著《中学国文校外阅读研究》，上海：民智书局，1929年版。

阮真著《中学国文各学程教学研究》，上海：民智书局，1930年版。

江苏省立上海中学校教务处编《中学国文教材》，出版地不详，1931年版。

权伯华著《初中国文实验教学法》，上海：中华书局，1932年版。

夏丏尊编《中学各科学习法》，上海：开明书店，1932年版。

胡怀琛著《中学国文教学问题》，上海：商务印书馆，1936年版。

阮真编著《中学国文教学法》，南京：正中书局，1936年版。

张文治编《中学国文教师手册》，上海：中华书局，1940年版。

阮真著《中学读文教学研究》，南京：正中书局，1940年版。

蒋伯潜著《中学国文教学法》，上海：中华书局，1941年版。

叶绍钧、朱自清著《精读指导举隅》，重庆：四川省政府教育厅，1941年版。

叶绍钧、朱自清著《略读指导举隅》，上海：商务印书馆，1946年版。

龚启昌著《中学普通教学法》，上海：商务印书馆，1946年版。

廖世承著《中学教育》，上海：商务印书馆，1947年版。

阮真编《中学国文教学法》，南京：正中书局，1947年版。

沈荣龄编《小学国语科教学法》，上海：中华书局，1931年版。

孙钰编著《小学教材研究》，北平：北平文化学社，1932年版。

赵廷为编著《新课程标准与新教学法》，上海：开明书店，1932年版。

吴研因、吴增芥编《新中华小学教学法》,上海:中华书局,1932年版。

顾子言著《小学国语教学法》,上海:大华书局,1933年版。

赵廷为编《小学教学法通论》,上海:商务印书馆,1933年版。

朱翊新编著《小学教材研究》,上海:世界书局,1933年版。

林琼新编《新小学国语指导》,上海:儿童书局,1934年版。

赵欲仁著《小学国语科教学法》,上海:商务印书馆,1934年再版。

俞焕斗编著《高级小学国语科教学法》,上海:世界书局,1934年版。

阴景曙编,刘百川校《小学说话教学法》,上海:大华书局,1934年版。

胡适译《短篇小说》,上海:亚东图书馆,1919年版。

李青崖译《莫泊桑短篇小说集(三)》,上海:商务印书馆,1924年版。

胡适著《国语文学史讲义》,北京:文化学社,1927年版。

胡适译《短篇小说集二·译者自序》,上海:亚东图书馆,1933年版。

鲁迅博物馆鲁迅研究室编《鲁迅诞辰百年纪念集》,长沙:湖南人民出版社,1981年版。

穆木天著《穆木天诗文集》,长春:时代文艺出版社,1985年版。

张树年主编《张元济年谱》,北京:商务印书馆,1991年版。

胡适著《白话文学史》,北京:团结出版社,2006年版。

郑振铎著《中国俗文学史》,北京:中国文联出版社,2009年版。

[日本]厨川白村著,鲁迅译《苦闷的象征》,南京:江苏文艺出版社,2008年版。

黎泽渝、马啸风、李乐毅编《黎锦熙语文教育论著选》,北京:人民教育出版社,1996年版。

中央教育科学研究所编《叶圣陶语文教育论集》,北京:教育科学出版社,1980年版。

刘国正主编《叶圣陶教育文集》,北京:人民教育出版社,1994年版。

夏丏尊、叶绍钧著《文章讲话》,上海:上海文艺出版社,2001年版。

刘国正主编《我和语文教学》,北京:人民教育出版社,1984年版。

课程教材研究所编《20世纪中国中小学课程标准·教学大纲汇编(语文卷)》,北京:人民教育出版社,2001年版。

[日本]藤井省三著,董炳月译《鲁迅〈故乡〉阅读史——近代中国的文学空间》,北京:新世界出版社,2002年版。

郑国民等著《当代语文教育论争》,广州:广东教育出版社,2006年版。

闫苹编著《中学语文名篇的时代解读》，广州：广东教育出版社，2007年版。

童庆炳、陶东风主编《文学经典的建构、解构和重构》，北京：北京大学出版社，2007年版。

[西德] H·R·姚斯、R·C·霍拉勃著，周宁、金元浦译《接受美学与接受理论》，沈阳：辽宁人民出版社，1987年版。

[西德] 沃尔夫冈·伊瑟尔著，金元浦、周宁译《阅读活动——审美反应理论》，北京：中国社会科学出版社，1991年版。

[美] 斯坦利·费什著，文楚安译《读者反应批评：理论与实践》，北京：中国社会科学出版社，1998年版。

金元浦著《接受反应文论》，济南：山东教育出版社，1998年版。

丁宁著《接受之维》，南昌：百花文艺出版社，1990年版。

王岳川著《现象学与解释学文论》，济南：山东教育出版社，1999年版。

蒋济永著《现象学美学阅读理论》，南宁：广西师范大学出版社，2001年版。

陈文忠著《中国古典诗歌接受史研究》，合肥：安徽大学出版社1998年版。

张心科著《接受美学与中学语文教育》，合肥：合肥工业大学出版社，2005年版。

教材

涵子校注《新订蒙学课本》(1901)，长沙：岳麓书社，2006年版。

蒋维乔、庄俞编纂，张元济、高梦旦校订《最新初等小学国文教科书》(第1—2册)，上海：商务印书馆，1904年 (光绪三十年十二月) 版。

学部编译图书局编辑《初等小学国文教科书》(第1册)，天津：教育图书局1910年 (宣统二年) 版。

庄俞、沈颐编纂，高凤谦、张元济校《共和国教科书新国文》(初等小学春季始业学生用，第1—8册)，上海：商务印书馆，1912年版。

樊炳清、庄俞编纂，高凤谦、张元济校订《共和国教科书新国文》(高等小学校秋季始业，第1—6册)，上海：商务印书馆，1913—1921年版。

沈颐等编《新制中华国文教科书》(第1—12册)，上海：中华书局，1913—1915年版。

庄适、郑朝熙编纂，陈宝泉等校订《单级国文教科书》(第1—12册)，上海：商务印书馆，1913—1914年版。

范源廉、沈颐等编《新编中华国文教科书》(初等小学用，第1—8册)，上海：中华书局，1914—1915年版。

沈颐、杨喆编，范源廉阅《新编中华国文教科书》(高等小学校用，第1—6册)，上海：中华书局，1915年版。

陆费逵、李步青等编《新式国民学校国文教科书》(第1册)，上海：中华书局，1915年版。

北京教育图书社编纂，邓庆澜等校订《实用国文教科书》(高级小学用，第2—6册)，上海：商务印书馆，1915年版。

庄适编纂，黎锦熙等校订《新体国语教科书》(国民学校学生用，第1—7册)，上海：商务印书馆，1919年版。

庄适等编纂，高凤谦、庄俞校订《新法国语教科书》(高等小学学生用，第1—6册)，上海：商务印书馆，1921年版。

沈圻编纂，庄俞校订《新法国语教科书》(新学制小学后期用，第2—4册)，上海：商务印书馆，1923年版。

吴研因等编纂，高梦旦等校订《新学制国语教科书》(小学初级用，第1—8册)，上海：商务印书馆，1923年版。

吴研因等编纂，高梦旦等校订《新学制国语教科书》(小学高级用，第1—4册)，上海：商务印书馆，1924—1926年版。

黎锦晖、陆费逵编辑，戴克敦等校阅《新小学教科书国语读本》(小学初级，第1—8册)，上海：中华书局，1923年版。

黎锦晖等编，戴克敦等校《新小学教科书国语读本》(高级小学用，第1—4册)，上海：中华书局，1926年版。

魏冰心编辑，胡仁源等参订《新学制小学教科书初级国语读本》(第1—3、5—8册)，上海：世界书局，1925—1927年版。

胡怀琛、沈圻编纂，朱经农、王岫庐校订《新撰国文教科书》(新学制小学初级用，第1—8册)，上海：商务印书馆，1926—1927年版。

缪天绶编纂，朱经农校订《新撰国文教科书》(新学制小学高级用，第1—4册)，上海：商务印书馆，1924—1927年版。

魏冰心等编，范祥善校订《新主义国语读本》(前期小学用，第1—8册)，上海：世界书局，1930—1931年版。

魏冰心、吕伯攸编辑，范祥善校订《新主义国语读本》(小学高级学生用，第1—4册)，上海：世界书局，1930—1931年版。

沈百英编辑，蔡元培、吴研因校订《基本教科书国语》(小学校初级用，第1—8册)，上海：商务印书馆，1930年版。

戴洪恒编纂，吴敬恒、吴研因校订《基本教科书国语》(高级小学用，第1—4册)，上海：商务印书馆，1931—1932年版。

吴研因编著《国语新读本》(初小一至四年级用，第1—8册)，上海：世界书局，1933年版。

沈百英、沈秉廉编著，王云五、何炳松校订《复兴国语教科书》(小学校初级用，第2—8册)，上海：商务印书馆，1933—1935年版。

丁瞉音、赵欲仁编著，王云五、何炳松校订《复兴国语教科书》(小学校高级用，第2—8册)，上海：商务印书馆，1933年版。

朱文叔、吕伯攸编，孙世庆等校《小学国语读本》(新课程标准初级适用，第1—8册)，上海：中华书局，1934—1935年版。

朱文叔、吕伯攸编，尚仲衣等分撰，孙世庆等校订《小学国语读本》(小学高级春季始业用，第1—4册)，上海：中华书局，1933年版。

叶绍钧编《开明国语课本》(小学初级学生用，第1—8册)，上海：开明书店，1932—1933年版。

叶绍钧编《开明国语课本》(小学高级学生用，第1—4册)，上海：开明书店，1934年版。

陈鹤琴、陈剑恒主编，刘德瑞等助编《分部互用儿童教科书儿童北部国语》(第1、2、5、6册)，上海：儿童书局，1934年版。

陈鹤琴编著《分部互用儿童教科书儿童中部国语》(第1、3—8册)，上海：儿童书局，1934年版。

陈鹤琴、梁士杰主编，徐晋助编《分部互用儿童教科书儿童南部国语》(第1—8册)，上海：儿童书局，1934年版。

任熔等编辑《新教育教科书国文读本》(高等小学用，第1—6册)，上海：中华书局，1921—1922年版。

教育部编审会编印《修正初小国语教科书》(第3—8册)，北平：编者自刊，1938—1939年版。

国立编译馆编辑《国语读本》(小学初级用，第1—2册)，上海：商务印书馆，1936—1937年版。

“文教部”编《初级小学校国文教科书》(第4、7册)，长春：满洲图书株式会社，1937年版。

吕伯攸编，朱文叔校《新编初小国语读本》（第1—8册），上海：中华书局，1937年版。

教育部编审会著《初小国语教科书》（第1—8册），北平：著者自刊，1938—1941年版。

战时儿童保育会主编，白桃等编《抗战建国读本》（初级小学用，第1—8册），上海：生活书店1939—1940年版。

教育总署编审会《初小国语教科书》（第1、2、7册），北平：新民印书馆股份有限公司，1940—1942年版。

教育部教科用书编辑委员会编辑《初小国语·常识课本》（第1—8册），国定中小学教科书七家联合供应处，1943年版。

晋察冀边区行政委员会教育处审定《国语课本》（高级小学适用，第2册），张家口：新华书店晋察冀分店，1946年版。

国立编译馆主编《初小国语常识课本》（第1—8册），上海：国定中小学教科书七家联合供应处，1946—1947年版。

叶圣陶撰《少年国语读本》（高级小学用，第3、4册），上海：开明书店1947—1949年版。

东北政委会编审委员会编《初小国语》（第2册），沈阳：东北书店，1948年版。

叶圣陶撰《儿童国语读本》（第4册），上海：开明书店，1948年版。

德俯等编辑《国语课本》（初级小学适用，第2、3、5册），北平：新华书店，1948—1949年版。

东方明等编《国语课本》（小学校初级用，第1—3册），晋绥：新华书店，1948年版。

秦同培编纂，庄俞、樊炳清校订《共和国教科书新国文教授法》（初等小学教员春季始业用第4、6—8册），上海：商务印书馆，1912—1914年版。

刘传厚、庄适编《初等小学新国文教授书》（第1册），上海：中国图书公司，1913年版。

谭廉编纂，高凤谦、庄俞校订《共和国教科书新国文教授法》（高等小学校秋季始业教员用，第1—3、5、6册），上海：商务印书馆，1913年版。

刘传厚、杨喆编，沈颐阅《新编中华国文教授书》（初等小学用，第1—8册），上海：中华书局，1914—1915年版。

杨喆编，徐俊、沈颐阅《新编中华国文教授书》（春季始业高等学校用，第1—6

册），上海：中华书局，1915年版。

北京教育图书社编纂，陈宝泉等校订《实用国文教授书》（国民学校春季始业教员用，第4、5册），上海：商务印书馆，1915年版。

杨宝森等编，吴研因等校阅《新式国文教授书》（国民学校秋季始业用，第2—7册），上海：中华书局，1919—1920年。

周世勋等编校《新式国文教授书》（高等小学用，第1—6册），上海：中华书局，1917—1920年。

屠元礼编，沈颐、戴克敦等阅《新制中华国文教授书》（第1—12册），上海：中华书局，1918年版。

周靖等编校《新教育教科书国文教案》（高等小学用，第1—6册），上海：中华书局，1921—1922年版。

周尚志、王芝九等编纂，庄适等编订《儿童文学读本教学法》（第1、3册），上海：商务印书馆，1922—1923年版。

王国元等编纂《新法国语教授书》（高等小学教员用，第1—6册），上海：商务印书馆，1920—1922年版。

许志中编纂，朱经农、周予同校订《新法国语教授书》（新学制小学后期用，第1—6册），上海：商务印书馆，1923年版。

沈圻编纂，朱经农、吴研因校订《新学制国语教授书》（小学校初级用，第1—8册），上海：商务印书馆，1923年版。

沈圻、计志中编纂，朱经农、吴研因校订《新学制国语教授书》（小学校高级用，第1—4册），上海：商务印书馆，1924—1925年版。

沈圻、计志中编纂，王岫庐、朱经农校订《新撰国文教授书》（新学制小学校初级用，第1、2、7册），上海：商务印书馆，1925—1926年版。

刘完如、缪天绶等编纂《新撰国文教授书》（小学校高级用，第3、4册），上海：商务印书馆，1926年版。

沈百英等编《基本教科书初小国语教学法》（第1—5册），上海：商务印书馆，1931—1932年版。

戴洪恒编辑《基本教科书高小国语教学法》（第1—4册），上海：商务印书馆，1931—1933年版。

李小峰等编《北新国语教本教授书》（后期小学用，第1—4册），上海：北新书局，1932—1933版。

韦息予等编《开明国语课本教学法》(小学初级教师用，第1—8册)，上海：开明书店，1932—1933年版。

卢芷芬编著《开明国语课本教学法》(小学高级教师用，第1—4册)，上海：开明书店，1934—1935年版。

金润青等编辑，施仁夫等校订《初小国语教学法》(第1—8册)，上海：世界书局，1933—1934年版。

魏冰心编辑《初小国语教学法》(第1—8册)，上海：世界书局，1933—1934年版。

顾志贤编著，沈百英校订《复兴国语教学法》(小学校初级用，第1—8册)，上海：商务印书馆，1933—1934年版。

吕伯攸、杨复耀编，朱文叔校《小学国语读本教学法》(新课程标准初级用，第1—8册)，上海：中华书局，1933—1936年版。

喻守真等编，朱文叔等校《小学国语读本教学法》(小学高级春季始业用，第1—4册)，上海：中华书局，1935年版。

周刚甫编著《分部互用儿童教科书儿童北部国语教学法》(第1—7册)，上海：儿童书局，1934年版。

梁士杰著《分部互用儿童教科书儿童南部国语教学法》(第1册)，上海：儿童书局，1934年版。

刘师培《经学教科书》(1905)，《刘师培全集》(第4册)，北京：中共中央党校出版社，1997年版。

章士钊编纂中学校师范学校用《中等国文典》，上海：商务印书馆，1925年版(1907年初版)。

林纾评选，许国英重订《中学国文读本》(第1—8册)，上海：商务印书馆，1913—1915年版(1908年初版)。

吴曾祺评选《中学国文教科书二集》，上海：商务印书馆，1908版。

吴曾祺评选，许国英重订《中学国文教科书》(第1—4册)，上海：商务印书馆，1913—1914年版(1908年初版)。

戴克敦编纂师范讲习社师范讲义《国文典》，上海：商务印书馆，1912年版。

刘法曾、姚汉章评辑《中华中学国文教科书》(第1—3册)，上海：中化书局，1912年版。

许国英编纂，张元济等校订中学校用《共和国教科书国文读本》(第1—4册)，上海：商务印书馆，1913年版。

潘武评辑，戴克敦等译讲习适用《国文教科书》（第1、2册），上海：中华书局，1914年版。

许国英评注，蒋维乔校订中学校用《共和国教科书国文读本评注》（第1—4册），上海：商务印书馆，1915—1921年版（初版1914年）。

谢蒙（无量）编，范源廉、姚汉章阅中学校适用《新制国文教本》（第1—4册），上海：中华书局，1914年版。

张之纯、庄庆祥编纂，蒋维乔校订中学校用《共和国教科书文字源流》，上海：商务印书馆，1914年版。

庄庆祥编纂，蒋维乔校订中学校用《共和国教科书文法要略》（上、下编），上海：商务印书馆，1915年版。

师范讲习社俞明谦编纂，陈宝泉、庄俞校订师范学校用《新体国文典讲义》，上海：商务印书馆，1918年版。

洪北平、何仲英编纂中等学校用《白话文范》（第1—4册），上海：商务印书馆，1920—1921年版。

朱毓魁（文叔）编《国语文类选》（第1—4册），上海：中华书局，1920年版。

朱蓋忱编辑师范中学适用《国语发音学概论》，福建：实进社，1922年版。

沈星一编，黎锦熙等校初级中学用《新中学古文读本》（第1—3册），上海：中华书局，1923年版。

方宾观、章寿栋编纂，刘儒校订供中学、师范学校讲习所国语或短期国语讲习会之用《国音新教本》，上海：商务印书馆，1923年版。

孙俍工编中学校及师范学校适用《中国语法讲义》，上海：亚东图书馆，1923年版。

秦同培编辑初级中学用《言文对照国文读本》（第1—3册），上海：世界书局，1933年版（1923年初版）。

秦同培选辑教科自修适用《中学国语文读本》（第1—4册），上海：世界书局，1923年版。

沈星一编，黎锦熙、沈颐校《新中学教科书初级国语读本》（第1—3册），上海：中华书局，1924年版。

庄适编纂，朱经农等校订《现代初中教科书国文》（第1—6册），上海：商务印书馆，1924年版。

孙俍工、沈仲九编辑《初级中学国语文读本》（第2册），上海：民智书局，1926

年版（初版1923年）。

范祥善、吴研因、周予同、顾颉刚、叶绍钧编辑，王岫庐、胡适、朱经农校订初级中学用《新学制国语教科书》（第1—6册），上海：商务印书馆，1923年版。

吴遁生、郑次川编辑，王岫庐、朱经农校订新学制高级中学国语读本《近人白话文选》（上、下册），上海：商务印书馆，1924年版。

吴遁生、郑次川编辑，王岫庐、朱经农校订新学制高级中学国语读本《古白话文选》（上、下册），上海：商务印书馆，1924年版。

穆济波编，戴克敦、张相校高级中学用《新中学古文读本》（第1—3册），上海：中华书局，1931—1932年版（1925年初版）。

孙俍工著中学及师范学校适用《戏剧作法讲义》，上海：亚东图书馆，1925年版。

北京孔德学校编《初中国文选读》（第9册），北京：编者自刊，1926年8月编印。

朱文叔编，陈棠校初级中学用《新中华教科书国语与国文》（第1—6册），上海：新国民图书社（中华书局发行），1928—1929年版。

陈彬龢等编辑，蔡元培等校订初级中学用《新时代国语教科书》（第1—6册），上海：商务印书馆，1929年版。

凌独见编纂中等学校用《新著国语文学史》，上海：商务印书馆，1923年版。

钱基博编高级中学用《新中学教科书国学必读》（上、下册），上海：中华书局，1924—1932年版。

黎锦熙编中学校用《新著国语文法》，上海：商务印书馆，1925年版。

何仲英编中等学校用《新著中国文字学大纲》，上海：商务印书馆，1926年版。

董鲁安著高级中学、旧制中学、师范学校选科之用《修辞学讲义》，北京：文化学社，1926年版。

王易著新学制高级中学参考书《修辞学》，上海：商务印书馆，1932年版（1926年初版）。

胡适选注新学制高级中学国语科用《词选》，上海：商务印书馆，1927年版。

张振镛编新师范讲习科用书《国文参考书》，上海：中华书局，1927年版。

张须编纂，庄适校订中等学校适用《应用文》，上海：商务印书馆，1927年版。

江恒源编辑《新学制高级中学教科书国文读本》（第1册上、下），上海：商务印书馆，1928年版。

江恒源编辑《高级中学国文读本分周教学法纲要》（第1—2册），上海：商务印书馆，1928年版。

朱剑芒编辑，魏冰心校订初级中学学生用《初中国文》(第1—6册)，上海：世界书局，1929年版。

张九如编纂，蒋维乔、庄适校订《初中记事文教学本》，上海：商务印书馆，1929年版。

钱基博编，顾倬校新师范讲习科用书《国文》(上下卷)，上海：中华书局，1929年版。

汪震著中等学校用《中等国文法》，北平：文化学社，1931年版。

朱剑芒、陈霭麓编辑，范祥善校订初级中学教师及学生用《初中国文指导书》(第1—3册)，上海：世界书局，1931—1932年版。

赵景深编《初级中学混合国语教科书》(第1—6册)，上海：北新书局，1930—1931年版。

傅东华、陈望道编辑初级中学用《基本教科书国文》(第1—6册)，上海：商务印书馆，1931—1933年版。

王侃如等编注，江苏省扬州中学国文分科会议编辑，江苏省中学国文学科会议联合会校《新学制中学国文教科书初中国文》(第1—6册)，南京：南京书店，1931—1932年版。

北师大附中选订《初中国文读本》(第3—6册)，北平：文化学社，1931年版。

南开中学编辑《南开中学初三国文教本》(上、下册)，天津：编者自刊，1930—1931年版。

朱剑芒编，徐蔚南校订《高中国文》(第1—3册)，上海：世界书局，1930年版。

沈颐编著，喻璞等注高级中学用《新中华国文》(第1—3册)，上海：新国民图书社，1930—1934年版。

徐公美等编注，江苏省立扬州中学国文科会议主编，江苏省立中学国文学科会议联合会校订《新学制中学国文教科书高中国文》(第1—6册)，南京：南京书店，1931—1933年版。

孙俍工编辑高级中学用《国文教科书》(第1—6册)，上海：神州国光社，1932年版。

徐蔚南编辑初级中学学生用《创造国文读本》(第1—6册)，上海：世界书局，1931年版。

孙俍工编辑初级中学用《国文教科书》(第2、3、4册)，上海：神州国光社，1932年版。

陈椿年编纂《新亚教本初中国文》(第1—3册)，上海：新亚书店，1932—1933年版。

石泉编著《初中师范教科书初中国文》(第1—6册)，北平：文化学社，1932—1934年版。

张鸿来、卢怀琦选注《初级中学国文读本》(第1册)，北平：北平师大附中国文丛刊社，1932—1935年版。

王伯祥编初级中学学生用《开明国文读本》(第1—6册)，上海：开明书店，1932—1933年版。

贺凯著高中文科及师范用课本《中国文字学概要》，北平：文化学社，1932年版。

林轶西编辑中等学校适用《应用文教本》，上海：汉文正楷印书局，1933年版。

戴叔清编《初级中学国语教科书》(第1—6册)，上海：文艺书局，1933年版。

史本直选辑，朱宇苍校中学适用《国文研究读本》(第1—4册)，上海：大众书局，1933年版。

王云五主编，傅东华编著《复兴初级中学教科书国文》(第1—6册)，上海：商务印书馆，1933—1935年版。

罗根泽、高远公编著，黎锦熙校订《初中国文选本》(第1—6册)，北平：立达书局，1933年版。

崔新民等编《初中国文选本注解》(第1册)，北平：立达书局，1933年版。

张弓编著，蔡元培、江恒源校订《初中国文教本》(第1—6册)，上海：大东书局，1933年版。

杜天縻编著师范学校、师范科、乡村师范、简易师范用《国语与国文》(第1、2册)，上海：大华书局，1933年版。

马厚文编著，柳亚子、吕思勉校《初中国文教科书》(第1、3册)，上海：光华书局，1933年版。

朱文叔编，舒新城、陆费逵校《初中国文读本》(第1—6册)，上海：中华书局，1933—1934年版。

张文治等编，朱文叔校《初中国文读本参考书》(第1—6册)，上海：中华书局，1933—1937年版。

孙俍工编《中学国文特种读本》(第1、2册)，上海：国立编译馆，1933年版。

胡怀琛编《初中应用文教本》，上海：大华书局，1934年版。

史本直选辑，李英侯校中学适用《国文研究读本》(第2辑)，上海：大众书局，

1934年版。

沈荣龄等编选，汪懋祖等审校《实验初中国文读本》(第1—5册)，上海：大华书局1934—1935年版。

施蛰存等注释，柳亚子等校订《初中当代国文》(第1—6册)，上海：中学生书局，1934年版。

孙怒潮编《初级中学国文教科书》(第1—5册)，上海：中华书局，1934—1935年版。

江苏省教育厅修订，中学国文科教学进度表委员会编订，王德林等释注《初中标准国文》(第1—6册)，上海：中学生书局，1934—1935年版。

朱剑芒编辑，韩霭麓、韩慰农注释《朱氏初中国文》(第1—6册)，上海：世界书局，1934年版。

叶楚伧主编，汪懋祖编校，孟宪承校订，汪定奕选注《初级中学教科书国文》(第1、3、5册)，南京：正中书局，1934年版。

众教学会编辑《初级中学教科书国文》(第2、4册)，北平：崇慈女子中学校，1934年版。

夏丏尊等编《开明国文讲义》(第1—3册)，上海：开明书店，1934年版。

张鸿来、卢怀琦、汪震、王述达选注《初级中学国文读本》(第1—6册)，北平：师大附中国文丛刊社，1934—1936年版。

张石樵编开明中学讲义《开明实用文讲义》，上海：开明函授学校，1935年版。

朱文叔、宋文翰编，张文治等注，舒新城、陆费逵校《初中国文读本》，上海：中华书局，1935—1936年版。

颜友松编辑《初中国文教科书》(第1—4册)，上海：大华书局，1935年版。

正中初中国文教科书编辑委员会编辑《初级中学教科书国文》(第2、4、6册)，南京：正中书局，1935年版。

胡怀琛编著高中大学适用《最新应用文》，上海：世界书局，1932年版。

河北省省立北平高级中学编《国文读本》(第2册下、第3册上下)，北平：编者自刊，1934年版。

南开中学编《南开中学初中国文教本》(初一上册、初二上册、初三上册)，天津：编者自刊，1935年版。

马厚文编，柳亚子、吕思勉校《标准国文选》(第1—3卷)，上海：大光书局，1935年版。

志成中学国文学科编辑委员会编《国文读本》(第2—6册),北平:震东印书馆,1933—1935年版。

江苏省立镇江中学国文学科编辑高级中学用书《民族文选》,上海:民智书局,1933年版。

杜天縻、韩楚原编辑高级中学学生用《杜韩两氏高中国文》,上海:世界书局,1933—1934年版。

薛无兢等注释,柳亚子等校订《高中当代国文》(第1—6册),上海:中学生书局,1934年版。

刘劲秋、朱文叔编,张文治注《高中国文读本》(第1册),上海:中华书局,1934年版。

南开中学编《天津南开中学高一国文教本》(上册),天津:南开中学编印,1934年版。

姜亮夫选注《高中国文选》(第1—3册),上海:北新书局,1934年版。

傅东华编著《复兴高级中学教科书国文》(第1—6册),上海:商务印书馆,1934—1947年版。

江苏省教育厅修订,中学国文科教学进度表委员会编订,王德林等释注《高中标准国文》(第1—5册),上海:中学生书局,1934—1935年版。

何炳松,孙俍工编著《复兴高级中学国文课本》(第1—6册),上海:商务印书馆,1935年版。

沈维钧等编著《实验高中国文》(第1册),上海:大华书局,1935年版。

赵景深编《高中混合国文》(第1—3册),上海:北新书局,1935—1936年版。

叶楚伧主编,汪懋祖、叶溯中校订,许梦因选注《高级中学国文》(第1—6册),南京:正中书局,1935—1936年版。

郑业建编纂,孙俍工校订《高中国文补充读本》,上海:商务印书馆,1935年版。

夏丏尊、叶绍钧编《国文百八课》(第1—4册,1935—1936),刘国正主编《叶圣陶教育文集(第4卷)》,北京:人民教育出版社,1994年版。

陈介白编《初中国文教本》,北平:贝满女子中学校,1936年8月。

朱剑芒编辑《初中新国文》(第1—6册),上海:世界书局,1936—1937年版。

宋文翰编,朱文叔校《新编初中国文》(第1—5册),上海:中华书局,1937年版。

朱剑芒编著《初中新国文指导书》(第1、2册),上海:世界书局,1937年版。

宋文翰、张文治编《新编高中国文》(第1—6册),上海:中华书局,1937—1946

年版。

蒋伯潜编辑《蒋氏高中新国文》(第1、2册),上海:世界书局,1937年版。

中等教育研究会编纂《初中国文》(第2、6册),天津:华北书局,1938年版。

中等教育研究会编纂《高中国文》(第4、6册),天津:华北书局,1938年版。

教育总署编审会著《初中国文》(第1—6册),北平:著者自刊,1938—1941年版。

教育总署编审会著《高中国文》(第1—6册),北平:著者自刊,1939—1941年版。

叶圣陶等合编《开明新编国文读本注释本(甲种)》,上海:开明书店,1947—1948年版(1943年初版)。

余再新编选,陈伯吹校订初级中学高级小学补习学校国语科用补充读本《国语新选》(第1—4册),上海:儿童书局,1945—1946年版。

教育部教科书编辑委员会编辑,国立编译馆校订《初级中学国文甲编》(第3、4、6册),重庆:国定中小学教科书七家联合供应处,1946年版。

国立编译馆主编,徐世璜编辑,金兆梓等校《初级中学国文甲编》(第2、3、4册),上海:中华书局,1947年版。

朱自清等编《开明新编高级国文读本》(第1册),上海:开明书店,1948年版。

晋察冀边区第七中学编《初中国文》(第1册),出版地不详,出版年不详。

合江省政府教育厅编审委员会编审《高中文选》(第1、2辑),合江:东北书店,1946年版。

后 记

写成这本小书，多少有点偶然。2009年11月底至2010年元月初，我曾挑选了清末民国至今多次出现在中小学语文教科书中的20余篇课文，试图以这些课文在清末民国的接受为凭借，来探寻其间的中小学语文教育发展轨迹。其间，我虽然梳理、呈现了不同时期不同的读者对同一篇作品所作的不同阐释，但主要的写作目的还是在于讨论清末语文教育的发展问题。正因为如此，当我写完第11篇时，就觉得没有必要再继续写下去，因为这11篇作品已将我所设定的语文教育的十几个侧面说得差不多了，如果再写，我认为无非是在做无谓的重复。那3个月，我在北京每写出一篇，都会立即从网上传回家让妻子看。虽然她鼓动我继续写下去，但我还是中断了写作。2010年上半年，我忙于写作教育史的研究，忙于奔波各地面试。等暑假稍静下来，她又建议我继续写下去，但我还是觉得没啥可写。开学不久，我从华中师大辞职回北师大改派至福建师大，跟随潘新和先生学习。当我心绪稍好后规划未来的科研时，妻子又建议我将剩余的几篇写完。她觉得即便不用这些经典课文来讨论语文教育的发展问题，单就将其在历史上所受到的不同阐释原本地呈现出来，也十分有价值，弃之不用，将十分可惜，所以，我就利用所收集的剩余材料写了《民国期间〈卖火柴的小女孩〉的接受与阐释》。她看后觉得挺有趣，鼓励我写下去。于是，就有了这书中的10篇。

因为我早年写过《接受美学与中学文学教育》，发表过多篇相关文章，所以很自然地会关注一些经典文本的接受历史。

本来准备将《陌上桑》与《卖炭翁》、《岳阳楼记》与《醉翁亭记》、《过秦论》

与《六国论》两两放在一起对照着来写，但写完《岳阳楼记》与《醉翁亭记》的接受与阐释后，觉得其中任何两两之间的接受与阐释均大同小异，所以只分别写出了《卖炭翁》和《六国论》的接受与阐释，而放弃了《陌上桑》，从其他角度分析了《过秦论》的接受与阐释。如果真写出来，可能又是一种面貌。除此之外，笔者觉得遗憾的是，因为想尽量多地呈现不同的阐释结果，所以在有些地方材料罗列了不少而分析尚显不足，颇有“獭祭”之嫌。

2010.10.25

图书在版编目（CIP）数据

经典课文多重阐释 / 张心科 著. —上海：华东师范大学出版社, 2019
（接受美学与中小学文学教育）
ISBN 978-7-5675-8805-9

Ⅰ.①经… Ⅱ.①张… Ⅲ.①语文课—教学研究—中小学 Ⅳ.①G633.302

中国版本图书馆CIP数据核字（2019）第070714号

接受美学与中小学文学教育

经典课文多重阐释

著　　者　张心科
责任编辑　刘　佳
特约审读　陈成江
责任校对　时东明
装帧设计　高　山

出版发行　华东师范大学出版社
社　　址　上海市中山北路3663号　邮编 200062
网　　址　www.ecnupress.com.cn
电　　话　021-60821666　行政传真 021-62572105
客服电话　021-62865537　门市（邮购）电话 021-62869887
地　　址　上海市中山北路3663号华东师范大学校内先锋路口
网　　店　http://hdsdcbs.tmall.com.cn /

印 刷 者　苏州工业园区美柯乐制版印务有限责任公司
开　　本　787×1092　16开
印　　张　13.5
字　　数　234千字
版　　次　2019年5月第1版
印　　次　2019年5月第1次
书　　号　ISBN 978-7-5675-8805-9/G·11836
定　　价　42.00元

出 版 人　王　焰